Christine Eich-Fangmeier

Kochen ist keine Kunst

Das Küchenfundament.

Christine Eich-Fangmeier wurde 1964 in Donaustauf bei Regensburg geboren und wuchs dort auf dem elterlichen Landwirtschaftsbetrieb auf. Schon früh lernte sie von ihrer Mutter - einer Hauswirtschaftsmeisterin - die Grundzüge des Kochens und Backens.

Nach einer Lehre als Industriekauffrau und einem Studium der Informatik ist sie heute in Teilzeit im Personalbereich eines großen Versicherungsunternehmens tätig. Sie ist verheiratet und hat zwei Kinder im Teenager Alter. Nebenher war sie viele Jahre in der Erwachsenenbildung als Betreuerin und Nachhilfelehrerin von Auszubildenden für verschiedene Berufsschulfächer tätig.

Täglich gesunde frische Kost zu servieren ist ihr besonders wichtig.

Der Trend zu Fertiggerichten und Fertigzutaten, gerade auch bei jungen Menschen und Familien, hat sie bewogen, ihr in den Jahren angeeignetes Wissen in einem Kochbuch zusammenzufassen und damit Ein- und Umsteigern ein praktisches Werk für die tägliche Arbeit in der Küche an die Hand zu geben.

www.KochenIstKeineKunst.de
info@KochenIstKeineKunst.de

MaMis Verlag, Krailling

2. Auflage, Februar 2011

Christine Eich-Fangmeier

Kochen ist keine Kunst

Gar lieblich dringen aus der Küche,
bis an das Herz die Wohlgerüche.
Hier kann die Zunge fein und scharf
sich nützlich machen und sie darf!
Hier bereitet man die Zaubermittel
in Töpfen, Pfannen oder Kesseln,
um ewig den Gemahl zu fesseln,
von hier aus herrscht mit schlauem Sinn
die Haus- und Herzenskönigin.
(Wilhelm Busch)

Einen großen Dank an alle, die mir bei diesem Buch geholfen haben:

Metzgerei Stangl, Eching
Frau Wilhelmine Wagner
die Mitarbeiter des Agrarbildungszentrums des Bezirkes Oberbayern, Abteilung Haushaltstechnik
Mandana Mandl
Gertraud Märkl
Ulrike Wenzel
Petra Kobahn
Anna Eich
Kersten, Johanna und Jakob Fangmeier

Ich lebe von guter Suppe, nicht von schöner Sprache.
(Jean-Baptiste Molière)

Vorwort

Aufgewachsen auf einem bäuerlichen Betrieb und als Tochter einer Hauswirtschaftsmeisterin habe ich neben vielen anderen Dingen auch eine ganze Menge über Küchenmanagement, Nahrungsmittel, Einkauf, Kochen und Backen lernen dürfen. Zum einen war eine hilfreiche Hand in der Küche immer gern gesehen und zum anderen hat es mir viel Spaß gemacht und das Interesse diesbezüglich früh geweckt.

Viele meiner Freunde und Bekannten hatten diese Möglichkeit nicht. Und so kam ich auf die Idee Nützliches und tagtäglich in der Praxis Bewährtes rund um die Küche zusammenzufassen.

Keine Fertigprodukte (Industrienahrungsmittel) zu verwenden und trotzdem mit wenig Zeitaufwand ein warmes Essen anzubieten ist mit etwas Organisation und Basiswissen gut möglich.

- Wertvolles Wissen bezüglich Zutaten und Zubereitungsarten für das **Kochen** und **Backen**,
- Hinweise zu Einkauf, Vorratshaltung und Lagerung,
- detailliert beschriebene **Grundrezepte**,
- eine Auflistung und Beschreibung der notwendigen Küchen**grundausstattung** und
- viele praktische Tipps

versetzen Sie in die Lage schnell und einfach zu kochen. Der Einsatz von Fertigprodukten wird dadurch überflüssig.

Köche, die aufgrund einer Milch- und/oder Ei-Unverträglichkeit eines Familienmitgliedes auf diese Lebensmittel verzichten wollen, finden bei einzelnen Rezepten praktische Tipps und Tricks.

Viel Spaß!

Warum sich kochen lohnt

Der Mensch ist was er isst …

… und ich will wissen, was in meinem Essen steckt.

Selber kochen muss nicht zeitintensiv und aufwendig sein.

- Ein selbstgemachter **Pfannenkuchen** ist vorteilhafter und schmeckt besser als eine Fertigpizza.
- **Bratkartoffeln** mit Salat sind flink serviert.

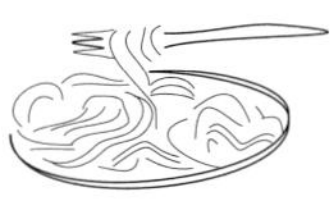

- Frisch gekochter **Reis mit Gemüse** ist in einem Arbeitsgang schnell fertig.

- Nudeln mit einfacher selbst zubereiteter **Tomatensoße** sind zügig aufgetischt und schmecken; **Nudeln** mit Ölivenöl, Kräutern, Knoblauch und Käse sind noch schneller zuzubereiten und immer sehr beliebt.

- Eine **Gemüsesuppe** ist nahrhaft und schmackhaft.

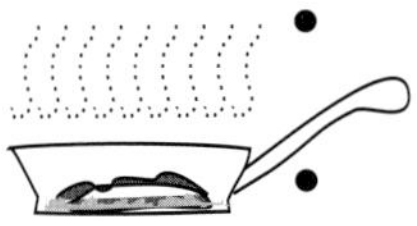

- **Frisch gedünstetes gemischtes Gemüse** … ich liebe es!
- **Crêpes** mit Kräuterquark gefüllt stellen eine gesunde Alternative zu jedem Fertigprodukt dar.

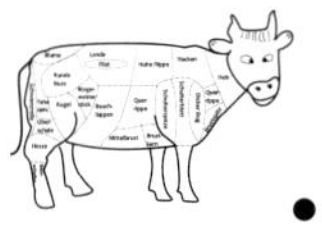

- **Käsespätzle** selbst gemacht sind heiß begehrt und abwechslungsreich aufzutischen.
- **Hackfleischteig** ist schnell geknetet und vielseitig weiterzuverwenden.

- Gedünsteter **Fisch** schmeckt und ist gesund.

- Ein **Biskuittortenboden** ist schnell gerührt, gelingt immer und jedem verpackten Tortenboden geschmacklich haushoch überlegen.

Was spricht gegen Industrieware?

Für den Laien ist nicht erkennbar was in Fertigprodukten wirklich steckt. Viele industriell hergestellte Lebensmittel beinhalten Zusatzstoffe wie Geschmacksverstärker, künstliche Aromen, Süßstoffe und Konservierungsmittel und sind in der Regel teurer als das frische Produkt.

Geschmacksverstärker - Glutamat

Der Geschmacksverstärker Glutamat steht im Verdacht Fressanfälligkeit, Kopfschmerzen und Übelkeit zu verursachen und ein Allergieauslöser („China-Restaurant-Syndrom") zu sein. Glutamat fungiert als Botenstoff zwischen den Nervenzellen und beeinflusst als Neurotransmitter die Appetitregulation direkt. Es kann sich auch in der Zutatenliste unter „Würze", „fermentierter Weizen" oder „Hefeextrakt" verstecken. Somit ist für uns nicht direkt erkennbar, was sich genau dahinter verbirgt.
(Buchholz & Dietrich, 2010)

Künstliche Aromen und Süßstoff

Vanillearoma befindet sich in vielen Fertigprodukten (auch Kindernahrungsmittel). Es wird aus Holzabfällen der Papierindustrie hergestellt. Himbeeraroma besteht aus Spänen der Zeder und Pfirsicharoma wird mit Zitronensäure und Schimmelpilzen hergestellt.
(Knapp, 2010)

Süßstoffen wird nachgesagt, dass sie den Appetit anregen. In den USA ist Cyclamat seit 1969 verboten, nachdem Tierversuche nahe legten, der Süßstoff sei krebserregend. In Europa ist dieser Süßstoff erlaubt. Auch Aspartam (E950-E999) ist aus meiner Sicht kein zu empfehlender Zuckerersatz. Setzen Sie auf natürliche Lebensmittel, die entweder nicht oder eben mit Zucker gesüßt sind.
Nähere Informationen hierzu finden Sie unter „http://www.focus.de/gesundheit/ernaehrung"

Farbstoffe

Lebensmittel die künstliche Farbstoffe wie E102 Tartrazin, E110 Gelborange, E122 Azorubin, E124 Cochenillerot und E129 Allurarot AC enthalten, müssen laut EU Verordnung vom 20.07.2010 folgenden Warnhinweis auf der Verpackung haben „kann Aktivität und Aufmerksamkeit von Kindern beeinträchtigen". Zudem stehen diese in Verdacht Atemwegs- und Hauterkrankungen hervorzurufen. Diese künstlichen Farbstoffe können in Süßigkeiten, Backwaren, Brausegetränken, Eis, Würzsoßen und Puddings enthalten sein. Zudem ist ein weiterer Farbstoff E104 Chinolingelb umstritten.

Fertigprodukte - Beispiele

Eine Tüte **Rindfleischsuppe** muss kein Rindfleisch enthalten. Es genügt Aminosäuren mit Zucker zu erhitzen und zu einer braunen Brühe weiterzuverarbeiten, in der dann Pyrazine Röstaromen suggerieren.
(Knapp, 2010)

Analogkäse - Der Käseersatz wird aus Pflanzenfett, synthetischem Milcheiweiß, Stärke und Schmelzsalzen hergestellt. Durch die Zugabe von diversen künstlichen Aromen wird z.B. ein gewünschter Gorgonzolageschmack erzeugt. Der Analogkäse muss als „Käseersatz" gekennzeichnet sein und findet sich auf Pizzen und Gebäck.

Ersatzschinken - Wenig appetitlich sind Schinken-Imitate, die aus Fleischresten (50–80 %), Verdickungs- und Bindemitteln, sowie sonstigen Zusatzstoffen zu einem Brei gekocht und dann beliebig geformt werden. Das EU Parlament hat zwar die Zulassung des Klebers Thrombin gestoppt, geklebt wird aber sicherlich mit anderen Stoffen weiter. Ersatzschinken findet sich z.B. auf Schinkenpizzen und in Schinkennudeln.

Gewöhnung

Viele Käufer haben sich im Laufe der Zeit an die künstlichen Aromen so stark gewöhnt, dass sie ein Fertigprodukt geschmacklich bevorzugen. So schmeckt z.B. ein mit frischen Erdbeeren angereicherter Naturjoghurt nicht mehr. Die Fertigsuppe aus der Tüte ist stark aromatisiert und wird einer herkömmlich Hergestellten vorgezogen.

Tipp ***Wirkliche Küchenhelfer sind voll funktionstauglich. Sie werden regelmäßig und gerne benutzt. Auch hier gilt Qualität vor Quantität.***

KÜCHE FUNKTIONELL

Ich selbst, berufstätige Mutter, bin oft gezwungen auf die Schnelle ein gesundes und leckeres Gericht für den Mittags- und/oder Abendtisch zu bereiten. Wird es wieder einmal später im Büro, so ist in kurzer Zeit ohne großen Aufwand aus Vorhandenem ein ansprechendes, wohlschmeckendes Essen zu zaubern.

Eine gut organisierte und eingerichtete Küche erleichtert den Arbeitsablauf und hilft enorm Zeit zu sparen. In unserer Küche, der am meisten frequentierte Raum unseres Heimes, befinden sich nur Dinge die

- absolut funktionstüchtig sind,
- regelmäßig benutzt werden
- und über die man sich bei Gebrauch nicht ärgern muss.

Gegenstände haben in der Küche einen Stammplatz und so wird keine Zeit mit überflüssigen Suchaktionen verschwendet. Alles, was regelmäßig und oft gebraucht wird, soll schnell und einfach zu greifen sein.

Unnötige, oder nur selten benutzte Gegenstände haben in einer funktionell eingerichteten Küche nichts verloren. Meist sind die Küchen nicht groß genug und darauf eingestellt, alle vermeintlichen Hilfsgeräte und Kochutensilien zu verstauen.

Ein wichtiger Schritt in eine „funktionierende“ Küche ist, die vorhandene Küche seinen Gewohnheiten gemäß zu bestücken. Dabei spielt meines Erachtens die Optik eine untergeordnete Rolle. In der Küche wird hart gearbeitet und wo gehobelt (in diesem Fall gekocht) wird, fallen Späne. Eine Küche muss nicht ordentlich sondern appetitlich sein. Ein Ofen, auf dem nicht gekocht wird, kann nach Jahren noch wie neu aussehen. Ein Arbeitsbrett, auf dem nichts geschnitten wird, hat keine Kratzer. Eine Spüle, die poliert und nicht benutzt wird, glänzt. Die Spüle unserer Küche glänzt auch dann und wann, aber nicht täglich.

Das Kapitel Ausstattung *(vgl. Seite 231)* listet die Grundausstattung, beschreibt und erklärt die Küchenhelfer.

VORRATSHALTUNG

Inzwischen reichen die Öffnungszeiten der Geschäfte bis spät in den Abend und die Vorratshaltung hat an Bedeutung verloren. Dennoch – mit einem kleinen Vorrat an Basisprodukten sind Sie jederzeit bereit ein Essen anzubieten bzw. Überraschungsgäste zu bewirten, ohne nochmal außer Haus zu müssen.

In unserem Haushalt sind bestimmte Lebensmittel im Wesentlichen ständig vorhanden. Diese reichen aus, um viele verschiedene Gerichte zuzubereiten. Geht ein Vorrat mal zur Neige, bleiben Sie locker und ersetzen Sie dies bis zum nächsten Einkauf durch etwas anderes.

Mahlzeiten für kommende Tage plane ich in der Regel nicht im Voraus. Meine Vorgehensweise ist eine andere. Frisches saisonales und regionales Gemüse und Obst, sowie frischer saisonaler und regionaler Salat werden zweimal pro Woche eingekauft. Die Auswahl der Sorten und Arten erfolgt vor Ort nach dem Motto: „Von welchen Produkten ist heute das qualitativ beste Angebot vorhanden?".

Einen dieser Einkäufe nutze ich um Grundvorräte aufzufüllen und leicht verderbliche Waren, wie z.B. Milch, zu besorgen. Ausschließlich wenn wir Gäste haben oder etwas Besonderes auf dem Speiseplan stehen soll, plane ich detailliert was eingekauft werden muss.

Selbst wenn der Kühlschrank dann mal leer ist gehe ich selten zusätzlich zum Einkaufen. Das spart eine Menge Zeit. Meine Einstellung: „Irgendetwas ist immer da!". Crêpes, Pfannenkuchen, Butterkartoffeln, Kräuternudeln, Brotaufstriche mit Ölen, Butter oder Quark, gedünstetes Gemüse mit Reis, Wochenrückblick (alle Reste der Woche in der Pfanne leicht angebraten), Risotto mit Tomatensoße, frisches Gemüse mit Dip oder sonstige Mahlzeiten lassen sich aus den Grundvorräten zubereiten *(vgl. Rezepte ab Seite 87)*.

Vorratsschädlinge

Kleine "Gespinste" oder zusammen geklumpte Körner in Mehl, Grieß, Müsli, Nüssen, … deuten darauf hin, dass sich ein Vorratsschädling eingenistet hat. Dörrobstmotten, Kakao- oder Speichermotten und Mehlmotten kommen bei uns am häufigsten vor. Die Larven der Motten verschmutzen Vorräte durch Spinnfäden, Kot und tote Tiere.

Die Gefahr der Ausbreitung von Schädlingen ist während der warmen Sommermonate größer. Befallener Vorrat gehört in den Müll.

Lebensmittelmotten werden oft über Supermärkte eingeschleppt. Deshalb achten Sie besonders beim Kauf von Mehlprodukten, Müslis, Kernen und Körnern genau darauf was sie sich ins Haus holen. Lagern Sie Lebensmittel kühl. Halten Sie nicht zu große Mengen einzelner Lebensmittel vorrätig. Brauchen Sie vor Auffüllen der Vorräte ältere Lagerbestände auf. Kontrollieren Sie ihr Lager regelmäßig.

Stellen Sie einen Larvenbefall fest, so

- ✓ entsorgen Sie das betroffene Lebensmittel,
- ✓ kontrollieren Sie andere Lebensmittel,
- ✓ reinigen Sie den Vorratsschrank, -schublade gründlich,
- ✓ reinigen Sie auch Ecken, Ritzen und Kanten,
- ✓ kontrollieren Sie nochmal in den darauffolgenden Tagen,
- ✓ bewahren Sie Körner, Kerne & Co. in fest verschlossenen Behältern.

Von Lebendfallen, die mit Sexualhormonen Motten anlocken, bin ich persönlich nicht so begeistert. Hier hatte ich schon mal das Gefühl, Motten aus Nachbarsküchen, anzulocken.

Tipp ***Wischen Sie ihre Vorratsschränke nach dem Reinigen mit Wasser, welchem ein Tropfen ätherisches Zedernöl zugesetzt ist, aus.***

GRUNDVORRÄTE

GRUNDVORRÄTE		
PRODUKT	LEBENSMITTEL	HAUPTZUTAT FÜR ...
Getreide-produkte *(vgl. Seite 48)*	Weizenmehl Type 405 Weizenvollkornmehl Dinkel Type 1050 Dinkelvollkornmehl Grieß Speisestärke verschiedene Nudeln Vollkorn- und Hartweizennudeln (Spagetti, Tagliatelle, Fusili, Penne, ...) Langkorn- und Rundkornreis	Crêpes, Pfannenkuchen, Biskuitrollen, Obstkuchen, Hefegebäck, herzhafte Quiches, Kuchen Spagetti alio olio, Lasagne, Nudeln mit Tomaten- oder Käsesoße ... Nudeln als Beilage Risotto, schnelle einfache Beilage, verschiedene Reis-gerichte
Hülsenfrüchte und Ölsaaten	Sesamsaat Sonnenblumenkerne Linsen	raffiniertes Panieren von Fleisch, Zutat für herzhafte Teige (Crêpes, Brot, Hefeteig, ...) Sesam-/Knoblauchöl als Dip, Brotaufstrich oder Würzmittel Kerne als leckere, gesunde Zutat für Salate, Gemüse, Aufläufe Beilage, Zugabe zu Eintöpfen oder Suppen
Backzutaten *(vgl. Seite 195)*	Zucker/Puderzucker Nüsse/Mandeln (ganz) Backpulver Gelatine Schokolade Puddingpulver Vanilleschote Würfel- oder Trockenhefe	Süßspeisen Hefe-, Biskuit- und Rührteige

Grundvorräte		
Produkt	Lebensmittel	Hauptzutat für ...
Konserven (bevorzugt Glaskonserven)	Tomaten passiert Tomaten im Ganzen Kokosmilch Thunfisch Sauerkraut	Aufstriche Pizza Soßen Beilagen
	Sauerkirschen Marmelade	Kuchenbelag
	Brühen *(am besten selbst hergestellt vgl. Rezepte zu Brühen ab Seite 87)*	Suppen, Verfeinern von Soßen, würzen
Kräuter und Gewürze *(vgl. Kräuter und Gewürze Seite 26)*	Salz Pfeffer zum Mahlen Chili Curry Kurkuma Kümmel Kreuzkümmel Lorbeer Nelken Wacholderbeeren Zimt	Würzzutaten
	Thymian Rosmarin Petersilie	Kräuterbutter Brotaufstriche
	Schnittlauch Koriander	vitaminreiche und optische Aufwertung von Speisen, Dekoration
	Kräutermischungen als Tiefkühlprodukt	
Fette und Öle (vgl. Fette und Öle Seite 45)	Butter Butterschmalz hocherhitzbares, raffiniertes Öl	Aufstriche zum braten
	kaltgepresstes Öl (z.B. Olivenöl, Rapsöl)	zur gesunden Aufwertung von Speisen für Salatdressings und Aufstriche

GRUNDVORRÄTE

PRODUKT	LEBENSMITTEL	HAUPTZUTAT FÜR …
Obst und Gemüse *(vgl. Gemüse Seite 39)*	Äpfel und sonstiges Obst der Saison Biozitronen/Limetten	Zwischenmahlzeit, Kuchenbelag
	Zwiebeln	Zwiebeln (Geschmacks-zutat für viele Gerichte), Suppe, Gemüse, Beilage und Dekoration
	Knoblauch Chili Ingwer Zitronengras	Knoblauch-, Ingwer-Chilibutter Würzzutat
	Kartoffeln (mind. 2 kg)	Beilage oder Hauptgericht (z.B. Limetten-, Rosmarin-, Salz-, Pell-, Petersilien-, Bratkartoffel, ...) Kartoffelgratin, Knödel, Salat
	Beeren als Tiefkühlprodukt (z.B. Erd-, Johannis-, Himbeeren oder gemischte Packungen)	Nachspeisen Tortenbelag Fruchtsoßen
	verschiedenes unterschiedliches Frischgemüse je nach Jahreszeit (verschiedene Kohlsorten, Karotten, Lauch, Zucchini, Rote Beete, ...) unterschiedliches Gemüse als Tiefkühlprodukt (Spinat, Erbsen, Bohnen, gemischt), selbst-gemachtes Blau- und/oder Sauerkraut	Rohkostsalate gedünstetes Gemüse Gemüseauflauf Gemüsesuppe Gemüse als Zutat für verschiedene Gerichte Antipasti Crêpes mit Gemüse
	der Jahreszeit entsprechende Salate (z.B. Feldsalat, Eissalat, grüner Salat, Endivie, Chinakohl, ...)	Salate

Grundvorräte		
Produkt	Lebensmittel	Hauptzutat für ...
Milchprodukte und Eier	Milch *(ggf. als Notreserve 1 Packung H-Milch für längere Haltbarkeit)* Sahne Quark oder Naturjoghurt Eier Parmesan im Stück verschiedene Käsesorten Eis tiefgefroren	Rahmsoßen Süßspeisen Kräuterquark Kuchen und Kuchenbelag zum Überbacken, Käsesoßen, Brotzeit Nachspeisen
Fleisch (tiefgefroren für jeweils 4 Personen) *(vgl. Fleisch Seite 60)*	Hackfleisch portioniertes Fleisch (Schnitzel, Geschnetzeltes, Gulasch, ...) Bratenfleisch (Rind oder Schwein)	Schnitzel raffiniert paniert (auch als kalte Brotzeit) Fleischgerichte z.B.: Curry, Wok, Geschnetzeltes Kalt- und Warmgericht
Brot (frisch und kleiner Vorrat tiefgefroren) *(vgl. Brot Seite 51)*	Vollkornbrot Baguette gemischte Semmeln	Brotzeit Beilage Bruschettas mit altem Brot: Semmelknödel, Hackfleischteig
Sonstiges	Essig Senf (scharf und süß) Meerrettich Sojasoße Honig	

EINKAUFTIPPS

Einkaufen ist mir inzwischen zu einer leidigen Pflichtübung geworden. Die so verbrachte Zeit könnte schöner genutzt werden als Einkaufswägen durch lange Gänge an vielen Barrieren vorbei zu jonglieren, in einer Schlange zu warten bis der Geldbeutel gezückt werden darf und das Ganze dann zu Hause wieder zu verstauen.

Aus diesem Grund habe ich mein Einkaufsverhalten verändert. Meistens ziehe ich zweimal in der Woche los um frisches Obst und Gemüse zu besorgen und einmal um Fleisch und manchmal auch Wurst zu kaufen. Sowohl zum Metzger als auch zum Gemüsehändler hat sich im Laufe der Zeit eine persönliche Beziehung entwickelt, so dass ich beide gerne aufsuche.

Leicht verderbliche Lebensmittel wie Milch, Sahne, Joghurt, Käse, Quark, ... besorge ich einmal wöchentlich, wenn ich sowieso unterwegs bin.

Kaufen Sie nicht zu viel des Guten. Lieber mal etwas weniger als zu viel, unsere Lebensmittel sind zu wertvoll um im Müll zu landen.

Der zweiwöchentliche Großeinkauf ist die ungeliebte Herausforderung. Um ihn mit wenig Zeitaufwand und möglichst unkompliziert zu erledigen, habe ich mir folgendes angewöhnt:

Einkaufskörbe - Kisten

Es ist einfacher zu bewerkstelligen, wenn beim Großeinkauf regelmäßig die gleichen Einkaufskörbe benutzt werden. Diese sollten nicht zu groß und damit nicht so schwer zu beladen sein. Am besten sind sie stabil und fest, verfügen über zwei Griffe. Zu Hause stehen sie im Keller gestapelt an einer dafür freigehaltenen Stelle. Im obersten Einkaufskorb liegen die Pfandflaschen und –gläser bereit, die bei der nächsten Einkaufstour wieder zurückgegeben werden.
Die Einkaufskörbe sollten genau in einen Einkaufswagen passen. Sie werden stets nach dem gleichen Muster gefüllt (Getreideprodukte und Konserven – Gemüse und Obst – Kühlschrank und Tiefkühlkost). In den Sommermonaten wird eine Kiste durch eine Kühlbox ausgetauscht. Mit der Zeit wird man zum Profi und weiß genau wie die Lebensmittel am besten in den Kisten zu stapeln sind, so dass keine Waren beschädigt werden und der Platz am besten ausgenutzt wird.

Einkaufszettel

Ich überlege mir vor dem Großeinkauf genau was benötigt wird. Ansonsten ist die Wahrscheinlichkeit groß, viele Dinge einzuladen die eigentlich nicht gebraucht werden. Der Einkaufszettel wird gemäß dem Angebot in der richtigen Reihenfolge geschrieben. Also erst Gemüse, dann Trockenwaren und zum Schluss Kühl- und Tiefkühlkost.

Manchmal nutze ich den Einkauf um die Merkfähigkeit zu üben, Stichwort „Gehirnjogging“. Ich schreite in Gedanken Weg und Stationen ab. Darf ich etwas Wichtiges nicht vergessen, so setze ich ein schräges Bild in den Kopf (heruntergefallenes Tomatenmark – offene Mehltüte - ausgelaufener Joghurt – Butter, welche aus dem Kühlregal entnommen sofort in der Hand zerläuft - ...). Je schräger das festgesetzte Bild, umso größer ist die Wahrscheinlichkeit das Produkt nicht zu vergessen.

Zeitpunkt

Ideal ist es ruhige Einkaufszeiten auszunutzen. Am liebsten ist mir dabei der frühe Freitag- oder Samstagmorgen geworden. Der Zeitpunkt ist für ein frisches und gut sortiertes Angebot optimal.

Gesättigt

Gehen Sie nicht hungrig einkaufen. Hungrige Einkäufer kaufen mehr und größere Mengen.

Qualität

Ein wichtiger Aspekt. Schauen Sie sich die Ware genau an. Ist das Mindesthaltbarkeitsdatum ausreichend (falls nicht, so greifen Sie ruhig nach den hinteren oder unteren Lebensmitteln), ist die Verpackung unbeschädigt, ist in einem Netz mit Obst/Gemüse die Ware in Ordnung, sind Druckstellen vorhanden, sind Gespinste die auf einen Schädlingsbefall hinweisen erkennbar, ... Gerne mache ich bei Obst/Gemüse aus Übersee eine Riechprobe. Riechen z.B. die Zitronen „muffig", informiere ich die Verkäufer und lege die Ware beiseite. Habe ich beim Qualitätscheck doch etwas übersehen, so hebe ich mir die Quittung auf und reklamiere freundlich den schadhaften Einkauf beim nächsten Mal. In der Regel wird der Einkaufspreis gut geschrieben, obwohl das betreffende Lebensmittel zu Hause schon entsorgt wurde.

Tiefkühlware

Tiefkühlgeräte im Lebensmittelgeschäft müssen mit einem gut sichtbaren Thermometer bestückt sein. Die Temperatur liegt bei mindestens -18 °C. Greifen Sie nicht in vereiste und verschmutzte Tiefkühlgeräte. Vereiste Verpackungen deuten oft darauf hin, dass diese vermutlich schon einmal angetaut waren! Schütteln Sie Tiefkühlgemüse in Tüten. Es sollte locker und einzeln in der Verpackung liegen. Bewahren Sie Tiefkühlkost während des Transportes in einer Kühltasche auf, damit es im gefrorenen Zustand das Ziel erreicht.

Preisvergleich pro Verpackungseinheit

100 g eines Lebensmittels sind in größeren Verpackungseinheiten manchmal teurer als 100 g dieses Lebensmittels in einer kleineren Verpackung. So kosten zum Beispiel 3 Tafeln Schokolade á 100 g erheblich weniger (um die 10 %) als eine Tafel Schokolade á 300 g der gleichen Sorte und Marke. Bei vielen anderen Produkten (z.B. Waschmittel) stelle ich beim Einkaufen ähnliches fest. Deshalb lohnt sich das genaue Hinschauen.

Orientieren Sie sich beim Kauf am Grundpreis eines Lebensmittels. Inzwischen ist der Grundpreis meist am Regal kleingedruckt und versteckt angebracht. Nehmen Sie falls nötig eine Lupe mit und befestigen Sie diese mithilfe einer Schnur am Griff des Einkaufswagens. So können die Preise im wahrsten Sinn des Wortes unter die Lupe genommen werden und Sie fallen auf keine Mogelpackung herein.

Regional

Kaufen Sie regionale Lebensmittel. So wird ein unnötiges Transportieren von Lebensmitteln verhindert und die Ware steht Ihnen frisch zur Verfügung. Laut Bundesamt für Verbraucherschutz und Lebensmittelsicherheit sind Lebensmittel deutscher Herkunft geringer belastet als ausländische Erzeugnisse. Im Jahr 2008 wurde bei 1,9 % der in Deutschland produzierten Lebensmittel eine Höchstmengenüberschreitung bei Pflanzenschutzmittelrückständen festgestellt. Bei Produkten aus den EU Staaten betraf dies 3,0 % und bei den sogenannten Drittstaaten (keine EU Länder) 9,1 %.
(Bundesamt für Verbraucherschutz und Lebensmittelsicherheit, 2010)

Tipp

Das Bundesamt für Verbraucherschutz und Lebensmittelsicherheit stellt die „Berichte zur Lebensmittelsicherheit" jährlich im Internet zum Nachlesen zur Verfügung (www.bvl.bund.de).

Kochen

Deine Nahrungsmittel seien deine Heilmittel. *(Hippokrates)*

Zutaten

Kräuter und Gewürze

Tipp ***Frische Kräuter am Schluss zugeben und nicht mitkochen lassen (vitaminschonend!).***

Tipp ***Stehen keine frischen Kräuter zur Verfügung, sind tiefgefrorene Kräuter eine gute Alternative.***

Tipp ***Sollen Gewürze wie z.B. Wacholderbeeren im Blaukraut mit gekocht werden, können diese in einen Einmalteebeutel gegeben und nach dem Kochvorgang ohne aufwendiges Suchen schnell entfernt werden.***

Kräuter und Gewürze machen unser Essen aromatischer und bekömmlicher.

Küchenkräuter sind feinwürzig und voller Vitamine. Frisch haben diese das intensivste Aroma und den höchsten Vitamingehalt. Aber auch tiefgefroren oder getrocknet entfalten sie noch gut ihre Wirkung. Viele dieser Küchenkräuter können Sie im Garten oder auf dem Balkon pflanzen. So reicht ein kleiner Schritt nach draußen um frisch und vitaminreich mit so manchem Kraut versorgt zu sein. Einjähriges Kraut muss jedes Jahr neu gepflanzt werden.

Aber was wird wozu und wie gewürzt?

Damit Sie Appetit bekommen, Gewürze und Kräuter vielseitig und häufig einzusetzen, sind im folgenden Verzeichnis neben der Verwendung (frisch, getrocknet, ganz, gemahlen, ...) die wichtigsten Heilwirkungen mit aufgeführt.

Da würzt es sich leichter und lieber!

Kräuter und Gewürze		
Bezeichnung	Was, wie, woher und weshalb	Anwendung, Beschreibung
Anis	Gewürz	für Kuchen und Tee
Verwendung	getrocknet ganz gemahlen	starker aromatischer Geschmack durch den Gehalt an Anisöl
Anbau	gedeiht im Garten (einjährig)	
Wirkung als Heilpflanze	gegen Blähungen hilfreich bei Magenbeschwerden und Husten	
Basilikum	Kraut	Fleisch, Käse, Hackfleischgerichte, Soßen, Pizza, Gemüse
Verwendung	frisch ganzes Blatt und zerkleinert getrocknet nicht mit kochen lassen vorsichtig verwenden	Fisch, Huhn starkes Aroma
Anbau	gedeiht im Garten (einjährig)	
Wirkung als Heilpflanze	verdauungsfördernd beruhigend wassertreibend	
Beifuß	Kraut	Braten, z.B. Gans und Schwein
Verwendung	frisch ganz und zerkleinert getrocknet begrenzte Mengen	
Anbau	gedeiht im Garten (ausdauernd)	
Wirkung als Heilpflanze	verdauungsfördernd beruhigend appetitanregend krampflösend	
Bohnenkraut	Kraut	Eintöpfe, Kartoffeln, Bohnengemüse und -salat, Weißkraut, Gurken, Pilze
Verwendung	frisch getrocknet ganz und zerkleinert kann mit gekocht werden verträgt sich nicht mit Zitronenmelisse	Lamm, Steaks, Hackfleischgerichte
Anbau	gedeiht im Garten (einjährig)	
Wirkung als Heilpflanze	gegen Blähungen krampflösend verdauungsfördernd appetitanregend hustenlösend	

Kräuter und Gewürze		
Bezeichnung	was, wie, woher und weshalb	Anwendung, Beschreibung
Borretsch	Kraut	Gurkensalat, grüne Salate, Kräutersoße erfrischendes starkes Aroma
Verwendung	frisch ganz und zerkleinert getrocknet nicht mit kochen lassen vorsichtig verwenden	
Anbau	gedeiht wunderbar im Garten	
Wirkung als Heilpflanze	schweißtreibend erfrischend herzstärkend	
Cayenne-pfeffer, Chili	Gewürz	Gerichte aller Art, pikant scharfe Soßen sehr scharf 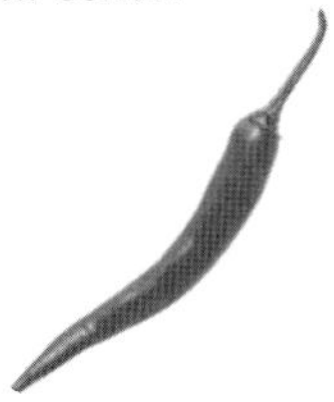
Verwendung	frisch getrocknet ganz gemahlen ggf. mit kochen lassen vorsichtig verwenden	
Wirkung als Heilpflanze	anregend durchblutungsfördernd antibakteriell	
Curry	Gewürz	Reis, Fleisch, pikante Soßen, Suppen
Verwendung	getrocknet meist Mischung aus zahlreichen Gewürzen	
Dill	Kraut	Gurkensalate, andere Salate, warme und kalte Soßen, Fischspeisen, Quarkgerichte, Kräuterbutter sehr erfrischendes Aroma
Verwendung	frisch getrocknet nicht mit kochen lassen ganz und zerkleinert	
Anbau	gedeiht im Garten (einjährig)	
Wirkung als Heilpflanze	magenstärkend appetitanregend verdauungsfördernd	

Kräuter und Gewürze		
Bezeichnung	Was, wie, woher und weshalb	Anwendung, Beschreibung
Estragon	Kraut	Salatmarinaden, Fisch, Fleisch
Verwendung	frisch ganz und zerkleinert getrocknet mitziehen aber nicht mit kochen	intensives Aroma
Anbau	gedeiht im Garten (ausdauernd)	Aromatisierung von Kräuteressig (Zweig in Flasche geben)
Wirkung als Heilpflanze	appetitanregend wassertreibend	
Fenchel	Gewürz (Fenchelsamen)	Brot, Gebäck, Tee
Verwendung	ganz gemahlen	süßliches Aroma
Anbau	gedeiht im Garten (ausdauernd)	
Wirkung als Heilpflanze	gegen Blähungen schleimlösend verdauungsfördernd krampflösend	
Ingwer	Gewürz Wurzel (in Asien zu Hause)	Suppen, Fleisch, Reis, asiatische Gerichte, Gulasch
Verwendung	frisch getrocknet ganz gehackt kann mit gekocht werden	würzig, aromatisch, scharf
Wirkung als Heilpflanze	appetitanregend entzündungshemmend wirkt gegen Übelkeit	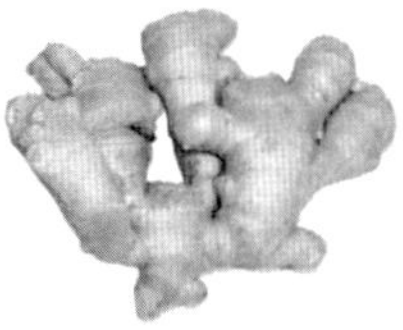
Kapern	Gewürz	Ragouts, Fleischgerichte, Soßen
Verwendung	ganz Blütenknospen des Kapernstrauches (Mittelmeerküste)	feine, pikante und aromatische Würze je kleiner die Kapern, desto besser die Qualität

Kräuter und Gewürze

Bezeichnung	was, wie, woher und weshalb	Anwendung, Beschreibung
Kardamon Verwendung Wirkung als Heilpflanze	Gewürz Samenkerne aus Früchten des Kardamonstrauches (Asien) gemahlen sparsam verdauungsfördernd gegen Blähungen	Backgewürz, Brot, Lebkuchen starkes Aroma
Kerbel Verwendung Anbau Wirkung als Heilpflanze	Kraut frisch ganz und zerkleinert nicht mit kochen lassen verträgt sich nicht mit Kresse gedeiht im Garten (einjährig) stoffwechselanregend entgiftend	Kräuter- und Frühlingssuppen, Kräutersoßen, Kräuterbutter, Kräuterquark, rohe Salate sehr aromatisch
Knoblauch Verwendung Anbau Wirkung als Heilpflanze	Gewürz frisch ganz und zerkleinert zerdrückt oder gepresst kann mit gekocht werden als Steckzwiebel im Garten antibakteriell regt Darmtätigkeit an blutdrucksenkend durchblutungsfördernd Vitamine A,B,C	Fleisch, Salatsoßen, Eintopfgerichte, Suppen, Gemüse, Knoblauchbutter intensiver Geschmack 
Koriander Verwendung Anbau Wirkung als Heilpflanze	Kraut Samenkörner frisch ganz gehackt gemahlen getrocknet gedeiht im Garten (zweijährig) Magen-und Darmbeschwerden gegen Blähungen	Fleischgerichte, Lebkuchengewürz, Salate, Suppen, Soßen, Gemüse frisch sehr aromatisch „chinesische Petersilie“

Kräuter und Gewürze		
Bezeichnung	Was, wie, woher und weshalb	Anwendung, Beschreibung
Kresse	Kraut	Salate, Fleisch, Gemüse, Fisch
Verwendung	frisch nicht mit kochen lassen verträgt sich nicht mit Kerbel und Rosmarin	
Anbau	gedeiht im Garten (einjährig)	
Wirkung als Heilpflanze	stoffwechselanregend	
Kümmel, Kreuz-kümmel	Gewürz	Brot, Käse, Quark, Braten, Kartoffeln, Weißkraut, Rote Beete, dunkle Soßen, salziges Gebäck Kreuzkümmel schmeckt süßlich und erinnert an asiatische Gerichte kräftiges Aroma
Verwendung	ganz gemahlen	
Anbau	gedeiht im Garten (zweijährig)	
Wirkung als Heilpflanze	gegen Blähungen krampflösend verdauungsfördernd	
Liebstöckel oder **Maggikraut**	Kraut	für Wurzel-, Knochen- und Fleischbrühen intensives Aroma
Verwendung	frisch ganz und zerkleinert kann mit gekocht werden vorsichtig verwenden	
Anbau	gedeiht im Garten (ausdauernd)	
Wirkung als Heilpflanze	harntreibend löst Blähungen fördert die Verdauung	
Lorbeer-blätter	Kraut 	zum Beizen (z.B. Sauerbraten), Fischsud, Wildbraten, dunkle Soßen für Gemüse (Rotkohl und Sauerkraut) für Brühen
Verwendung	getrocknet frisch ganz kann mit gekocht werden	
Anbau	gedeiht im Garten (im Winter vor Kälte schützen, sehr dekorativ, ausdauernd)	
Wirkung als Heilpflanze	appetitanregend verdauungsfördernd	

Kräuter und Gewürze		
Bezeichnung	was, wie, woher und weshalb	Anwendung, Beschreibung
Majoran Verwendung Anbau Wirkung als Heilpflanze	Kraut frisch bevorzugt getrocknet kann mit gekocht werden verträgt sich nicht mit Thymian gedeiht im Garten (einjährig) verdauungsfördernd anregend gegen Erkältung nervenstärkend	Kartoffelsuppe, Kartoffeln aller Art, Leber, Hackfleisch, Braten sehr aromatisch
Minze Verwendung Anbau Wirkung als Heilpflanze	Kraut frisch nicht mit kochen lassen Teeaufguss gedeiht wunderbar im Garten (wuchert stark, deshalb bevorzugt in Topf pflanzen) ausdauernd wohltuende Wirkung bei Übelkeit, Blähungen, Krämpfen	Gemüse, Blattsalat, Lamm, Soßen, Tee Dekoration von Süßspeisen und Kuchen
Muskat Verwendung Wirkung als Heilpflanze	Gewürz gemahlen nervenstärkend verdauungsfördernd 	Lebkuchengewürz, Suppen, Blumenkohl, Kartoffelbrei, Rosenkohl, Spinat, Käseknödel, Fleisch
Nelken Verwendung Wirkung als Heilpflanze	Gewürz ganz und gemahlen verdauungsfördernd 	ganz: zum Beizen, Wild, Fleisch, Blaukraut, Birnen, Kürbisse, Zwetschgen gemahlen: Lebkuchengewürz sparsam verwenden

	Kräuter und Gewürze	
Bezeichnung	was, wie, woher und weshalb	Anwendung, Beschreibung
Oregano	Kraut	Tomaten, Eintöpfe, Pizza, Soßen, Suppen sehr würzig 
Verwendung	frisch ganz und zerkleinert getrocknet	
Anbau	gedeiht im Garten (wuchert stark, deshalb bevorzugt in Topf pflanzen) ausdauernd	
Wirkung als Heilpflanze	magenstärkend hustenstillend schleimlösend	
Paprika	Gewürz	„Delikates Edelsüß" mild, ohne Schärfe, aromatisch, hellrot „Edelsüß" schärfer, dunkler „Halb-süß" würzig bis scharf, Farbe ist matt „Scharf" sehr scharf, geringste Qualität Fleischgerichte, Gulasch, Geflügel, Grillgerichte, Käsespeisen, Brotaufstriche, Suppen, Soßen
Verwendung	gemahlen	
Wirkung als Heilpflanze	entzündungshemmend verdauungsfördernd	
Petersilie	Kraut	Suppen, Fleisch, Fisch, Gemüse, Salate, Eintopf, Kräuterbutter, Kartoffelgerichte reich an Vitamin C und Eisen zartes Aroma
Verwendung 	frisch ganz und zerkleinert tiefgefroren getrocknet kann mit gekocht werden (besser jedoch frisch)	
Anbau	gedeiht im Garten (zweijährig)	
Wirkung als Heilpflanze	anregend	

	Kräuter und Gewürze	
Bezeichnung	was, wie, woher und weshalb	Anwendung, Beschreibung
Pfeffer Verwendung Wirkung als Heilpflanze	Gewürz getrocknet ganz und zerkleinert kann mit gekocht werden appetitanregend verdauungsfördernd	Suppen, Fleisch, Gemüse, Salate, Eintopf, Kräuterbutter, Kartoffelgerichte, ... am besten frisch gemahlen oder im Mörser zerstoßen
Piment Verwendung Anbau Wirkung als Heilpflanze	Gewürz ganz gemahlen Beerenfrüchte des Pimentbaumes (Südamerika) verdauungsanregend	Beizen, Ragouts, Wildbraten, Fleisch
Pimpinelle Verwendung Anbau Wirkung als Heilpflanze	Kraut frisch ganz und zerkleinert gedeiht im Garten („kleiner Wiesenknopf") ausdauernd blutstillend harn- und wassertreibend	Salatmarinaden, Beize, Fisch, Kräutersoßen zum Aromatisieren von Kräuteressig (Zweig in Essig legen)
Rosmarin Verwendung Anbau Wirkung als Heilpflanze	Kraut frisch ganz und zerkleinert getrocknet kann mit gekocht werden verträgt sich nicht mit Sauerampfer und Kresse gedeiht wunderbar im Garten (an geschützten Stellen übersteht er auch den Winter, ausdauernd) gegen Erschöpfung niedrigen Blutdruck Rheuma	Kalbfleisch, Lammfleisch, Geflügel, Suppen, Soßen, zum Beizen, Marinaden, Kartoffeln mildes, würziges Aroma 

Kräuter und Gewürze

Bezeichnung	Was, wie, woher und weshalb	Anwendung, Beschreibung
Safran Verwendung Wirkung als Heilpflanze	Gewürz Griffeln der Blüte des Safrankrokus (Mittelmeerraum) ganz krampflösend schmerzstillend	Reis, Fleisch, Gebäck rot-orangefarben sehr teuer mild bitteres Aroma
Salbei Verwendung  Wirkung als Heilpflanze	Kraut frisch ganz und zerkleinert getrocknet Teeaufguss kann mit gekocht werden gedeiht im Garten (ausdauernd) entzündungshemmend krampflösend gegen Schweißausbrüche wirkt bei Halsentzündungen	Fleisch, Leber, Wild, Fisch, pikante Soßen, Kräuterbutter, Gemüse Blätter schmecken auch frittiert milder, würziger Geschmack
Sauerampfer Verwendung Wirkung als Heilpflanze	Kraut frisch nur junge Blätter verträgt sich nicht mit Rosmarin und Thymian gedeiht im Garten (ausdauernd) blutreinigend enthält Vitamin C	grüne Suppen und Kräutersoßen aller Art
Schnittlauch Verwendung Anbau Wirkung als Heilpflanze	Kraut frisch nicht mit kochen lassen gedeiht im Garten (ausdauernd) appetitanregend blutdrucksenkend	Suppen, Soßen, Salate, Kräuterbutter, Gemüse reich an Vitamin C und Eisen
Selleriekraut Verwendung Wirkung als Heilpflanze	Kraut kann mit gekocht werden blutreinigend gegen Blähungen	Brühen, Soßen stark würzend

Kräuter und Gewürze

Bezeichnung	Was, wie, woher und weshalb	Anwendung, Beschreibung
Thymian	Kraut	Fleisch, Geflügel, Hackfleisch, Ragouts, Tomaten, Kartoffeln, Fisch, Eintopf
Verwendung	frisch getrocknet kann mit gekocht werden verträgt sich nicht mit Majoran und Sauerampfer	würzig 
Anbau	gedeiht wunderbar im Garten (an geschützten Stellen übersteht er auch den Winter) ausdauernd	
Wirkung als Heilpflanze	desinfizierend schleimlösend hustenstillend	
Vanille	Gewürz tropische Orchidee	Kuchen, Süßspeisen, Soßen, Speisen aller Art
Verwendung	frisch Vanillezucker	Herstellung von Vanillezucker: Zucker in Glas mit Schraubverschluss füllen und (auch schon ausgekratzte) Vanilleschoten hineingeben
Wirkung als Heilpflanze	stärkend	
Wacholder-beeren	Gewürz Beerenzapfen des Wacholderstrauches	braten, beizen., Sauerkraut, Blaukraut, Rote Beete, Fleisch
Verwendung	ganz	
Wirkung als Heilpflanze	antibakteriell verdauungsfördernd harntreibend	
Zimt	Gewürz getrocknete Rinde des Zimtbaumes	Milch, Reis, Frucht, Kuchen Curry, Soßen
Verwendung	gemahlen ganz (Zimtstangen) Zimtzucker (mischen von etwas Zimt unter Zucker)	
Wirkung als Heilpflanze	antibakteriell krampflösend harntreibend	

Kräuter und Gewürze

Bezeichnung	Was, wie, woher und weshalb	Anwendung, Beschreibung
Zitronen Verwendung Wirkung als Heilpflanze	Gewürz geriebene oder ganze Schale Saft ganz kann mitgekocht werden appetit- und verdauungsanregend 	Obst- und Süßspeisen, Kuchen, Soßen, Suppen, Reis, Teige viel Vitamin C Verwenden Sie ausschließlich unbehandelte Bioprodukte. Die Schale von behandelten Zitrusfrüchten ist oft mit einer Wachsschicht überzogen.
Zitronen-melisse Verwendung Anbau Wirkung als Heilpflanze	Kraut frisch ganz und zerkleinert nicht mitkochen lassen verträgt sich nicht mit Bohnenkraut gedeiht wunderbar im Garten magenstärkend beruhigend krampflösend	Tomaten, Salate, Blumenkohl
Zwiebeln Verwendung Anbau Wirkung als Heilpflanze	Gewürz frisch ganz und zerkleinert kann mit gekocht werden als Steckzwiebel im Garten appetitanregend verdauungsfördernd schleimlösend beruhigend	unentbehrliches Würz- und Verbesserungsmittel Brühen, Fleischgerichte Fisch, Kartoffeln, Gemüse, Suppen, Soßen, Kräuterbutter, Brotaufstriche reich an Vitamin C *(vgl. Gemüse Zwiebel Seite 126)*

GEMÜSE

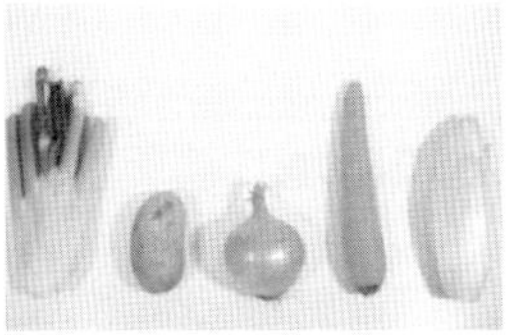

Gemüse ist gesund! Vitamine, Mineral- und Ballaststoffe sowie sekundäre Pflanzenstoffe machen Gemüse zum wichtigen Bestandteil unserer Ernährung. Essen sie bunt und damit abwechslungsreich. So kommen Sie in den Genuss verschiedenster Inhaltsstoffe. Gemüse sollte möglichst frisch verzehrt werden. Nicht alleine deshalb sind regionale und saisonale Arten und Sorten zu empfehlen. Der Saisonkalender zeigt, dass das Angebot groß genug ist, um selbst im Winter bunte Abwechslung auf den Tisch zu bringen und damit für genügend Vitalstoffe zu sorgen.

EINKAUF

In vielen Supermärkten ist die Auswahl an Gemüse zwar groß, die Qualität lässt leider oft zu wünschen übrig. Die Ware ist nicht immer frisch und teilweise von weit her importiert. Selbst in den Sommermonaten findet man dort eher holländische oder spanische, als deutsche Tomaten. Auch geschmacklich stellen mich diese Tomaten nicht zufrieden.

Um mit frischer, regionaler und saisonaler Ware versorgt zu sein kaufe ich 2mal pro Woche auf Gemüsemärkten oder in Gemüseläden ein und pflege als Stammkunde eine gute Beziehung zu den Händlern. Ich frage nach aktuellen Empfehlungen seitens der Verkäufer, nach Tipps und Tricks bei der Verarbeitung und gebe im Falle eines Falles auch Kritik zurück. Glücklicherweise findet sich im Umkreis ein gut sortierter Supermarkt, der regionales Gemüse und Obst anbietet. Auch dort gebe ich die guten und schlechten Erfahrungen und meine Wünsche an die Geschäftsleitung weiter.

Sollte die Zeit zum Einkaufen nicht reichen, so greife ich auf tiefgefrorenes Gemüse zurück. In meiner Kühltruhe befindet sich ein „Standardvorrat“ der bei größeren Einkaufstouren wieder aufgefüllt wird.

Lagerung

Grundsätzlich sollte Gemüse nicht zu lange gelagert werden, da ansonsten Vitamine verloren gehen.

Bester Aufbewahrungsort für Gemüse ist der Kühlschrank. Salat bleibt frisch, wenn man ihn in Zeitungspapier einwickelt und in das Gemüsefach legt. Verpacktes Gemüse aus der Verpackung nehmen, da es sonst zu schwitzen beginnt und einen muffigen Geschmack entwickelt. Wurzelgemüse ungeputzt ins Gemüsefach legen. Es übersteht die Lagerung einige Zeit schadlos. Frische Kräuter können mit Wasser besprüht und in Papier gewickelt im Gemüsefach aufbewahrt werden.

Nicht alles ist für den Kühlschrank geeignet. Tomaten und Zitronen (und andere Südfrüchte) reifen auf dem Fensterbrett wunderbar nach und entwickeln so ein gutes Aroma. Tomaten und Äpfel sollen getrennt voneinander gelagert werden, da der Reifeprozess der Äpfel den Reife- und Verfallprozess der Tomaten beschleunigt. Auch Zwiebeln und Kartoffeln sind keine guten „Lagergenossen", da Kartoffeln früher zu keimen beginnen. Zwiebeln und Knoblauch halten jeweils in einem Tonkrug mit Belüftungslöchern sehr gut. Kartoffeln lagern am besten kühl und dunkel im Keller *(vgl. Kartoffeln Lagerung Seite 55)*, Ingwer kann bei Zimmertemperatur gut aufbewahrt werden.

Blanchieren

Haben Sie mal keine Zeit Gemüse rechtzeitig zu verarbeiten, so kann es problemlos eingefroren werden. Um Verfärbungen, Geschmacksveränderungen und beschleunigten Vitaminabbau während der Lagerung zu verhindern blanchiert man das Gemüse am besten vorher:

Blanchieren	Gemüse putzen und schneiden	
	in kochendes Wasser ein bis zwei Minuten legen abfischen	Keime werden abgetötet Nitratgehalt wird vermindert
	anschließend mit kaltem Wasser abschrecken	Geruch, Geschmack und Farbe bleibt erhalten weitergaren wird verhindert

Tipp

Keimlinge von Sojabohnen und Kichererbsen sollte man nicht ohne vorheriges Blanchieren essen, da erst hierbei gesundheitsschädliche Stoffe abgebaut werden.

Das eingefrorene Gemüse kann bei -18° C bis zu 12 Monate gelagert werden.

Saisonkalender für deutsches Gemüse

Gemüse	Monat											
	01	02	03	04	05	06	07	08	09	10	11	12
Aubergine							■	■	■	■	■	
Austernpilze				■	■			■	■		■	
Blattsalate					■	■	■	■	■	■	■	
Blumenkohl							■	■	■	■	■	
Bohnen							■	■	■			
Brokkoli							■	■	■	■	■	
Champignons	■	■	■	■	■	■	■	■	■	■	■	■
Chicorée	■	■							■	■	■	■
Chinakohl									■	■	■	
Endiviensalat							■	■	■	■	■	
Erbsen					■	■	■					
Feldsalat	■	■						■	■	■	■	■
Fenchel	■								■	■	■	■
Grünkohl	■	■								■	■	■
Karotten				■	■	■	■	■	■	■		
Kartoffeln	■	■	■		■	■	■	■	■	■	■	■
Knollensellerie	■							■	■	■	■	■
Kohlrabi				■	■	■	■	■	■			
Kopfsalat				■	■	■	■	■	■	■		
Kürbis									■	■	■	■
Lauch	■	■					■	■	■	■	■	■
Mais								■	■	■		
Mangold						■	■	■	■	■		
Paprikaschoten						■	■	■	■			
Radieschen					■	■	■					
Rettich				■	■	■	■					
Rosenkohl	■	■							■	■	■	■
Rote Beete	■	■	■						■	■	■	■
Rotkohl	■	■	■					■	■	■	■	■

SAISONKALENDER FÜR DEUTSCHES GEMÜSE

	Monat											
Gemüse	**01**	**02**	**03**	**04**	**05**	**06**	**07**	**08**	**09**	**10**	**11**	**12**
Salatgurke							■	■	■	■	■	
Schwarzwurzeln	■									■	■	■
Spargel					■	■						
Spinat			■	■	■	■				■		
Spitzkohl				■	■	■						
Staudensellerie							■	■	■	■	■	
Tomaten							■	■	■	■		
Weißkohl	■	■					■	■	■	■	■	■
Wirsing	■						■	■	■	■	■	■
Zucchini							■	■	■	■	■	
Zuckerschoten						■	■	■				
Zwiebeln	■	■	■	■	■	■	■	■	■	■	■	■

Gemüsetiefkühlkost

Gemüsetiefkühlkost ist durchaus eine gute Alternative zu frischem Gemüse. Hat man auch im Winter Lust auf Blumenkohl oder Bohnen, so kann getrost auf Tiefkühlkost zurückgegriffen werden. Sie sind erntefrisch verarbeitet und es sind nahezu keine Verluste an Vitaminen und Mineralstoffen zu betrauern. Achten Sie auf die Zutatenliste, manchmal ist Tiefkühlkost mit Gewürzen und anderen Zutaten versetzt. Kaufen Sie besser „reines Gemüse“, welches dann garantiert frei von Konservierungsstoffen und Geschmacksverstärkern ist und nach eigenen Vorstellungen abwechslungsreich gewürzt und verfeinert werden kann.

Fette und Öle

Sie werden in der Küche zum Dünsten, Braten und Backen verwendet. Als Geschmacksverstärker sind sie unentbehrlich. Sie fungieren als Energiespender und Vitaminträger. In allen Fetten sind verschiedene Fettsäuren (gesättigte, einfach ungesättigte und mehrfach ungesättigte) vorhanden, das Mengenverhältnis ist jedoch unterschiedlich. Ungesättigte Fettsäuren sind lebensnotwendig. Der Körper kann sie nicht selbst aufbauen.

Die meisten **pflanzlichen** Fette enthalten einen hohen Anteil an **ungesättigten** Fettsäuren. In **tierischen** Fetten sind vorwiegend **gesättigte** Fettsäuren vorhanden.

Bei den pflanzlichen Ölen unterscheidet man zwischen „kaltgepressten", „nicht raffinierten" und „raffinierten Ölen".

Kaltgepresst bedeutet, dass die Speiseöle sehr schonend ohne Zufuhr durch Wärme gewonnen werden. Werden kaltgepresste Öle zur Verbesserung der Haltbarkeit mit Wasserdampf behandelt, müssen diese als **„nicht raffinierte Speiseöle"** bezeichnet werden. Bei **raffinierten Ölen** werden gemahlene Früchte, Samen und Kerne unter Wärmezufuhr ausgepresst, oder/und das Öl wird durch das sogenannte Extraktionsverfahren herausgezogen.

Aus gesundheitlicher Sicht ist ein kaltgepresstes Öl mit vielen einfach ungesättigten Fettsäuren zu empfehlen. Allerdings sollte dieses nicht zu stark erhitzt werden (100 °C), da sich giftige Verbindungen ergeben können.

Für die heiße Küche, also für das Braten, sollten Sie hitzestabile Fette wie z.B. Butterschmalz (schmeckt am besten) oder raffinierte pflanzliche Öle bevorzugen.

Generell gilt: vermeiden Sie eine Überhitzung von Fetten. Diese sollten auf keinen Fall bis zum oder gar über den Rauchpunkt erhitzt werden. Es entstehen dann gesundheitsschädliche Stoffe wie Benzol oder Formaldehyd. Sollte es dennoch passieren, so decken Sie das Fett mit einem Deckel zu, lassen es auskühlen und entsorgen es anschließend.

Pflanzliche Fette

Pflanzliche Fette		
Bezeichnung	Anwendung	Beschreibung / Anmerkungen
Natives Olivenöl extra „extra virgin olive oil“ kaltgepresstes Olivenöl	nicht zum starken Erhitzen geeignet	reich an ungesättigten Fettsäuren für Salate und verfeinern von Gerichten bestens geeignet kann dem fertiggestellten Gericht zur geschmacklichen, gesunden Abrundung beigemengt werden als Brotaufstrich wunderbar
Natives Olivenöl „virgin olive oil“ kaltgepresstes Olivenöl	zum Dünsten und leichten Anbraten gut geeignet	reich an ungesättigten Fettsäuren
Reines Olivenöl „olive oil“ raffiniertes (heißgepresstes) Olivenöl	zum Braten geeignet	reich an ungesättigten Fettsäuren
Rapsöl Distelöl Sonnenblumenöl Maiskeimöl Weizenkeimöl ...	wie Olivenöl zu verwenden (kaltgepresstes Öl nur mäßig erwärmen)	da Distelöl sehr viele ungesättigte Omega-6-Fettsäuren und Rapsöl verhältnismäßig viel Omega-3-Fettsäuren hat ist es sinnvoll, die Ölsorten regelmäßig durchzuwechseln eine bunt gemischte Versorgung an verschiedenen ungesättigten Fettsäuren ist so gewährleistet

Pflanzliche Fette		
Bezeichnung	Anwendung	Beschreibung / Anmerkungen
Margarine	wie Butter zu verwenden	nach der Devise „Naturprodukt vor Industrieware“ ist aus meiner Sicht Butter der Margarine vorzuziehen falls auf Butter verzichtet werden soll, so ist kaltgepresstes Olivenöl (mit Knoblauch, Pfeffer, Salz, Chili, gerösteter Sesamsaat, ... verfeinert) als Brotaufstrich eine leckere, bessere Alternative

Tierische Fette

Tierische Fette		
Bezeichnung	Anwendung	Beschreibung / Anmerkungen
Butter	zum Dünsten und leichten Anbraten gut geeignet	reich an gesättigten Fettsäuren Brotaufstrich Kräuterbutter (Butter mit Kräuter, Knoblauch, Zwiebeln, Salz, Chili, ... vermengen) zum Verfeinern von Gerichten (Gemüse, Suppen) bestens geeignet
Butterschmalz	zum Frittieren und Braten bestens geeignet, sehr hitzestabil	reich an gesättigten Fettsäuren durch Ausschmelzen werden der Butter Wasser und Eiweißstoffe entzogen, sie ist haltbarer als Butter und spritzt nicht sehr wohlschmeckendes Bratfett

Getreide

Tipp

Ersetzen Sie beim Backen und Kochen Mehl der Type 405 durch Mehl der Type 1050. Weder in der Verarbeitung noch im Geschmack ergeben sich wesentliche Unterschiede. Mahlzeiten werden dadurch ballaststoff- und vitaminreicher!

Weizen, Dinkel (Urform des Weizens), Roggen, Gerste, Hafer, Mais und Reis sind die in der heimischen Küche meist verwendeten Getreidesorten.

Der Ausmahlungsgrad (z.B. Type 405 Weißmehl) gibt die in der Mühle anfallende Menge Mehl bezogen auf 100 Gewichtsteile an. Je höher der Ausmahlungsgrad umso hochwertiger ist das Mehl.

In den Einkaufregalen werden inzwischen von Type 405 bis zum Vollkornmehl unterschiedlichste Sorten angeboten.

Mehltype 405	Ausmahlungsgrad bis 40 %
Mehltype 550	Ausmahlungsgrad bis 70 %
Mehltype 1050	Ausmahlungsgrad bis 83 %
Mehltype 1700	Ausmahlungsgrad bis 98 %

Warum sollten Sie zum Vollkornmehl bzw. einem Mehl mit hohem Ausmahlungsgrad (z.B. Type 1050) greifen?

Mehle mit einem hohen Ausmahlungsgrad verfügen über einen höheren Vitamin und Mineralstoffgehalt. Im Auszugsmehl (Mehl mit niedrigem Ausmahlungsgrad) ist fast nur noch der Mehlkern enthalten. Der Mehlkern besteht aus Stärke und einigen Eiweißstoffen in Form des sogenannten Klebers, der die **Bindefähigkeit** des Mehls beeinflusst. Der Anteil des Klebeeiweißes hängt vom Wachstum des Getreides ab.

Beim Weißmehl sind der Keimling und die Randschichten herausgetrennt. Dort stecken allerdings die meisten Vitamine, wie Vitamin E, B1, B2, B6 und Niacin, sowie Mineralstoffe wie Eisen, Kupfer, Magnesium, Kalium und andere Spurenelemente.

Sie bleiben am besten erhalten wenn das ganze Korn vor Weiterverarbeitung frisch gemahlen wird. Hierfür ist eine Getreidemühle erforderlich. Manche Küchenmaschinen bieten Getreidemühlen als Zubehörteil in verschiedenen Qualitätsstufen an (*vgl. Küchenmaschinen Seite 263*).

Vollkornmehl hat im Vergleich zum Weißmehl

das	4,5	fache an Vitamin B1
das	2	fache an Vitamin B2
das	3	fache an Vitamin B6
das	2	fache an Folsäure.

Vollkornprodukte enthalten viele gesunde, langkettige Kohlenhydrate und Ballaststoffe. Ballaststoffe können vom Darm nur zum Teil verdaut werden, sie quellen auf und halten uns lange satt. Langkettige Kohlenhydrate sind vom Körper nicht so schnell zu verdauen, sie werden im Darm erst „aufgespalten" und so langsamer und kontinuierlicher vom Körper aufgenommen. Es kommt zu einem über längere Zeit konstanten Blutzuckerspiegel. Der Körper produziert weniger Insulin. Weißmehl dagegen wird zügiger verdaut. Der Blutzuckerspiegel steigt schnell an und fällt schnell wieder ab. Das Hungergefühl kommt früher zurück.

Die langsame gleichmäßige Verdauung eines Vollkornbrotes und damit die Gewährleistung einer konstanteren Energiezufuhr für Körper und Geist sowie der höhere Nährstoffgehalt sind für mich die „schlagenden" Argumente, Brotzeitdosen mit Vollkornbroten zu füllen.

Tipp

Achten Sie beim Kauf von Vollkornmehl genau auf das Mindesthaltbarkeitsdatum. Vollkornmehl hat eine kürzere Haltbarkeit als Weißmehl, da der Mehlkeimling schneller ranzig wird.

Wie überzeuge ich meine Familie auf Vollkornprodukte umzusteigen?

Die Umstellung von Weißmehlprodukten auf Vollkornprodukte ist ein längerer Prozess. Wir bevorzugten eindeutig normale Nudeln, weiße Semmeln, Pfannenkuchen mit Weißmehl, ...

Zuerst wurden alle Familienmitglieder genau aufgeklärt warum Vollkornprodukte den Weißmehlerzeugnissen vorzuziehen sind.

In immer größeren Mengen ersetzte ich Weißmehl durch Vollkornmehl. Zu Beginn der Umstellung wurde z.B. ein Teil des Auszugsmehles für den Spätzleteig durch Vollkornmehl ersetzt. Dem Hefeteig wurde Dinkelvollkornmehl beigemengt, in Rührteige für z.B. Schokokuchen wurde Weizenauszugsmehl durch Dinkelmehl Type 1050 ersetzt, ... Zu Beginn der Umstellung mischte ich Vollkorn- und Hartweizennudeln (die Vollkornnudeln brauchen minimal mehr Zeit zum Kochen, deshalb diese zuerst ins kochende Wasser geben).

Wir wissen, „das Auge isst mit“ und so beschwerte sich die junge Generation über das Aussehen der Pfannenkuchen. Diesbezüglich kann man sich behelfen, indem der Pfannenkuchenteig durch die Zugabe von Kurkuma farblich verändert wird oder Vollkornnudeln getarnt werden, indem man diese bereits mit Soße gemischt serviert.

... und natürlich werden zwischendrin auch Weißmehlprodukte aufgetischt ...

Brot

Vollkornbrot ist dem Weißbrot vorzuziehen, da es reich an Vitaminen und langkettigen Kohlenhydraten ist *(vgl. Seite 49)*.

Roggen**vollkorn**mehl ist wesentlich nährstoffreicher als Weizenvollkornmehl, allerdings auch schwerer verdaulich. Grundsätzlich unterscheiden sich die Brotarten aufgrund der verwendeten Mehlsorten. Neben folgenden „Grundbrotarten" gibt es inzwischen vielerlei Spezialbrote.

Brot	
Bezeichnung	Beschreibung
Weizenbrot	mindestens 90 % Weizenmehl
Weizenmischbrot	51 % bis 89 % Weizenmehl
Weizenvollkornbrot	mind. 90 % Vollkornmahlerzeugnisse (Weizenvollkornmehl und/oder Weizenschrot)
Roggenmischbrot	51 % bis 89 % Roggenmehl Die Säuerung erfolgt mithilfe von Sauerteig. Ist der Weizenanteil hoch, wird meist zusätzlich Hefe verwendet. Je höher der Roggenanteil, desto aromatisch - säuerlicher ist das Brot im Geschmack.
Roggenvollkornbrot	mind. 90 % Roggenvollkornmehl Sehr gesundes Brot, da Roggenvollkornmehl sehr viele Ballaststoffe, Kohlenhydrate und Vitamine enthält. Achten Sie darauf, dass es mit Natursauerteig hergestellt wurde. Bei konventionellen Bäckereien wird aus Zeitgründen oft Kunstsauerteig verwendet. Natursauerteig kann selbst hergestellt werden.

Brot ist einfach selbst herzustellen *(vgl. Grundrezept Seite 218).* Ist es aufgrund von Allergien wichtig die Inhaltsstoffe eines Brotes genau zu kennen, kann das Brot selbst gebacken und die Zutaten nach Wunsch beigemengt werden. Viele Bäcker verwenden heutzutage fertige Brotbackmischungen und können selbst keine verlässlichen Angaben über die Inhaltsstoffe machen. Dies ist eine Folge des großen Angebotes, welches eine Bäckerei für die Kundschaft vorrätig halten will. Eine Ausnahme bilden hier Naturkostläden. Dort ist inzwischen ein gut sortiertes und allergikerfreundliches Angebot vorhanden.

Verpacktes Brot ist zusätzlich mit Konservierungsmitteln behandelt. Am besten verzichten Sie auf den Kauf von verpacktem Brot. Sollte es doch mal unumgänglich sein, so achten Sie auf die Zusatzstoffe. Wissen sollte man auch, dass manch verpacktes in Scheiben geschnittenes Brot zusätzlich mit Propionsäure (E 280) behandelt ist, um eine vorzeitige Schimmelbildung zu vermeiden.

Apropos Schimmel: schmeißen Sie verschimmelte Backwaren grundsätzlich ganz weg. Das Pilzgift kann auch nicht sichtbar in Teilen des Brotes enthalten sein.

KARTOFFELN

Die Kartoffel war völlig zu Unrecht als „Dickmacher" in Verruf geraten. Sie enthält eine Menge Mineralstoffe und Vitamine (Vitamin C!) und ist die bessere Alternative zu jedem Fertigprodukt.

Kartoffeln mit Butter, Kartoffelbrei, Bratkartoffeln, Kartoffelsalat, ... sind vollwertige Mahlzeiten.

Gekochte Kartoffeln halten im Kühlschrank bis zu einer Woche. Ein kleiner Vorrat an gekochten Kartoffeln ermöglicht ein schnelles Essen aufzutischen. So dämpfe ich generell die doppelte Menge (2 kg). Die gekochten, aber nicht benötigten Kartoffeln werden geschält und nach dem Auskühlen als Vorrat im Kühlschrank aufbewahrt. So sind z.B. Bratkartoffeln mit Kräutern, ein schmackhaftes ernährungsphysiologisch absolut vernünftiges Gericht und schnell serviert (*vgl. Bratkartoffeln Seite 139*).

NÄHRWERTVERGLEICH

	Nährwert	Kartoffeln 100g essbarer Anteil	weißer Reis, geschliffen 100g	Weizenmehl Type 1050 100 g
	Kilojoule	355 kJ	1550 kJ	1550 kJ
	Kohlenhydrate	19	79	71
Mineralstoffe	Natrium mg	20	6	2
	Kalium mg	445	105	205
	Calcium mg	13	6	14
	Phosphor mg	60	120	230
	Magnesium mg	25	64	53
	Eisen mg	0,9	0,6	2,8
Vitamine	A µg	5	+	+
	E mg		0,4	3,7
	B1 mg	0,1	0,05	0,45
	B2 mg	0,05	0,03	-
	Niacin mg	1	1,5	-
	C mg	15	+	-

Kartoffeltypen und -sorten

Nicht alle Kartoffeltypen eignen sich für alle Speisen.

Kartoffeltypen		
Bezeichnung	Verwendung	Eigenschaft
fest kochende Kartoffel (auch als Salatkartoffel oder Speckkartoffel bezeichnet) (mein eindeutiger Favorit)	Pellkartoffel Bratkartoffel Kartoffelsalat Gratins	schnittfestes, feuchtes Fruchtfleisch Stärkegehalt rund 14 %
vorwiegend fest kochend	Salzkartoffel Bratkartoffel Eintopf Auflauf Pommes	mittelfestes, feinkörniges Fruchtfleisch Stärkegehalt rund 15 % Schale platzt beim Kochen leicht auf
mehlig kochend	Suppen Reibekuchen Kartoffelpuffer Knödel Kartoffelbrei Gnocchi	Stärke rund 16,5 % fallen nach dem Garen fast von alleine auseinander die Schale platzt auf

Je nach Jahreszeit sind verschiedene Kartoffeln im Angebot.

Kartoffel Angebot		
Bezeichnung	Jahreszeit	Eigenschaft
Frühkartoffel (ich bevorzuge auch im Frühjahr eine regionale Lagerkartoffel aus dem Vorjahr)	erhältlich ab Mai/Juni	geschmacklich in der Regel nicht überzeugend dünne Schale enthält viel Wasser nur kurz (ca. 2 Wochen) haltbar
mittelfrühe Kartoffel	erhältlich ab August/ September	Schale ist fester Fleisch ist körnig 8 – 12 Wochen zu lagern
späte Kartoffel (Lagerungskartoffel)	erhältlich ab Oktober / November	dicke Schale hoher Stärkegehalt gut einzulagern

Einkauf

Es ist nicht einfach, aus dem großen Angebot die richtige Kartoffelsorte auszusuchen, zumal es große geschmackliche Unterschiede gibt. Meiner Erfahrung nach sind auf den Gemüsemärkten, oder direkt beim Bauern die besten Kartoffeln zu finden. Von der späten Sorte kann man sich gut einen größeren Vorrat zulegen. Sollten Sie eine Sorte gefunden haben, mit der Sie rundherum zufrieden sind, so notieren Sie sich den Namen der Sorte in Ihrem Kochbuch. Der Aufwand, eine gute Kartoffel zu finden, lohnt sich! Übrigens: mit Erde verschmutzte Kartoffeln sind auf natürliche Art und Weise vor Helligkeit geschützt.

Lagerung

Am besten legt man Kartoffeln nach dem Einkauf in einen Korb und deckt diesen mit einer Zeitung oder einem Jutesack zu. So sind sie trocken und luftig gelagert und vor Helligkeit geschützt. Kartoffeln bilden bei Lichteinfall grüne Flecken, mit dem gesundheitsschädlichen Solanin. Grüne Stellen und Triebe sollten deshalb vor dem Kochen großzügig entfernt werden.

Für längere Lagerzeiten ist ein kühler Keller ideal.

Kartoffeln sind sehr druckempfindlich. Sie bekommen unansehnliche schwarze Flecken.

REIS

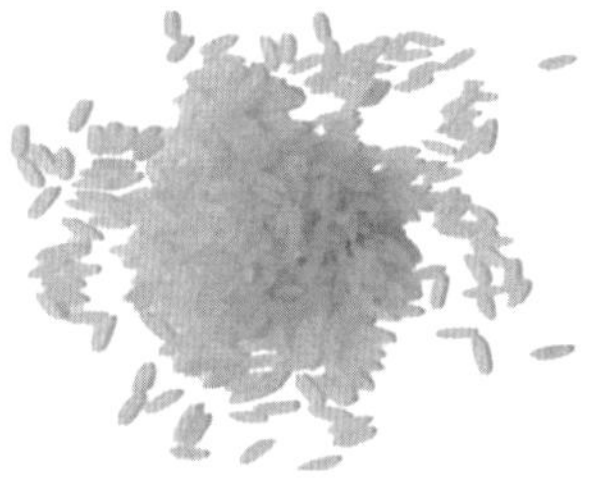

Reis ist ein vielseitig verwendbares Getreide. Er ist das meistverzehrte Nahrungsmittel der Welt.

Langkornreis ist ca. 6 mm lang und hat spitze Enden. Er eignet sich als Beilage zu Fleisch, Fisch und Gemüse und kann mit vielen anderen Zutaten vermischt werden. Für asiatische Gerichte empfehle ich einen Basmati-, Duft-, oder Jasminreis.

Mittelkornreis eignet sich gut für Risotto. **Rundkornreis** kommt für Milchreis oder Sushi zum Einsatz. Man erkennt ihn an seinem dicken runden Körper. Beide Reissorten geben beim Kochen mehr Stärke ab, binden dadurch und werden breiig.

100 g **Vollkornreis** enthalten:

0,4 mg	B1 Vitamine
0,1 mg	B2 Vitamine
5,0 mg	B3 Vitamine (Niacin)

Im Parboiledreis sind 80 % der B-Vitamine enthalten und im polierten (weißen) Reis sind diese nahezu verschwunden.

Das Bundesamt für Verbraucherschutz und Lebensmittelsicherheit untersuchte neben vielen anderen Lebensmitteln im Jahr 2008 Reis auf Rückstände von Pflanzenschutzmitteln und Schwermetallen sowie auf Schimmelpilze.

Mehr als 10 % der Reisproben überschritten die zulässigen Höchstgrenzen bei den Pflanzenschutzmitteln. 14 % der Reisproben überschritten die Quecksilberhöchstwerte und in 7 % der Reisproben wurden Mykotoxine (Schimmelpilze) gefunden. Aus meiner Sicht ist das kein zufriedenstellendes Ergebnis.(Bundesamt für Verbraucherschutz und Lebensmittelsicherheit, 2010)

Tipp

Ernähren Sie sich abwechslungsreich. Wechseln Sie die Beilagen: also servieren Sie abwechselnd Kartoffeln, Getreide und Reis.

Legen Sie sich nicht auf eine Reissorte fest, sondern wechseln Sie regelmäßig Reissorten und –marken.

Reis wird auf verschiedene Art und Weise bearbeitet. Im Handel sind folgende Reisarten im Angebot:

	Reis	
Bezeichnung	Beschreibung	Garzeit
weißer Reis	Das Reiskorn ist von der vitaminreichen Silberhaut samt eiweißreicher Aleuronschicht („Spelzen") befreit. Es wurde „geschliffen" bzw. „geschält".	Garzeit ca. 20 Min.
schnellkochender Reis	Ein speziell bearbeiteter weißer Reis, der industriell vorgegart und dann wieder getrocknet wird.	Garzeit ca. 5 Min.
parboiled Reis	Reiskorn wird mit Dampf und Druck behandelt, so dass die Vitamine und Mineralstoffe in das Innere des Kernes gepresst werden, erst anschließend wird der Reis geschliffen, 80 % der B-Vitamine bleiben so erhalten.	Garzeit ca. 20 Min. (sehr wohlschmeckender Reis und sollte aufgrund des Vitamingehaltes dem geschälten weißen Reis vorgezogen werden)
brauner Reis, auch als Naturreis im Handel	Ungeschliffener brauner Reis der noch von der Silberhaut umschlossen ist.	Garzeit ca. 45 Min.

(vgl. Reis kochen Seite 157)

Fisch

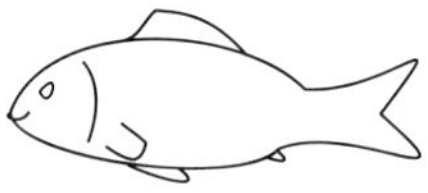

Tipp ***Servieren Sie mindestens einmal pro Woche ein Fischgericht!***

Fische sind sehr wertvolle Nahrungsmittel. Aufgrund des verhältnismäßig hohen Gehaltes an Eiweiß, Mineralstoffen und Vitaminen sind sie für die Ernährung unentbehrlich.

Der hohe Jodgehalt und die wertvollen Omega-3 Fettsäuren sprechen für die Meeresfische. Meeres- und Flussfisch wird frisch, tiefgefroren und konserviert angeboten.

Einkauf

Suchen Sie sich ein Fischgeschäft mit gutem Umsatz. Es kann davon ausgegangen werden, dass dort frische einwandfreie Ware angeboten wird. Am frischen Geruch und am festen kernigen elastischen Fleisch (Druckstellen verschwinden schnell wieder) erkennen Sie die Frische. Fischfilet ist entgrätetes und enthäutetes Fischfleisch. In den Märkten finden Sie ein großes Sortiment an tiefgefrorenem Fisch. Kalkulieren Sie pro Person mit 150 g – 200 g Fischfilet.

Vorbereitung (säubern, säuern, salzen)

Das Eiweiß des Fisches ist besonders leicht löslich. Lassen Sie Fischfleisch nicht im Wasser liegen sondern waschen Sie es nur kurz und vorsichtig. Fisch mit Zitronensaft beträufeln und etwas ziehen lassen. Die Säure bindet den Fischgeruch und macht das Fleisch weiß und fest. Anschließend salzen und je nach Wunsch weiter zubereiten.

Lagerung

Fisch ist leicht verderblich und sollte noch am Tag des Einkaufs verarbeitet werden. Zur Lagerung und Vorratshaltung ist das Tiefkühlen gut geeignet.

Zubereitung

	FISCH
Garen in fertiger Soße	✓ sehr geeignet für Fischfilets ✓ Nähr- und Wertstoffe bleiben erhalten ✓ soll Fisch mit Gemüse serviert werden, so ist Gemüse vor dem Dünsten des Fisches zu garen, Fisch hat eine kurze Garzeit ✓ gesäuerter und gesalzener Fisch in fertige kochende abgeschmeckte Soße geben, das Fleisch bei sehr geringer Hitzezufuhr im geschlossenen Kochgerät 10-15 Min. gar ziehen lassen
Dünsten	✓ sehr geeignet für Fischfilets ✓ schonende Zubereitungsart ✓ gesäuerten, gesalzenen Fisch in heißem hitzestabilen Fett beidseitig kurz anbraten und bei geringer Temperatur fertig dünsten, heißes Fett verhindert das Austreten von Fleischsaft ✓ soll Fisch mit Gemüse serviert werden, so ist Gemüse vor dem Dünsten des Fisches zu garen, Fisch hat eine kurze Garzeit
Kochen	✓ geeignet sind Fische im Ganzen (Meeresfisch: Kabeljau, Seelachs, Makrele, Rotbarsch, Heilbutt, Steinbutt, Seezunge; Süßwasserfisch: Forelle, Renke, Schleie, Karpfen, Aal, ...) ✓ Fischsud (2-3 EL Zitronensaft, 3 Zitronenscheiben, 1 TL Zucker, etwas Weißwein, Salbeiblätter, Zwiebel, Wacholderbeeren, ...) muss kräftig gesalzen werden und ist gut für Suppen oder Soßen weiterzuverwenden ✓ gesäuerte gesalzene Fischstücke werden in kochendem Sud zugesetzt, ganze gesäuerte und gesalzene Fische im fast kochenden Sud, Garzeit: Fischstücke 10-20 Min., größere ganze Fische ca. 30–45 Min.
Braten	✓ gesäuerte, gesalzene Fischfilets in heißem Fett in der Pfanne braten ✓ größere Stücke und ganze Fische können auch im Backofen gebraten werden
Frittieren	✓ gesäuerte, gesalzene und panierte Fischstücke im reichlich heißen, guten und hitzestabilen Fett (Butterschmalz o.ä.) schwimmend ausbacken ✓ sehr kurze Garzeit

Fleisch

Tipp — ***Ein Fleischgericht pro Woche ist völlig ausreichend. Qualität statt Quantität!***

Warum Fleisch?

- es schmeckt
- es bietet vielseitige Abwechslungsmöglichkeiten
- geringer Aufwand bei der Zubereitung
- es hat für den Menschen einen hohen Nährwert

Fleisch hat in der Ernährung durchaus seine Berechtigung. Es ist für den Menschen ein wichtiger Eisen, Eiweiß und Vitaminlieferant.

Eisen und Vitamine der B Gruppe
Der Mensch kann das Eisen des Fleisches sehr gut verwerten. In Schweinefleisch finden sich viele Vitamine des B Komplexes.

Eiweiß
Fleisch enthält hochwertiges Eiweiß, welches der menschliche Körper gut verwerten kann. Eiweiß ist ein unentbehrlicher Baustoff für unseren Körper.

Verdaulichkeit und Bekömmlichkeit des Fleisches ist abhängig vom Alter der Tiere, dem Fettgehalt und der Zubereitungsart. Kalbfleisch und junges Geflügel sind die am besten verdaulichen Fleischsorten.

Sowohl Tierhaltung, Fütterung, als auch die Art der Schlachtung haben Einfluss auf die Fleischqualität. Je jünger das Tier, umso größer der Anteil an Muskelfasern, der mengenmäßig überwiegen sollte.

Einkauf

Ich lege Ihnen ans Herz: suchen Sie sich „Ihren" Metzger. Kommen Sie mit Ihrem Metzger ins Gespräch, holen Sie sich Rat „Welches Fleisch würden Sie mir empfehlen?" und fragen Sie alles, was Sie zum Thema Fleisch und Wurst wissen wollen. Unser Beruf ist nicht der des Metzgers und so heißt die Devise: es gibt keine dummen Fragen (es gibt nur dumme Antworten, und wir geben uns damit nicht zufrieden). Geben Sie Ihrem Metzger positive und negative Rückmeldung. Auf diese Art und Weise lernt er Sie und Ihre Bedürfnisse besser kennen und kann Sie im Laufe der Zeit mit den Erfahrungen, die er mit Ihnen sammeln durfte, optimal beraten. Fleischeinkauf ist Vertrauenssache!

Frisch geschlachtetes Fleisch würde nach der Zubereitung nicht weich werden, da nach dem Schlachten eine Muskelstarre eintritt. Das Fleisch muss deshalb einige Zeit im Kühlhaus abhängen (reifen). Die Dauer des „Abhängens" hängt von der Fleischart ab.

Schwein	2-3 Tage	
Rind	1–3 Wochen	/ Lende bis 4 Wochen
Kalb	2-3 Tage	/ Schlegel bis 8 Tage

Fleisch muss beim Einkauf einwandfrei frisch sein. Hat es eine schmierige Oberfläche, so ist dies definitiv nicht der Fall. Es sollte fest sein und darf sich nicht leicht eindrücken lassen.

Fleisch unter Folien abgepackt ist in einer sogenannten **Schutzatmosphäre** aufbewahrt. Die umgebende Luft ist mit Sauerstoff angereichert. Das Fleisch macht so länger einen frischen Eindruck. Das Fett wird allerdings schneller ranzig und das Eiweiß verändert sich. Dem Verbraucher wird optisch Frische vorgetäuscht.

Sollte kein Metzger ihres Vertrauens greifbar sein, so können Sie sich auf den nachfolgenden Seiten informieren, welches Fleischstück wie verwendet wird.

Fleischpreise unterliegen den jeweiligen Marktbedingungen und schwanken. Um dennoch einen Eindruck über die Preisrelationen der einzelnen Fleischstücke untereinander zu erhalten, wird jeweils das teuerste Fleischstück, das Filet, zu 100 % angesetzt und alle anderen Fleischstücke in Relation hierzu bewertet.

Zur Orientierung sei noch folgendes erwähnt:
Rinderfilet ist das teuerste der folgend aufgelisteten Stücke, Kalbsfilet ist ca. 10 % billiger und Schweinefilet kostet ungefähr die Hälfte des Rinderfilets.

Rind

Bestes Fleisch liefern Jungrinder. Rindfleisch sollte sehr gut abgehangen sein. Je länger es reifen darf, umso zarter und dunkler wird das Fleisch. Scheuen Sie sich nicht zu fragen, wie lange das gekaufte Fleisch schon abhängt.

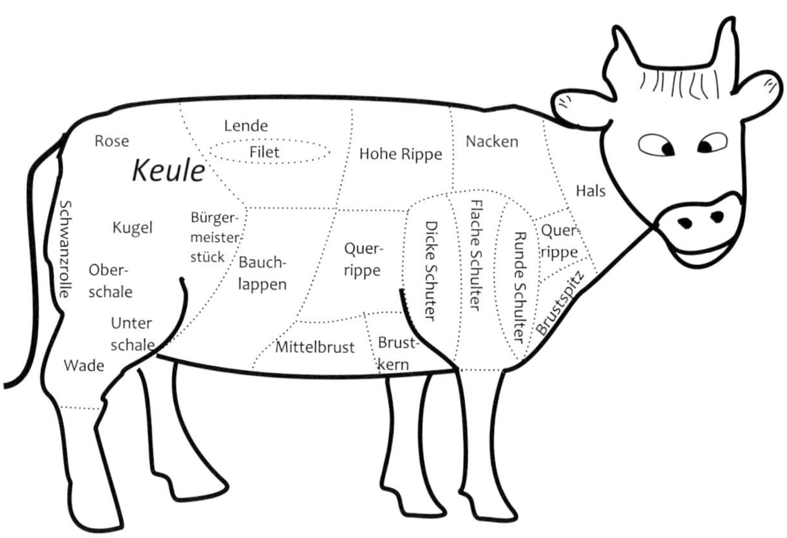

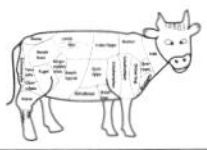

Rindfleisch			
Bezeichnung des Stückes	Alternative Bezeichnung	Beschreibung	Preis % v. Filet
Filet		bestes, edelstes Fleischstück Rückenfleisch (unterhalb der Rippen)	100 %
Lende	Roastbeef	neben Filet das edelste Stück Fleisch äußerer Teil des Rinderrückens	60 %
Kugel • Flache Nuss • Runde Nuss	Kugelnuss Nuss	lockere Faserstruktur, fettarm	40 %
Oberschale		fettarm, zartes Fleisch	40 %
Rose	Blume Hüfte	lockere Faserstruktur von feinen Fettadern durchzogen	35 %
Bürger-meisterstück	Frauenschuh	sehr gute Fleischqualität	33 %
Tafelspitz	Rosenspitz Hüftdeckel	dünne Fettschicht	35 %
Unterschale		nicht so feinfaserig wie Oberschale	33 %
Runde Schulter	Dicker Bug	zartfaseriges Fleisch bestes Fleisch aus der Schulter	30 %
Dicke Schulter	falsches Filet	schönes Fleischstück fettarm	30 %
Flache Schulter	Blatt Bugschaufel-stück Mittelbug	weniger zartfaserig als Runde Schulter wenig fett	28 %
Hohe Rippe		schönes Fleisch	28 %
Brust	Zwerchrippe Querrippe	Suppenbrühen ggf. entfetten	23 %

Die Fleischstücke sind absteigend nach den jeweiligen Einkaufspreisen angeordnet. Für verschiedene Zubereitungsarten gibt es jeweils auch preisgünstigere Alternativen (siehe folgende Tabelle). Allerdings kann und soll z.B. das Ergebnis eines Filetbratens nicht mit dem Ergebnis eines Schulterbratens verglichen werden. Hier handelt es sich um zwei grundsätzlich unterschiedliche Fleischstücke.

Welches Fleischstück wird für welche Zubereitungsart verwendet?

Rindfleisch		
Zubereitung		Fleischstück 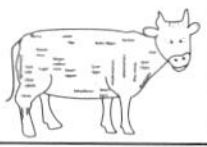
Kochen	Tellerfleisch	Bürgermeisterstück Tafelspitz Flache Schulter Hohe Rippe
	Suppen	Brust, Zwerchrippe
Braten in der Röhre		Filet Lende Kugel – Runde Nuss Bürgermeisterstück Runde und Dicke Schulter
	Sauerbraten	Bürgermeisterstück Runde, Dicke und Flache Schulter
Kurzgebraten	Steaks / Medaillons	Filet Lende Rose Kugel – Flache und Runde Nuss
	Entecrôte	Endstück der Lende zur Hohen Rippe (Zwischenrippenstück)
	Rumpsteak	Lende
	Geschnetzeltes	(Filet) (Lende) Kugel Rose
	Fondue	Filet Lende
Schmoren	Schmorbraten	Rose Bürgermeisterstück Runde, Dicke und Flache Schulter
	Gulasch	Dicke und Flache Schulter Unterschale
	Eintopf	Dicke Schulter
	Rouladen	Oberschale Kugel - Runde Nuss
Hackfleisch	Tartar	Oberschale
Grillen		Filet Lende Rose Kugel - Runde Nuss

Schwein

Junge (max. 6-7 Monate alt), nicht zu fette Tiere von guter Rasse und mit guter Fütterung liefern das beste Fleisch. Die Fleischfarbe geht von blass rosa bis blass rot. Die Fleischfaser soll zart und fein sein, die Muskulatur ist von Fettgewebe durch- und umwachsen.

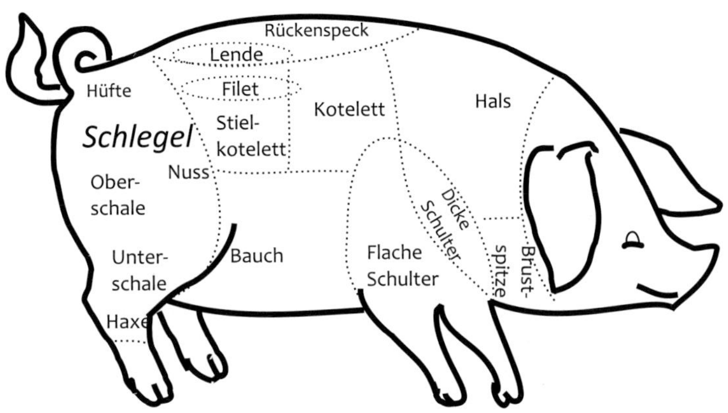

Schweinefleisch			
Bezeichnung des Stückes	Alternative Bezeichnung	Anmerkung	Preis % v. Filet
Filet		feinste Faserstruktur wertvollstes Stück Fleisch vom Schwein	100 %
Lende		neben Filet das wertvollste Fleisch vom Schwein	72 %
Nuss		gute Qualität	66 %
Hals	Halsgrat Kamm	gut durchwachsen und saftig	55 %
Kotelett	Filetkotelett	mit Fettschicht	54 %
Stielkotelett		Fleisch kann ausgelöst werden	54 %
Oberschale		wenig fett	50 %
Hüfte	Rose	wird sehr gerne auch kalt als Aufschnitt zubereitet	47 %
Schulter		Schwarte rautenförmig für den Braten einschneiden	47 %
Unterschale		fester in der Struktur, nicht so zart	45 %
Bauch	Wammerl	ziemlich fett	41 %
Haxe		saftiges Fleisch, mit Schwarte	25 %

Die Fleischstücke sind absteigend nach den jeweiligen Einkaufspreisen angeordnet. Für verschiedene Zubereitungsarten gibt es jeweils auch preisgünstigere Alternativen (siehe folgende Tabelle). Allerdings kann und soll z.B. das Ergebnis eines Filetbratens nicht mit dem Ergebnis eines Schulterbratens verglichen werden. Hier handelt es sich um zwei grundsätzlich unterschiedliche Fleischstücke.

Welches Fleischstück wird für welche Zubereitungsart verwendet?

	SCHWEINEFLEISCH	
ZUBEREITUNG		FLEISCHSTÜCK 
Kochen		Hals Bauch
Braten in der Röhre		Filet Hals Nuss Hüfte Dicke Schulter Haxe
Kurzgebraten	Schnitzel/ Medaillons	Filet Lende Nuss Kotelett Stielkotelett Oberschale Bauch
	Geschnetzeltes	Filet Nuss Oberschale Unterschale
	Fondue	Filet
Schmoren	Schmorbraten	Hals Schulter
	Gulasch/Eintopf	Unterschale Schulter
	Rouladen	Oberschale Unterschale
Grillen		Filet Lende Hals Bauch

Kalb

Bestes Fleisch liefern Mastkälber die 4 – 8 Wochen alt sind. Bei jüngeren Kälbern ist das Fleisch wässrig, bei älteren Kälbern ist es trocken. Das Fleisch von Milchmastkälbern ist sehr hell, ansonsten reicht die Farbpalette von hellblass rosa bis rosa rot. Die Fleischfasern sind sehr fein und nur von wenig Fett durchzogen. Kalbfleisch ist leicht verdaulich und eignet sich für die Krankenkost.

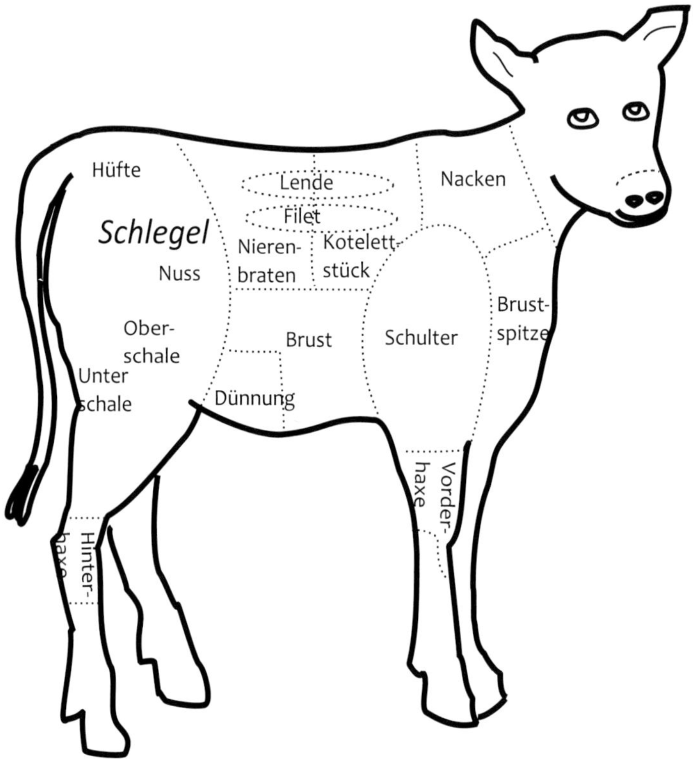

Kalbfleisch			
Bezeichnung des Fleischstückes	Alternative Bezeichnung	Anmerkung	Preis % v. Filet
Filet		edelstes Stück Fleisch vom Kalb	100 %
Lende		zart wie das Filet	84 %
Oberschale		bestes Stück aus der Keule zartfasrig, mager	88 %
Nuss	Rose	zartes Fleisch	85 %
Unterschale		gröbere Fleischfasern	64 %
Hüfte	Rose Blume	zartes Fleisch	47 %
Schulter	Bug	mit Fettfasern durchzogen	47 %
Kotelettstück		zartes Fleisch	44 %
Nierenbraten	Rollbraten	von Fett durchsetzt	35 %
Brust		von Fett durchsetzt	29 %
Beinscheiben **Haxe**		kräftig, fettarm, gelatinehaltig	36 % 23 %

Die Fleischstücke sind absteigend nach den jeweiligen Einkaufspreisen angeordnet. Für verschiedene Zubereitungsarten gibt es jeweils auch preisgünstigere Alternativen (siehe folgende Tabelle). Allerdings kann und soll z.B. das Ergebnis eines Lendenbratens nicht mit dem Ergebnis eines Schulterbratens verglichen werden. Hier handelt es sich um zwei grundsätzlich unterschiedliche Fleischstücke.

Welches Fleischstück wird für welche Zubereitungsart verwendet?

	Kalbfleisch	
Zubereitung		Fleischstück 
Kochen	Suppen	Nacken
Braten in der Röhre		(Filet) Lende Oberschale Hüfte Schulter Nierenbraten Brust
Kurzgebraten	Schnitzel Medaillons	Filet Lende Nuss Oberschale Kotelettstück
	Geschnetzeltes	Oberschale Unterschale Schulter
Schmoren	Schmorbraten	Rose Nuss Schulterstücke Beinscheiben
	Gulasch/Eintopf	Unterschale Hüfte Schulter
	Rouladen	Oberschale

Geflügel

Pute (Truthahn), Ente, Gans, Hähnchen und Huhn, ob im Ganzen oder Teile davon, ob frisch oder tiefgekühlt ... das Angebot an Geflügel ist vielfältig.

Hähnchen und Pute sind das ganze Jahr über beliebt, während Enten und Gänse eher im Herbst und Winter verzehrt werden. Geflügelfleisch ist leicht verdaulich.

Mir ist die Qualität des Fleisches sehr wichtig. Die Geflügel werden meist in Massen schnell großgefüttert bzw. gemästet. Eine Entenbrust, die in Masse billigst für Discounter produziert wurde, stellt meinen Qualitätsanspruch geschmacklich nicht zufrieden.

Kaufe ich ab und zu Geflügelfleisch in Teilen (Brust oder Schenkel), so bevorzuge ich Biofleisch. Kaufe ich Geflügel im Ganzen (Hähnchen, Ente, Gans), so versuche ich diese direkt vom Bauern zu kaufen. Ich bestelle das Geflügel im Frühjahr und kann es dann nach telefonischer Absprache im Laufe des Jahres am Schlachttag abholen. Schlachtgut, welches innerhalb der folgenden Tage nicht verarbeitet werden kann, wird tiefgefroren.

Ist der direkte Einkauf beim Bauern oder der Kauf von Biogeflügelfleisch nicht möglich, so stellt Geflügel, das in Deutschland produziert wurde, aus meiner Sicht eine Alternative dar.

Geflügel kann mit Salmonellen (siehe Seite 78) verschmutzt sein. Arbeiten Sie bei Vorbereitung von Geflügelfleisch sehr gründlich *(vgl. Fleisch vorbereiten Seite 75)* und garen Sie Geflügel immer **ganz** durch!

Geflügel

Bezeichnung	Verwendung	Anmerkung
Hähnchen	Braten Kurzgebraten Geschnetzeltes	Werden die Tiere vor der Geschlechtsreife (Alter 5 bis 6 Wochen) geschlachtet, so sind diese geschlechts-neutral, sie werden als Hähnchen bezeichnet. Gewicht: 700 g bis 1,4 kg geeignet für Suppenbrühe
Suppenhuhn	Suppenbrühe	Legehennen, die in der Regel nach 12 bis 15 Legemonaten geschlachtet werden. Gewicht: 1 kg bis 1,2 kg (Ich verwende für Hühnersuppen ausschließlich Hähnchen; hier kann das Fleisch mit verwertet werden.)
Pute **Truthahn**	Braten Kurzgebraten Geschnetzeltes	helles und zartes Fleisch Gewicht: ab 4 kg erhältlich
Ente	Braten Kurzgebraten Geschnetzeltes	zartes, rosafarbiges Fleisch mit Fettanteil Gewicht: 2,5 kg bis 4 kg
Gans	Braten	fettreichstes aber würzigstes, dunkleres Geflügelfleisch Frühmastgänse sind zwischen 10 und 12 Wochen alt Gewicht: 2 kg bis 3,5 kg Junge Gänse sind ca. 9 Monate alt Gewicht: 4 kg bis 6 kg

Lagerung

Frisches Fleisch sollte im Kühlschrank unverschlossen an der kältesten Stelle aufbewahrt werden.

Bei null bis vier Grad hält sich Rindfleisch drei bis vier Tage, Kalb- und Schweinefleisch sollten innerhalb von zwei Tagen zubereitet werden. Hackfleisch ist noch am selben Tag zu verarbeiten. Aufgrund der großen Oberfläche verdirbt Hackfleisch sehr schnell (Salmonellengefahr) *(vgl. Seite 78)*.

Ungenügend abgehangenes Rindfleisch kann man mit Öl bestreichen und 3 bis 5 Tage im Kühlschrank nachreifen lassen. Wird Rindfleisch in Beize eingelegt, so hält es bei kühler Lagerung bis zu 8 Tage. Die Beize begünstigt das Weichwerden des Fleisches und bewirkt eine Geschmacksveränderung. Auf Wunsch vakuumieren Metzgereien Frischfleisch. Auch so ist es lange im Kühlschrank haltbar.

Tiefkühlen

Soll frisches Fleisch sehr lange aufbewahrt werden so eignet sich das Tiefkühlen. Der Charakter des rohen Fleisches bleibt erhalten.

Fleisch soll am besten schockgefroren werden (schnelles Gefrieren durch sehr tiefe Temperaturen -25°C bis -40 °C). Lesen Sie in der Gebrauchsanweisung des Kühlgerätes, dort ist genau beschrieben, welches Fach Sie für das Schockgefrieren benutzen können und welche Einstellung hierfür notwendig ist.

Bei Lagerung von Tiefgefrorenem dürfen -18 °C nicht überschritten werden. Hackfleisch kann 4 bis 6 Monate tiefgefroren werden, ansonsten ist Fleisch bis zu 12 Monate haltbar. Das beschriftete Fleisch (Bezeichnung und Datum) ist in luftdichten Gefriertüten oder –dosen tiefzukühlen. Ein Luftaustausch würde zu erheblicher Qualitätsminderung führen.

Einmal auf- bzw. angetautes Fleisch darf nicht wieder tiefgefroren werden (aufgrund des Fleischsaftverlustes wird die Qualität erheblich vermindert). Verarbeiten Sie das Fleisch (kochen, braten, dünsten, ...) und gefrieren Sie es (sollte sich kein Esser finden) anschließend wieder ein.

Auftauen

Soll eingefrorenes rohes Fleisch aufgetaut werden, so erfolgt dies am besten langsam und zugedeckt im Kühlschrank. Man kalkuliert hier pro 1 cm Fleischdicke etwa 3 Stunden Auftauzeit. Aus diesem Grund nimmt man einen tiefgefrorenen Fleischbraten oder ein tiefgefrorenes Geflügel am besten ein bis zwei Tage vor Gebrauch aus der Gefriertruhe. Der schonende langsame Auftauprozess verhindert unnötigen Qualitätsverlust. Es lohnt sich, im Voraus zu planen, welches Fleisch für welchen Tag benötigt wird. Das langsame Auftauen beeinflusst die Qualität des Fleisches erheblich.

- Große Bratenstücke ganz auftauen lassen.

- Kleine tiefgefrorene Fleischstücke sollen nur so lange angetaut werden, bis sie sich biegen lassen. Geschnittenes Gulasch nur solange antauen bis sich die einzelnen Stücke voneinander lösen.

- Kleine Stücke Kochfleisch antauen lassen;
  größere Stücke (> 5 cm Dicke) ganz auftauen.

- Die Verpackung des tiefgefrorenen Fleisches entfernen, wegschmeißen bzw. Gefrierdosen in der Spülmaschine reinigen.

- Fleischsaft der während des Auftauens ausgetreten ist kann mit wenig Mehl verrührt werden und am Ende der Garzeit zur Soße gegeben werden.

- Geflügel nicht auf einem Holzbrett auftauen lassen *(vgl. Fleisch schneiden Seite 75).*

- Tiefgefrorenes Fleisch hat eine um bis zu 25 % verkürzte Garzeit.

Vorbereitung

Kurzes Waschen und Trocknen

Das Fleisch wird im ganzen Stück kurz mit kaltem Wasser gewaschen und anschließend mit Küchenkrepp getrocknet. Portionierte Fleischstücke wie z.B. Schnitzel nicht waschen, sondern mit einem feuchten Tuch abreiben. So werden die wasserlöslichen Vitamine des Vitamin-B-Komplexes geschont.

Schneiden

Das Schneiden von rohem Fleisch z.B. für Gulasch erfolgt erst kurz vor der Weiterverarbeitung auf dem Fleischbrett. Lassen Sie geschnittenes Fleisch nicht auf dem Holzbrett liegen. Reinigen Sie das Schneidbrett anschließend. Das Auftauwasser von Geflügel und das Geflügelfleisch kann mit Salmonellen *(siehe Seite 78)* verschmutzt sein. Arbeiten Sie bei Vorbereitung von Geflügelfleisch sehr gründlich und waschen Sie anschließend alle benutzen Küchenutensilien und Ihre Hände. Schneiden Sie keine roh zu verzehrenden Lebensmittel (z.B. Salat, Gemüse) auf einem Holzbrett, welches mit rohem Geflügelfleisch oder Auftauwasser des Geflügels in Berührung gekommen ist.

Rasch zu garende, portionierte Fleischstücke

Die Fleischstücke werden weicher, wenn sie vor dem Braten oder Grillen mit Zitronensaft beträufelt, oder von allen Seiten mit Öl bestrichen und anschließend noch einige Zeit kühl gestellt werden.

Verbesserung von magerem (Schmor-)Braten

Magerer Braten wird saftiger, wenn das Fleisch in Speckscheiben eingewickelt, oder mit dünnen Speckscheiben belegt wird.

Salzen

Das Fleisch sollte erst unmittelbar vor der Zubereitung gesalzen werden. Dies verhindert Saftverlust. Das Salz leicht in das Fleisch einreiben.

Rasch zu garendes portioniertes Fleisch und Grillgut wird am besten erst nach dem Garen gesalzen.

Ganzes Geflügel wie z.B. Ente, Gans wird einige Stunden oder am Abend vorher gesalzen, so dass es durchziehen kann. Vergessen Sie nicht den Bauchraum gut zu salzen.

Würzen

Grundsätzlich gilt lieber erst mal zu wenig als zu viel würzen. Nachgewürzt kann immer noch werden. Verwenden Sie neben Salz und frisch gemahlenem Pfeffer Küchenkräuter vielseitig und häufig. Sie sind tiefgefroren immer verfügbar und sorgen für abwechslungsreiches Aroma *(vgl. Küchenkräuter Seite 26)*.

Auf fertige Gewürzmischungen kann verzichtet werden. Es verfälscht den Geschmack und über kurz oder lang schmeckt alles gleich. Die Geschmacksnerven gewöhnen sich im Laufe der Zeit daran und man verlernt das natürliche „Schmecken". In den Rezepten *(ab Seite 87)* finden sich Beispiele wie schmackhaft Soßen und gutes Fleisch ohne künstliche Geschmackverstärker gelingen.

Zubereitung

Das Fleisch soll möglichst in heißem Fett bzw. kochender Flüssigkeit zugesetzt werden. Als Folge gerinnt das Eiweiß und die Poren schließen sich, es kann kein Fleischsaft entweichen. Vermeiden Sie aus gesundheitlichen Gründen ein Überhitzen des Fettes (*vgl. Zubereitungsart Braten Seite 174 und Fette und Öle Seite 45*) und zu starkes Bräunen.

Während des Garvorganges wird das Fleisch nicht angestochen, sondern mit Pfannenwender, Kochlöffel, Zange ... gewendet.

Halten Sie die angegebenen Garzeiten ein. Zu langes Garen macht Fleisch trocken und faserig. Gibt der Braten auf Druck z.B. mit einem Kochlöffel deutlich nach, so ist er innen roh, der Garprozess ist noch nicht beendet.

Wichtig: grundsätzlich soll Fleisch nach dem Garen und vor dem Anschnitt 5–10 Minuten zugedeckt ruhen. Fleischsaft zieht so in die Poren ein und ein Austritt von Fleischsaft beim Schneiden wird vermieden.

Ist die Ruhephase vorbei, so schneiden Sie das Fleisch gegen die Faser. Anschließend wird es auf einer vorgewärmten Platte schön angerichtet und mit etwas Soße oder heißer Brühe übergossen.

Die Zubereitungsart - ob Braten, Schmoren, Dünsten oder Kochen - ist von Fleischart und Fleischqualität abhängig.

Hack- und Geflügelfleischgerichte müssen aufgrund der Salmonellengefahr ganz durchgegart sein (*vgl. Seite 78*).

Eier

Für unsere Küche kommt vor allem das Hühnerei in Betracht. Aufgrund seines reichen Gehaltes an vollwertigem Eiweiß ist das Ei für unsere Ernährung sehr wertvoll. Das Eigelb ist mit den Vitaminen A, B, D und E nährstoffreicher als das Eiklar.

Sie sind für viele Speisen ein wichtiges Bindemittel.
Bei über 70 °C gerinnt das Eiweiß und bindet Teige.

Die Zugabe von Eiern verbessert den Nährwert, Geschmack und Aussehen der Speise. Ein Eigelb wird auch als natürlicher Farbstoff eingesetzt. Man unterscheidet die Güteklassen A Extra, A, B und C. Eier der Güteklasse C gelangen nicht in den Handel, sie werden industriell weiterverarbeitet.

Die Qualitätsmerkmale frischer Eier bleiben ca. 12 Tage erhalten. Sie können im Kühlschrank bis zu 4 Wochen aufbewahrt werden.

Durch poröse Eischalen können Fäulniserreger und Salmonellen eindringen. Achten Sie beim Einkauf auf unbeschädigte Eischalen.

Rohe Eier, die von mit Salmonellen infiziertem Geflügel stammen, können mit Salmonellen verunreinigt sein. Sie befinden sich normalerweise auf der Eierschale. Salmonellen sind Bakterien, die eine Durchfallerkrankung hervorrufen können. Diese meldepflichtige Salmonellenvergiftung ist für Gesunde weniger bedrohlich. Ältere oder geschwächte Personen können daran schwer erkranken.

Deshalb gehen Sie mit rohen Eiern vorsichtig um und arbeiten Sie sauber und gründlich. Um Salmonellenbakterien abzutöten sind Eierspeisen (z.B. Rührei, Spiegelei) ausreichend hoch zu erhitzen. Die Kerntemperatur in der Eimasse muss mindestens 80° C erreichen.

Ein gutes, frisches Ei erkennt man an einem kugeligen, festen und hochgewölbten Dotter, der von einer festen Schicht Eiklar umgeben ist, die wiederum scharf abgegrenzt auf einer Schicht von dünnflüssigerem Eiklar liegt.

Eier sind in 4 Gewichtsklassen eingeteilt

S	bis 53 g
M	bis 63 g
L	bis 73 g
XL	mehr als 73 g

Jedes Ei ist gekennzeichnet und gibt Auskunft über die Haltung der Legehennen und das Erzeugerland. Beispiel: 1 – DE - 0123456

1	**DE**		**0123456**
1. Stelle steht für die Haltung der Legehennen	2. und 3. Stelle geben Auskunft über das Erzeugerland		Identifizierungs-nummer des Betriebes
0=Ökolog. Erzeugung 1=Freilandhaltung 2=Bodenhaltung 3=Käfighaltung	AT=Österreich BE=Belgien DE=Deutschland DK=Dänemark ES=Spanien FI= Finnland FR=Frankreich GR=Griechenland	IR=Irland IT=Italien LU=Luxemburg NL=Niederlande PT=Portugal SE=Schweden UK=Großbritannien	

Eier trennen - Eiweiß steif schlagen

Wollen Sie z.B. für einen besonders lockeren Teig das Eiweiß extra steif schlagen und am Ende des Rührvorganges vorsichtig unterheben, so muss das Eigelb vom Eiweiß beim Aufschlagen vorsichtig getrennt werden. Das Ei wird hierfür an einem Schüsselrand aufgeschlagen und auseinandergebrochen, so dass in jeder Hand eine Hälfte der Schale liegt. Das Eigelb wird vorsichtig über einer Schüssel von einer Schale in die andere gegossen. Das wird solange wiederholt, bis in einer Schale das unverletzte Eigelb zurückbleibt.

Damit das Eiweiß fest wird muss es frei von Eigelb und Fett sein. Mit dem fettfreien Rührbesen des Handrührgerätes und einem fettfreien Rührbecher kann das Eiweiß so fest geschlagen werden, dass es auf den Kopf gedreht am Schüsselboden haften bleibt.

Milch und Milchprodukte

Milch

Am besten schmeckt mir normale Frischmilch mit 3,5 % Fett. Sterilisierte ultrahocherhitzte H-Milch ist zwar lange haltbar, geschmacklich aber nicht mit der Frischmilch zu vergleichen.

Seit einigen Jahren wird in den Regalen der Supermärkte ein länger haltbares Produkt, die ESL-Milch angeboten. Auf der Verpackung ist dies nicht erkennbar. ESL steht für Extended Shelf Life, sie ist stärker erhitzt als Frischmilch.

Sahne, Creme Fraiche und Schmand

Für die Verfeinerung von Soßen und Speisen sind sie bestens geeignet. Sie geben manchen Gerichten den letzten Schliff und verstärken den Geschmack. Saure Sahne, Joghurt und Buttermilch flocken sobald sie zum Kochen gebracht werden. Sahne und Creme Fraiche flocken durch ihren hohen Fettanteil nicht mehr aus.

Joghurt und Quark

Joghurt ist eine durch Erwärmen und Zusatz besonderer Bakterien gesäuerte Milch. Er ist leicht verdaulich und regt die Darmtätigkeit an. Naturjoghurt enthält lebende Milchsäurebakterien. Verzichten Sie beim Einkauf auf teurere Produkte die laut Werbung mit allerlei gesundmachenden Kulturen angereichert sind. Ein „normaler" Naturjoghurt steht dem in nichts nach.

Verzichten Sie auf Diät-, Frucht- und sonstige Varianten. Fruchtjoghurt enthält wenn überhaupt, nur einen minimalen Anteil an Frucht. Das Aroma wird durch Aromastoffe und nicht durch die Zugabe von Früchten erreicht. Diätjoghurt ist mit Süßstoff zubereitet und hat in der Regel nicht erheblich weniger Kalorien als ein Vollmilchjoghurt. 100 g Vollmilchjoghurt weisen 74 kcal aus. Vergleichen Sie beim nächsten Einkauf die Energiewerte der unterschiedlichen Milchprodukte.

Quark ist ein wertvolles Lebensmittel, da er leicht verdaulich ist und einen hohen Anteil an Eiweiß nachweisen kann. Er ist als Brotaufstrich, oder als Beigabe zu Kartoffeln z.B. mit Kräutern und/oder fein geschnittenen Zwiebeln vermischt, Salz, Pfeffer, Chili gewürzt, sehr beliebt. Auch als Kuchenbelag und Hauptzutat für Süßspeisen (z.B. Quark mit Obst) hat er seine Bedeutung in der Küche.

Butter

Butter ist zum Anbraten und Verfeinern ein unentbehrlicher Geschmacksträger *(vgl. Fette und Öle Seite 45).* Sehr lecker schmecken auch Brotaufstriche mit Butter zubereitet, wie z.B.

- ✓ 125 g weiche Butter, 1 Zehe gepressten Knoblauch, 2 EL frische gewogene Kräuter wie Salbei, Petersilie, Thymian oder Koriander, Salz, evtl. Pfeffer
- ✓ 125 g weiche Butter, 1 Zehe gepressten Knoblauch, 1 fein geschnittene Zwiebel, 1 fein geschnittene Chilischote, Paprika, Salz, ...

... verrühren

Viele verschiedene Varianten ergeben einen leckeren Aufstrich.

Auch Butter **und** Frischkäse mit Gewürzen, Kräutern und einer feingeschnittenen Zwiebel vermengt ergeben einen wunderbaren Brotaufstrich.

Aufbewahrung und Mindesthaltbarkeitsdatum

Milchprodukte sollten verschlossen im Kühlschrank aufbewahrt werden, da sie sehr empfänglich für Umgebungsgerüche sind. Viele Milchprodukte sind bedenkenlos ein paar Tage über das Mindesthaltbarkeitsdatum hinaus zu verzehren. Am Geruch würden Sie sofort erkennen, ob ein Produkt sauer geworden ist. Produkte mit Schimmelbildung ganz entsorgen.

ZUBEREITUNGSARTEN

Im Folgenden werden die einzelnen Zubereitungsarten kurz erläutert. Mit diesem Grundwissen ausgestattet können Sie quasi schon loslegen.

Kochen z.B. Nudeln 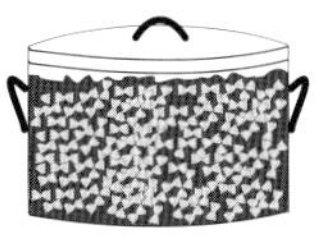	Nahrungsmittel werden in siedendem Wasser gegart. Sie sind von Wasser umgeben und einer gleichmäßigen Temperatur von 100°C ausgesetzt. Vorgehensweise ✓ Nudeln werden z.B. in kochendes Wasser gegeben ✓ für Suppe wird das Fleisch in kaltes Wasser gegeben ✓ für Kochfleisch (z.B. Tafelspitz) wird Fleisch im heißen Wasser angesetzt Halten Sie den Topf beim Kochen geschlossen. Die Energiezufuhr kann so gedrosselt und bis zu 20 % Energie gespart werden.	Hülsenfrüchte Blumenkohl Spargel Spinat Kartoffeln Nudeln Reis bestimmte Fleischarten (z.B. Tellerfleisch) *(vergleiche Nudeln kochen Seite 145)*
Garziehen z.B. Knödel 	Nahrungsmittel werden mit viel Flüssigkeit vorsichtig fertig gegart. Vorgehensweise ✓ Flüssigkeit kochen lassen und dann z.B. Knödel oder Suppeneinlagen einlegen ✓ anschließend Temperatur zurücknehmen. ✓ das Wallen des Wassers soll nur leicht zu sehen sein; dies kann durch (sehr) geringe Wärmezufuhr und jonglieren des Deckels (abnehmen, verschieben) erreicht werden Ein vorsichtiges Garen bzw. Ziehen macht Suppen und Soßen schmackhafter. Es gilt: je weniger zu riechen ist, umso besser (die Geschmacksstoffe sollen im Topf bleiben).	Fisch Brühwürste Knödel Grießnockerl Lebernockerl *(vergleiche Klare Suppen Seite 87 und Suppeneinlagen Seite 92)*

Dünsten z.B. Bohnen 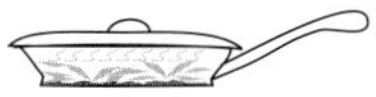	Die Lebensmittel werden im eigenen Saft und/oder mit wenig Wasser und mit geschlossenem Deckel gegart. Der entstehende Wasserdampf gart bei 100°C die Zutaten schonend. Eine geringe Hitzezufuhr ist ausreichend. Vorgehensweise ✓ wenig Wasser und ggf. Fett in Topf oder Pfanne geben ✓ anschließend die Lebensmittel zugeben, unter rühren etwas andünsten und Deckel drauf ✓ kocht die Flüssigkeit kann die Hitzezufuhr fast ganz zurückgenommen werden Es ist eine sehr schonende Zubereitungsweise und die Nährstoffe bleiben weitgehend erhalten. Die Speisen sind leicht verdaulich.	für fast alle Lebensmittel geeignet Gemüse (Garzeiten von Gemüse im Ganzen: Kartoffeln ca. 45 Min., rote Beete ca. 35 Min., Bohnen ca. 20 Min., Spargel ca. 20 Min., ...) Fisch Fleisch Geflügel *(vergleiche Gemüse dünsten Seite 129)*
Dämpfen (mit oder ohne Siebeinsatz) z.B. Kartoffeln 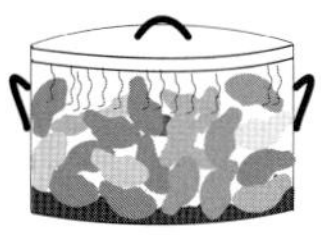	Garen von Nahrungsmitteln im Wasserdampf bei einer Temperatur von 100°C. Praktisch sind hier Dampfkochtöpfe und/oder Siebeinsätze für Kochtöpfe. Dampfkochtöpfe verkürzen die Garzeiten erheblich. Vorgehensweise ✓ wenig Wasser in Topf geben ✓ anschließend das Gargut (ggf. in den Siebeinsatz hineinlegen) und Deckel drauf ✓ kocht die Flüssigkeit kann die Hitzezufuhr zurückgenommen werden Es ist eine sehr schonende Zubereitungsweise. Die Nährstoffe bleiben weitgehend erhalten.	Gemüse (Garzeiten annähernd wie beim Dünsten) Fisch Hefegebäck (z.B. Dampfnudeln) *(vergleiche Kartoffeln dämpfen Seite 137)*

Braten in der Pfanne (Kurzbraten) z.B. Schnitzel 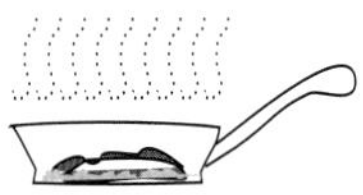	Mit wenig Fett werden bei hoher Hitze die Lebensmittel angebraten. Das Braten erfolgt bei 120°C bis 180°C. Vorgehensweise ✓ Topf oder Pfanne erhitzen ✓ ist das Kochgerät heiß genug hitzestabiles Bratfett oder Öl zugeben (vgl. Fette und Öle Seite 45) ✓ gleich darauf das Gargut hineinlegen Das Braten erfordert stets ein heißes Fett. Ist die Anbrattemperatur nicht heiß genug, so werden die Poren des Bratgutes nicht geschlossen. Fleisch und Fisch verlieren dadurch Wasser und Eiweiß und trocknen aus, es erfolgt keine Bräunung. Mehlspeisen nehmen das Fett auf und bräunen nicht. Vermeiden Sie die Überhitzung des Fettes. Es hilft hier, zunächst nur die Pfanne zu erhitzen. Erst, wenn diese die richtige Temperatur erreicht hat, sollten Sie das Fett hinzugeben und gleich darauf das Gargut. **Wie erkenne ich, dass die Pfanne oder der Topf heiß genug ist?** Ein paar Wassertropfen in die Pfanne spritzen. „Tanzen" diese auf dem Boden ist die Temperatur genau richtig. **Wie erkenne ich, dass das Fett heiß genug ist?** Halten Sie einen Holzkochlöffel in das Fett. Bilden sich außenherum kleine Bläschen, so ist das Fett heiß genug, um das Anzubratende einzulegen.	beliebte Zubereitungsart für portioniertes Fleisch und Fisch Würstel Kartoffeln Pfannengerichte aller Art Pfannenkuchen *(vergleiche Fleisch Kurzgebraten Seite 174)*

Braten in der Röhre z.B. Schweine-braten 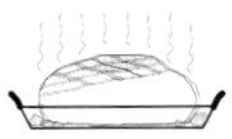	Das Braten erfolgt in der Bratröhre unter Einwirkung heißer Luft zwischen 180°C und 250°C. Vorgehensweise ✓ Braten wie in den Rezepten beschrieben vorbereiten und in die vorgeheizte Röhre geben ✓ damit der Braten weich wird, sollte stetig wenig Flüssigkeit (kochendes Wasser, Boullion, Wein) zugegeben werden und regelmäßig mit dem Fond übergossen werden ✓ größere Braten nach der Halbzeit wenden Garprobe: Gibt der Braten auf Druck z.B. mit einem Kochlöffel noch deutlich nach, so ist er innen noch roh. Durchgegartes Fleisch gibt nicht mehr nach.	Fleischstücke aller Art Mindestgewicht 750 g *(vergleiche Fleisch Braten in der Röhre Seite 164)* Einsteigern kann hier ein Bratthermometer weiterhelfen. Es ermittelt die Kerntemperatur des Bratstückes.
Schmoren z.B. Rinder-rouladen 	Ein kräftiges Anbräunen des Lebensmittels im offenen Kochgeschirr bei ca. 180°C und anschließend unter Zugabe von wenig kochender Flüssigkeit im geschlossenen Topf bei etwa 100°C fertig garen. Vorgehensweise ✓ Fleisch von allen Seiten kräftig anbraten, ggf. Wurzelgemüse laut Rezept zugeben, auch kurz anbraten lassen ✓ wenig kochende Flüssigkeit (Wasser, Brühe) nach Bedarf seitlich zugeben (der Boden sollte mit Wasser bedeckt sein; der Dampf ist am Garprozess beteiligt) ✓ Angebratenes mit Kochlöffel vom Kochgeschirr durch Umrühren lösen ✓ Deckel darauf geben, Hitzezufuhr reduzieren und fertig garen lassen (kann auch in der Backröhre bei 100°C fertig gegart werden; Vorteil: der Platz auf dem Herd ist für andere Kochvorgänge frei)	Fleisch aller Arten, Gulasch, Rouladen Gemüse (Schmorzeit bei Rouladen z.B. 90 Min.) *(vergleiche Schmorgerichte Seite 176)*

Tipp	***Jedes Essen ist ein Fest!***
Tipp	***Versuchen Sie regelmäßig mit Ihren Familienmitgliedern / Freunden gemeinsam lustvoll zu genießen.***
Tipp	***Essen Sie bunt und damit abwechslungsreich.***
Tipp	***Freuen Sie sich über die große Auswahl der uns zur Verfügung stehenden Lebensmittel und deren vielseitigen Verwendungsmöglichkeiten.***
Tipp	***Genießen Sie jede Mahlzeit bewusst.***
Tipp	***Kochen Sie mit Freunden, das macht Spaß, ist unterhaltsam und man kann eine Menge Tricks abschauen.***
Tipp	***Notieren Sie sich bei den einzelnen Rezepten Ihre Erfahrungen und Abwandlungen die sich bewährt haben.***
Tipp	***Es ist noch kein Meister vom Himmel gefallen. Üben Sie, probieren Sie aus. Bereiten Sie was Ihnen Spaß macht - alles ist erlaubt.***

Rezepte

Suppen

Klare Suppen

Die Brühe ist (nicht nur) der Suppen Würze!

Kochen Sie sich ihre eigenen Brühen, die richtig aufbewahrt, lange haltbar sind und zum Würzen von Soßen, Suppen und vielen anderen Gerichten die allerbeste Grundlage bieten.

Die Herstellung von Suppen ist etwas zeitintensiv, es lohnt sich aber. Sie köchelt nebenbei vor sich hin. Allerdings köchelt diese irgendwann im Laufe eines Tages und wenn Sie eine Abschaltautomatik am Herd haben ist auch das Problem der langen Kochzeiten keines mehr, denn abgießen kann man auch später.

Eine selbst gemachte Suppe während der kalten Jahreszeit, für Kranke und Gesunde, zum Aufwärmen, als Appetitanreger ... perfekt! Eine heiße Suppe weckt die Lebensgeister.

Richtig aufbewahrt, in sauberen Gläsern (z.B. 0,5 Liter Joghurtgläser mit Schraubverschluss), halten diese im Kühlschrank 2-3 Wochen. Ist absehbar, dass der Vorrat innerhalb dieser Zeitspanne nicht aufgebraucht wird, so nehme ich die Gläser und stelle sie in die Gefriertruhe. Diese platzen nicht! Soll trotzdem mal eines schnell zur Verfügung stehen, so hilft ein lauwarmes Wasserbad das Auftauen und Ausgießen zu beschleunigen.

Pro Person rechnet man ¼ Liter Suppe. Da Suppeneinlagen Flüssigkeit ziehen und Flüssigkeit verdampft, ist mit einem zusätzlichen ¼ Liter zu kalkulieren.

Tipp 1 *Um sich einen gewissen Vorrat zulegen zu können, kann die Suppe in einem großen Topf gekocht werden. Die Suppe wird heiß in Vorratsgläser gefüllt. Stellen Sie die Gläser auf ein feuchtes Küchentuch um ein Springen des Glases zu vermeiden, verschrauben und schon sind diese vakuumverpackt 2-3 Wochen gekühlt haltbar.*

Tipp 2 *Je länger die Suppe leicht köchelt, umso besser schmeckt diese und sie wird aromatischer und aromatischer ......*
Ein Konzentrat kann durch viel Gemüse, Gewürze und eine Menge an Kräutern und langes, langes, leichtes köcheln hergestellt werden. Das Konzentrat im Eiswürfelbereiter tiefgefroren ... und schon hat man immer schnell was zum Würzen von Soßen und Speisen zur Hand.

Tipp 3 *Ungeschälte halbierte Zwiebeln als erstes Gemüse zum Anrösten mit der Schnittseite in das heiße Fett geben. Es ergibt einen feinen Grundgeschmack und eine schöne Farbe.*

Tipp 4 *Das Fleisch wird in das kalte Wasser gelegt. So ist gewährleistet, dass das Eiweiß in die Suppe übergeht. Legt man Wert auf saftiges Fleisch (z.B. beim Tafelspitz) wird dieses in kochender Brühe zugesetzt.*

Tipp 5 *Zu empfehlen: sehr schmackhaft wird Suppe, wenn Knochen mit dem Gemüse angeröstet werden.*

Tipp 6 *Frische Kräuter und getrocknete Pilze erst am Ende der Garzeit (letzte ½-1 Stunde) mitziehen lassen. Die Geschmackstoffe bleiben sehr intensiv erhalten.*

Grundrezept Wurzelbrühe

Zutaten (4 Personen)

10-20 g	Fett
2	gelbe Rüben
2	Petersilienwurzeln
¼	Knolle Sellerie
1	Stange Lauch
2	Zwiebeln mit Schale
1,5-2 l	Wasser
	Salz
	Liebstöckel

nach Belieben

¼ l	Wasser durch Weißwein ersetzen
1 Zweig	Petersilienstängel
1 Zweig	Basilikum
	Thymian
1-2	Lorbeerblätter
1	Nelke
3	weiße Pfefferkörner
1	Scheibe Ingwer
	getrockneter Pilz

Arbeitsschritte ca. 20 min

Vorbereitung

- ✓ Wurzelwerk gründlich waschen, putzen und grob schneiden
- ✓ Zwiebeln halbieren (nicht schälen)
- ✓ restliche Kräuter waschen

Zubereitung

- ✓ Topf erwärmen, Fett zugeben
- ✓ vorbereitetes Wurzelwerk gut anrösten
- ✓ mit kaltem Wasser bzw. Wein aufgießen
- ✓ restliche Zutaten (Kräuter, Gewürze) zugeben

Kochen und Temperatur

- ✓ 1-2 Stunden bei geringer Temperatur leise vor sich hinköcheln lassen
- ✓ Basilikum, Ingwer, Pilze können zum Ende der Garzeit (letzte ½ bis 1 Std.) zugegeben werden; sie ziehen leicht mit und die Aromen bleiben gut erhalten

Tischfertig machen

- ✓ Brühe mit Spitz- oder Standsieb abseihen, gut ausdrücken und abschmecken

Grundrezept Fleischbrühe

Zutaten (4 Personen)

250-300 g	Rinderknochen evtl. etwas Markknochen
250-500 g	Zwerchrippe, Schulter, Tafelspitz, Hohe Rippe, Brust
10-20 g	Fett
	Wurzelwerk wie gewünscht (z.B.:
2	Karotten
2	Petersilienwurzeln
1	Lauch
¼	Sellerie
1	Pastinaken
1	Fenchel, ...)
2	Zwiebeln mit Schale
1,5-2 l	Wasser
	Salz
	Liebstöckel
	nach Belieben
¼ l	Wasser durch Weißwein ersetzen
1 Zweig	Petersilienstängel
1 Zweig	Thymian
1	Lorbeerblatt
1	Nelke
5	weiße Pfefferkörner
1-2	Scheiben Ingwer
1	getrockneter Pilz

Legen Sie Wert auf ein gutes Stück Tellerfleisch, so verwenden Sie Tafelspitz oder das Bürgermeisterstück. Geben Sie das Fleisch in die kochende Brühe (Fleischporen schließen sich sofort, das Fleisch bleibt saftig).

Arbeitsschritte ca. 20 min

Vorbereitung
- ✓ Wurzelwerk gründlich waschen, putzen und grob schneiden
- ✓ Zwiebeln halbieren
- ✓ restliche Kräuter waschen

Zubereitung
- ✓ Topf erwärmen, Fett zugeben
- ✓ vorbereitetes Wurzelwerk gut anrösten
- ✓ mit **kaltem** Wasser bzw. Wein aufgießen
- ✓ restliche Zutaten (Fleisch, Kräuter, Gewürze) zugeben

Kochen und Temperatur
- ✓ 1-2 Stunden bei geringer Temperatur leise vor sich hinköcheln lassen *(siehe Wurzelbrühe Seite 89)*
- ✓ einen Teil der Gewürze und Kräuter können Sie zum Ende der Garzeit (letzte ½ bis 1 Std.) zugeben, sie ziehen leicht mit und die Aromen bleiben gut erhalten

Tischfertig machen
- ✓ Brühe mit Spitz- oder Standsieb abseihen, gut ausdrücken und abschmecken
- ✓ bei Bedarf (im kalten Zustand) entfetten

Grundrezept Hühnerbrühe

Zutaten (4 Personen)

1	Hähnchen oder Suppenhuhn
¼	Sellerieknolle
1 Stange	Lauch
1	Zwiebel
2 Bund	Stängel von Petersilie
2-3 l	Wasser
	Salz
10-20 g	Fett
	nach Belieben
1 Zweig	Thymian
1	Lorbeerblatt
1	Nelke
8-10	weiße Pfefferkörner
1	Knoblauchzehe

Hühnerbrühe weckt besonders bei Erkältungskrankheiten die Lebensgeister und mindert Beschwerden, da sie gereizte Schleimhäute beruhigt.

Ziehen Sie das Hähnchen einem Suppenhuhn vor und verwenden Sie das Fleisch z.B. gemischt mit Reis und Gemüse. Suppenhühner haben meist eine anstrengende Karriere als Legehennen hinter sich.

Arbeitsschritte ca. 20 min

Vorbereitung

- ✓ Geflügel innen und außen gut waschen und mit Küchenkrepp abtrocknen

Zubereitung

- ✓ ggf. Topf erwärmen, Fett zugeben
- ✓ vorbereitetes Wurzelwerk gut anrösten mit kaltem Wasser aufgießen, Huhn hineingeben (alternativ können alle Zutaten kalt ohne Anrösten zugesetzt werden)
- ✓ restliche Zutaten (Kräuter, Gewürze) zugeben

Kochen und Temperatur

- ✓ 1,5 Stunden bei geringer Temperatur leise vor sich hinköcheln lassen
- ✓ einen Teil der Gewürze und Kräuter können Sie zum Ende der Garzeit (letzte ½ bis 1 Std.) zugeben, sie ziehen leicht mit und die Aromen bleiben gut erhalten

Tischfertig machen

- ✓ Brühe mit Spitzsieb abseihen, gut ausdrücken und abschmecken

Suppeneinlagen

Ob Pfannenkuchenstreifen, Buchstabennudeln, Leberspätzle, Leberknödel, Gemüse, Käseknödel, Grießnockerl, Grieß und Ei verrührt, ... mit einer selbst zubereiteten Brühe werden diese als appetitanregende Vorspeise (oder auch als Hauptgericht) zum absoluten Genuss.

Bleiben mal Pfannenkuchen übrig, so schneide ich diese gerollt in Streifen und gefriere sie ein. Bei Bedarf sind sie schnell mit heißer Brühe übergossen und Ruck Zuck ist ein Appetitanreger Übrig gebliebener Reis und/oder kleingeschnittenes gedünstetes Gemüse werden ideal und schmackhaft als Einlage verwertet.

Kleingeschnittenes altes Brot wird mit heißer Milch eingeweicht und als Käseknödel verarbeitet wiederverwertet. Sie können sowohl im rohen als auch gekochten Zustand eingefroren werden. Somit landet kein Brot im Müll und es steht ein Suppeneinlagenvorrat zur Verfügung.

Suppeneinlagen wie Teigwaren, Nockerl oder Klößchen sind stets in kochender Flüssigkeit zu garen *(vgl. Zubereitungsart Garziehen 82)*. Soll eine Verfärbung der Brühe vermieden werden, so können Klöße in heißem Wasser gegart werden.

Überprüfen Sie vor dem Formen des gesamten Knödelteiges zuerst die Bindefähigkeit. Formen Sie ein Probestück und brühen Sie dieses vorab. Mit zunehmender Praxis erkennt das geschulte Auge am Teig, ob die notwendige Konsistenz erreicht ist oder noch nachgearbeitet werden muss.

Sollte der Probekloß zerfallen, so rühren Sie nochmals etwas Semmelbrösel oder Grieß unter und lassen den Teig kurz ruhen.

Suppeneinlage Grießnockerl

Zutaten (4 Personen)	Arbeitsschritte ca. 15 min
40 g Butter 60 g grober Hartweizengrieß 1 Ei Salz	**Vorbereitung** ✓ Butter und Ei aus dem Kühlschrank nehmen um Zimmertemperatur vor der Weiterverarbeitung zu erreichen **Zubereitung** ✓ Butter schaumig rühren ✓ etwas Grieß zugeben und rühren ✓ dann Ei, übrigen Grieß und Salz abwechselnd zugeben und schaumig rühren ✓ Teig zum Quellen etwas ruhen lassen **Kochen und Temperatur** ✓ abgeschmeckte Brühe zum Kochen bringen ✓ mit feuchtem Teelöffel Probenockerl formen und einlegen ✓ ist dieses formbeständig andere Nockerl formen und einlegen ✓ 20 Min. ziehen lassen **Tischfertig machen** ✓ frische Kräuter darüber streuen

Suppeneinlage Käseknödel

Zutaten (4 Personen)

ca. ⅛ l	Milch
ca. 80 g	Brot
1	Zwiebel
1	Ei
50 g	frisch geriebener Parmesan
2-3 EL	Semmelbrösel
2 Prisen	frisch geriebene Muskatnuss
	Salz
	Pfeffer
	Kräuter

Muss es mal etwas schneller gehen, so können die Zwiebeln weggelassen werden.

Am klebrigen, wässrigen Teig erkennt man, dass noch Semmelbrösel zum Binden hinzugegeben werden müssen.

Eine richtige Konsistenz ist erreicht, wenn der Teig einen kompakten Eindruck macht. Ein Probekloß hilft weiter.

Arbeitsschritte ca. 20 Min

Vorbereitung

- ✓ Brot klein schneiden und in mittelgroße Schüssel geben
- ✓ Milch erhitzen
- ✓ über kleingeschnittenes Brot gießen und zugedeckt ca. 10 Min. ziehen lassen
- ✓ Zwiebel klein schneiden und mit wenig Butter glasig dünsten
- ✓ Kräuter klein schneiden
- ✓ Parmesan reiben

Zubereitung

- ✓ Ei, Zwiebeln, Kräuter, Käse, Salz, Pfeffer und Muskatnuss zum eingeweichten Brot geben
- ✓ gut zu einem Knödelteig verkneten
- ✓ falls Teig zu flüssig ist, mehr Semmelbrösel zugeben, oder falls Teig zu fest ist, heiße Milch zugeben
- ✓ etwas ruhen lassen
- ✓ mit feuchten Händen kleine Knödel rollen

Kochen und Temperatur

- ✓ Flüssigkeit zum Kochen bringen (Knödel können in Wasser oder Brühe gekocht werden)
- ✓ Knödel einlegen und langsam bei niedriger Temperatur fertig ziehen lassen ca. 15 Min.
- ✓ schwimmen die Knödel, so sind diese nach wenigen Minuten fertig gegart

Tischfertig machen

- ✓ Knödel ggf. aus dem Wasser heben und in heiße Brühe einlegen
- ✓ frische Kräuter darüber streuen

Suppeneinlage Leberspätzle /-Nockerl

Zutaten (4 Personen)

100 g	Rinds- oder Geflügelleber (durchgedreht)
30 g	Butter
40 g	Semmelbrösel
1	Ei
1	kleine Zwiebel
	Salz
	Petersiliengrün
	Majoran
etwas	Zitronenschale

Der Leberspätzleteig kann auch zu Lebernockerl verarbeitet werden. Mit einem feuchten Teelöffel Nockerl formen.

Ein Probenockerl in die heiße Brühe gelegt, sorgt für Klarheit, ob der Teig die richtige Konsistenz hat.

Falls das Probenockerl „zerfällt“ werden zum Binden Semmelbrösel zugegeben. Teig nochmals kurz ruhen lassen.

Arbeitsschritte ca. 20 min

Vorbereitung
- ✓ Butter aus dem Kühlschrank nehmen um Zimmertemperatur vor der Weiterverarbeitung zu erreichen
- ✓ Zwiebel und Petersilie sehr fein wiegen

Zubereitung
- ✓ Butter schaumig rühren
- ✓ Semmelbrösel, Ei und Salz abwechselnd unterrühren
- ✓ Leber, Zwiebel, Petersilie, Majoran und Zitronenschale zugeben
- ✓ Teig gut durchkneten
- ✓ kalt stellen und etwas ruhen lassen

Kochen und Temperatur
- ✓ abgeschmeckte Brühe zum Kochen bringen
- ✓ Teig durch Spätzleseiher in die kochende Flüssigkeit streichen
- ✓ 5–10 Min. ziehen lassen

Tischfertig machen
- ✓ frische Kräuter darüber streuen

Gemüsesuppen

Gemüsesuppen stehen regelmäßig auf dem Speiseplan. Die Suppe ist sehr gesund und nahrhaft. Je nach Jahreszeit stehen verschiedene Gemüsearten zur Verfügung und bringen Abwechslung auf den Tisch. Gerne verwende ich geeignetes bunt gemischtes Gemüse aus den Grundvorräten, wie z.B. Zwiebeln, Kohl, Brokkoli, Karotten, Blumenkohl, Lauch, Kürbis, Kohlrabi, Kartoffeln, Ingwer, Knoblauch, Fenchel, Sellerie ....

Unsere Lieblingssuppe enthält in der Regel als Grundzutat eine Zwiebel oder Lauch und Karotten. Die restlichen Gemüsearten werden, je nachdem was gerade zur Verfügung steht, ausgewählt.

Ingwer und Knoblauch machen die Suppe sehr aromatisch.

Zur Abrundung kann die Suppe mit Sahne, Butter, Creme Fraiche oder Olivenöl verfeinert werden.

Die Suppe schmeckt mit und ohne Einlagen. Als Einlage eignet sich z.B. Wurst, Käseknödel, Reis, Grießnockerl, getoastetes Brot, ...

Sollten von der Gemüsesuppe kleine Reste übrigbleiben, so verwende ich diese um Soßen für Nudel-, Reis- oder Fleischgerichte zu verfeinern, binden oder strecken.

Kinder lieben meist sehr fein pürierte Suppen.

Das folgende Grundrezept eignet sich auch für eine Rote Beete - Suppe. Hierfür werden ausschließlich Rote Beete verwendet. Sie wird mit Zucker, Salz, Essig und Meerrettich abgeschmeckt.

Grundrezept Gemüsesuppe (püriert)

Zutaten (4 Personen)

1-2	Zwiebeln
30 g	Butter
250–500 g	Gemüse je nach Jahreszeit
1 ¼ l	Flüssigkeit (Wasser oder Brühe, ggf. etwas Weißwein)
	Salz
	Pfeffer
1-2 TL	Honig
	zum Verfeinern
etwas	Olivenöl, Butter, Sahne, oder Creme Fraiche
	Kräuter
	nach Belieben
1-2	Zehen Knoblauch
ein St.	Ingwer
	Curry, Muskat

Als Gemüsearten eignen sich: Zwiebeln, Karotten, Weißkohl, Kohlrabi, Brokkoli, Blumenkohl, Lauch, Kürbis, Sellerie, Kartoffeln, ...

Ingwer und Knoblauch geben der Suppe ein kräftiges Aroma (sehr zu empfehlen!).

Ein gesundes Plus: kaltgepresstes Olivenöl nach dem Kochvorgang unterrühren.

Sollte Suppe zu wenig flüssig sein einfach zum Schluss nochmal heißes Wasser zugeben und pürieren.

Arbeitsschritte ca. 15 min

Vorbereitung
- ✓ Zwiebel schälen, grob schneiden
- ✓ Gemüse waschen und in mittelgroße Stücke schneiden
- ✓ Knoblauch und Ingwer schälen und schneiden

Zubereitung
- ✓ Zwiebeln bei mittlerer Temperatur in Butter lichtgelb dünsten
- ✓ restliches Gemüse, Ingwer und Knoblauch zugeben und gut mit andünsten
- ✓ falls gewünscht Honig zugeben und leicht karamellisieren lassen (5–10 Min.)
- ✓ mit Flüssigkeit aufgießen

Kochen und Temperatur
geringe Temperatur, 20–30 Min.

- ✓ bei geringer Temperatur gar kochen lassen (das Gemüse sollte weich gekocht sein)

Tischfertig machen
- ✓ Suppe mit Pürierstab pürieren
- ✓ mit Butter, Sahne, Creme Fraiche oder Olivenöl verfeinern
- ✓ mit Salz und Pfeffer abschmecken
- ✓ nochmals pürieren
- ✓ mit Kräutern bestreuen

GEMÜSE

Gemüse soll am besten frisch verwendet werden *(vgl. Gemüse Seite 39)*.

Um Vitamine zu schonen

- ✓ wird das Gemüse **unter fließendem kalten** Wasser gewaschen,
- ✓ kurz vor dem Garen zerkleinert,
- ✓ so kurz und schonend wie möglich gegart.

Mit Dämpfen und Dünsten *(vgl. Seite 83)* werden Vitamine geschont.

Geeignet sind alle Gemüsearten

- ✓ Wurzel-, Knollen-, Stängelgemüse wie Karotten, Pastinaken, Petersilienwurzeln, Meerrettich, Sellerie, Kohlrabi, Fenchel, Zwiebeln, Spargel, Stangensellerie ...
- ✓ Blattgemüse wie Spinat, Chicorée, Lauch, alle Kohlarten, Sauerkraut, ...
- ✓ Fruchtgemüse wie Erbsen, Bohnen, Tomaten, Gurken, Zucchini, Paprikaschoten, Auberginen, Kürbis ...
- ✓ Blütengemüse wie Blumenkohl, Brokkoli, Artischocken, ...
- ✓ Tiefkühlgemüse aller Art.

Tiefkühlgemüse wird im tiefgefrorenen Zustand ohne An- und Auftauen wie Frischgemüse gegart.

Pro Person rechnet man mit ca. 150-200 g Frischgemüse für eine Mahlzeit.

Auf folgenden Seiten sind handelsübliche Gemüsesorten mit jeweiligen Zubereitungsbeispielen aufgelistet. Je nach Gemüseart sind diese roh, gekocht, warm und kalt zu genießen. Da gegartes Gemüse länger haltbar ist, können größere Mengen zur Vorratshaltung verarbeitet werden. Salate aus gekochtem Gemüse schmecken, sind gesund, als Beilage für viele Gerichte bestens geeignet und einige Tage haltbar *(siehe Grundrezept Salatmarinade gekochtes Gemüse Seite 128)*. Grundrezepte (Gemüse dünsten, dämpfen) finden Sie ab Seite 129.

Gemüsesorten, Zubereitung und Verwendung

Aubergine

vorbereiten
- waschen, trocken reiben und Stielansatz entfernen
- quer oder der Länge nach in ca. ½ cm dicke Scheiben schneiden
- salzen und ca. 10 Min. stehen lassen
- anschließend mit Wasser spülen und mit Küchenkrepp trocknen

Bitterstoffe werden so entzogen, die Auberginen ziehen beim Braten weniger Fett.

zubereiten
- dünsten (dünne Scheiben 3–5 Min. je Seite)
- anbraten und fertig dünsten
- grillen

- kalt oder warm
- für Auflauf gut geeignet

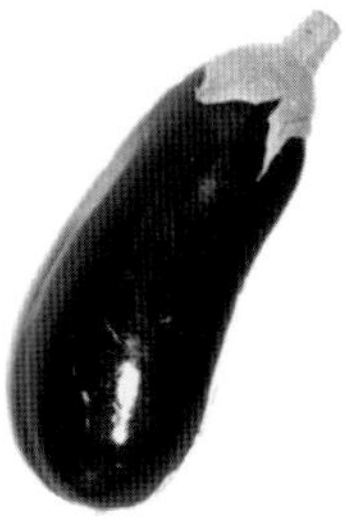

würzen
Salz, Pfeffer, Zucker (Honig), Zitronensaft, Kräuter, Knoblauch, Schnittlauch, ...

Kaltgericht
- gegarte Auberginen mit Kräuterfrischkäse bestreichen, rollen und mit Zahnstocher fixieren
- gebratene Auberginenscheiben auf Servierplatte anrichten mit Salz, Pfeffer, Olivenöl, Balsamico Essig und Knoblauch fein geschnitten würzen und verfeinern, etwas ziehen lassen

Warmgericht
- gedünstete Scheiben mit Salz, Pfeffer, Olivenöl, Balsamico Essig verfeinern und Weißbrot servieren
- gegarte, gewürzte Auberginenscheiben oder –würfel können in Aufläufe oder Gemüselasagne gelegt werden

Austern-pilze

vorbereiten
- Bündel trennen und harte Stiele abschneiden
- abreiben, bürsten (nicht waschen, sie ziehen sonst Wasser und verlieren an Aroma und Geschmack beim Garen)
- in Streifen schneiden oder ganz verwenden

zubereiten
- roh
- dünsten (Garzeit ca. 5 Min.)
- anbraten und fertig dünsten
- grillen

- separat warm oder kalt mit Weißbrot servieren
- Salatzugabe

würzen
Salz, Pfeffer, Petersilie, Knoblauch, Zitrone

Kaltgericht
- kurz angebratene und fertig gedünstete und erkaltete Austernpilze mit Salz, Pfeffer, Balsamico Essig, Olivenöl verfeinern und Weißbrot servieren (Vorspeise, Beilage)
- als Salatzugabe (z.B. mit Feldsalat und Zwiebeln) bestens geeignet
- Rohkostsalat: geschnittene Austernpilze mit Lauch, Zitronensaft, Salz, Pfeffer, Öl

Warmgericht
- kurz angebratene und fertig gedünstete Austernpilze mit Salz, Pfeffer, Olivenöl verfeinern und Weißbrot servieren
- Zugabe zu Nudelgerichten und (Sahne-)Soßen

Blumen-kohl

vorbereiten
- Blumenkohlröschen vom Strunk abschneiden und waschen
- größere Röschen nochmals teilen

zubereiten
- roh
- bissfest dünsten oder dämpfen (Garzeit: Röschen ca. 10 Min., im Ganzen mit Strunk nach unten ca. 45 Min.)
- für Salate (roh und gedünstet)

- warm oder kalt
- für Auflauf gut geeignet
- für Gemüsesuppen und Eintöpfe gut geeignet

würzen
Salz, Pfeffer, Muskat

Warmgericht
- gedünstete Blumenkohlröschen in Auflaufform geben, würzen, mit Käse bestreuen und im Backofen 10 Min. überbacken lassen
- rohe Blumenkohlröschen in Auflaufform geben, mit Sahne und Brühe etwas aufgießen, würzen und im Backofen bei 180°C ca. 40 Min. braten, nach 20 Min. mit Käse bestreuen
- gedämpfte Blumenkohlröschen als Beilage
- rohe Blumenkohlröschen als Zugabe zu Aufläufen geeignet

Kaltgericht
- gedämpfte Blumenkohlröschen noch heiß mit Salatmarinade und feingeschnittener Zwiebel anmachen, Öl zugeben und ggf. mit Petersilie bestreuen (*vgl. Marinade Seite 128*)
- als Zugabe zu Salaten oder Einlage für klare Suppen geeignet
- roh mit Dip serviert

Blumenkohl sollte sehr fest und knackig sein. Sind die Röschen gelb oder fleckig so ist vom Kauf abzusehen.

Bohnen

vorbereiten

- Bohnen waschen und Stielansatz entfernen und falls nötig abfädeln
- für Bohnensalat in ca. 3 cm große Stücke schneiden

Bei Verwendung von tiefgefrorenen Bohnen ist keine Vorbereitung notwendig.

zubereiten

- dünsten oder
- dämpfen (Garzeit 10-15 Min.)

- kalt als Salat
- warm als Beilage

würzen

Salz, Pfeffer, Bohnenkraut, ...

Warmgericht

- gedünstete Bohnen verfeinern mit Butter, Knoblauch, Zwiebeln, Bohnenkraut, ggf. gebratenem Speck (Beilage) und würzen

Kaltgericht

- ¾ kg gedämpfte oder gedünstete noch warme Bohnen mit fein geschnittener Zwiebel und heißer Salatmarinade mischen, Öl zugeben, mit Petersilie oder Bohnenkraut verfeinern (Salat) *(vgl. Marinade Seite 128)*.

Brokkoli siehe Blumenkohl *(vgl. Seite 101)*

Die Blütenknospen sollten geschlossen sein und keinen Gelbstich aufweisen. Sehr lecker sind die Stiele, die allerdings geschält werden müssen. Die kleinen Brokkoliblätter sind äußerst schmackhaft und können gut verwendet werden.

Champignons

vorbereiten
- putzen und abreiben (nicht waschen, sie ziehen sonst Wasser und verlieren an Aroma und Geschmack beim Garen)
- in Scheiben schneiden oder kleinere Pilze ganz verwenden

zubereiten
- anbraten und fertig dünsten (Garzeit 10-15 Min.)
- braten

- kalt- als Salatzugabe bestens geeignet
- warm - Beilage mit gedünsteten Zwiebeln oder Lauch
- Soßeneinlage
- Rahmsoßen

würzen
Salz und Pfeffer während des Bratens oder Dünstens, Petersilie, andere Kräuter, ...

Warmgericht
- 500 g geschnittene Champignons und 2 kleingeschnittene Zwiebeln anbraten, würzen, mit ½ l Brühe aufgießen und ⅛ l Sahne verfeinern, ausreichend Petersilie zugeben (kann auch als Hauptgericht mit Semmelknödel serviert werden)
- kurz angebratene und fertig gedünstete Champignons mit Zwiebeln und Salz, Pfeffer, Olivenöl verfeinert als Beilage servieren

Kaltgericht
- kurz angebratene und fertig gedünstete Champignons mit Zwiebeln und Salz, Pfeffer, Olivenöl verfeinern; dazu Weißbrot servieren (Vorspeise)
- gebraten und roh auch als Salatzugabe zu empfehlen

Pilzgerichte kann man aufwärmen, sofern sie nach dem Garen sofort in den Kühlschrank gestellt und dort gelagert werden. Bei Zimmertemperatur zersetzt sich das Pilzeiweiß und wird unbekömmlich. Beim Erwärmen die Pilzspeise gut durchkochen lassen.

Chicorée

vorbereiten

- äußere Blätter entfernen
- unter fließendem Wasser waschen
- Chicorée der Länge nach halbieren und bitteren Strunk kegelförmig herausschneiden

- für Salat in Streifen schneiden, zum Dünsten ganz lassen oder Blätter im Ganzen verwenden

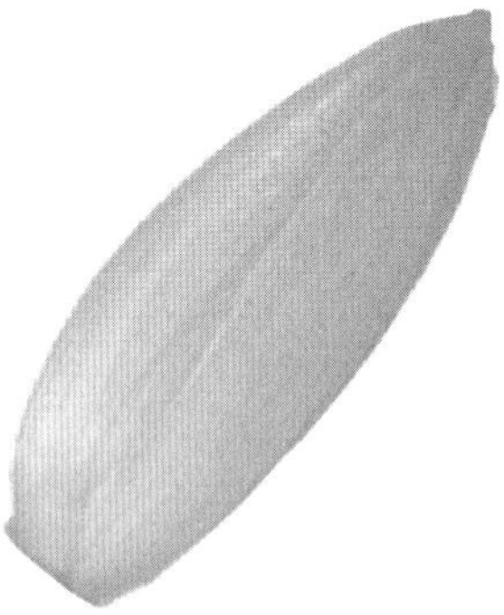

zubereiten

- roh
- blanchiert oder
- gedünstet (Garzeit im Ganzen ca. 20 Min.)

- warm oder kalt
- für Auflauf gut geeignet
- für Gemüsesuppen gut geeignet

würzen

Salz, Zucker (Honig), Zitronensaft

Kaltgericht

- roh: in Streifen geschnittenen Chicorée als Salat (z.B. mit Obst wie Orangen, Mandarinen oder geriebenen Äpfeln) vorbereiten und Salatmarinade mit Joghurt oder Rahm herstellen; Zitronensaft verhindert Färbung des Chicorée
- Blätter sind hervorragend zum Garnieren von Gerichten geeignet

Warmgericht

- ¾ kg halbierter und vom Strunk befreiter Chicorée ggf. mit Tomatenmark dünsten (ca. 15 Min.), mit Sahne und Zitronensaft verfeinern, ggf. mit Käse überbacken oder mit Schmelzkäse die Soße verfeinern

Je blasser der Chicorée ist umso milder schmeckt er, die Bitterstoffe sind vor allem im Strunk und in den dunklen Blättern enthalten. Deshalb ggf. die dunklen Blattspitzen entfernen. Die Bitterstoffe wirken sich allerdings gut auf die Verdauung aus.

Chinakohl

- wie Chicorée zu verwenden
- Salat wohlschmeckend auch mit Essig/Öl Dressing ohne Obst
- weniger Bitterstoffe als Chicorée
- ganze Blätter für gedünstete Gemüsegerichte und Suppen geeignet

Erbsen

vorbereiten

- waschen

Bei Verwendung von tiefgefrorenen Erbsen ist keine Vorbereitung notwendig.

zubereiten

- dünsten oder
- dämpfen (Garzeit ca. 10 Min.)

- warm als Beilage ggf. auch mit anderem Gemüse wie z.B. Karotten
- kalt als Salat
- für Gemüsesuppen und Eintöpfe geeignet

würzen

Salz, Pfeffer, Kräuter, ...

Warmgericht

- verfeinern mit Butter, Knoblauch, Zwiebeln (Beilage)

Kaltgericht

- gedämpfte oder gedünstete Erbsen als Salat mit Zwiebeln, Essig und Öl *(vgl. Marinade Seite 128)*.
- als Zugabe zu Salaten

Fenchel

vorbereiten

- das Grün am Knollenansatz wegschneiden
- kleine grüne Blätter zum Garnieren verwenden
- vom Wurzelansatz ca. 3 mm abschneiden.
- die äußeren beschädigten oder verfärbten Schichten entfernen
- die Knolle je nach Verwendung in dünne (für Salate) oder dicke (zum Dünsten) Streifen schneiden
- die einzelnen Schichten können auch gelöst und im Ganzen gedünstet werden

zubereiten

- roh
- dünsten (Garzeit je nach Größe ca. 3–10 Min.)
- anbraten und fertig dünsten

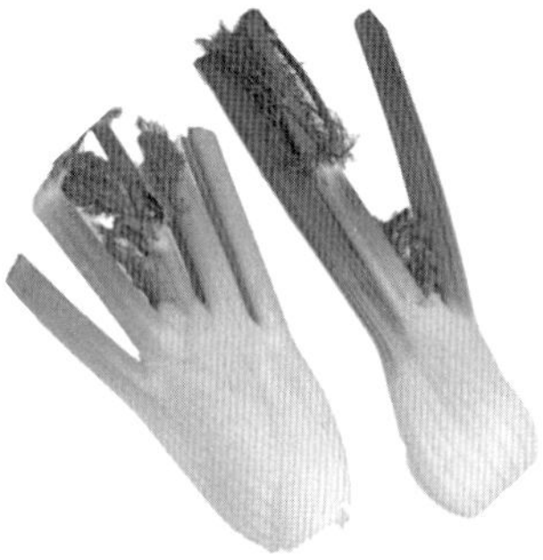

- roh als Salat oder Salatzugabe
- warm als Beilage
- für Gemüsesuppen geeignet
- Wurzelwerk für Braten

würzen

Salz, Zitronensaft, Pfeffer, ...

Warmgericht

- ¾ kg Fenchel ca. 20 Min. dünsten, Salz und Zitronensaft zugeben, verfeinern mit Butter, Tomatenmark, gerösteten Semmelbröseln oder Kernen, ggf. mit Parmesan überbacken

Kaltgericht

- Fenchel fein schneiden, mit Zitronensaft beträufeln, durchziehen lassen
- oder mit Salatmarinade beliebiger Art anmachen und mind. 20 Min. ziehen lassen, nach Belieben gestiftelten Apfel beimengen

Je kleiner die Fenchelknolle, umso besser der Geschmack. Sie hat viele Vitamine und ein würziges Aroma.

Karotten, Möhren, gelbe Rüben

vorbereiten
- waschen, trocken tupfen, falls gewünscht schälen
- in Scheiben hobeln oder als Stifte schneiden und falls gewünscht anschließend würfeln
- für Rohkostsalat raspeln

zubereiten
- roh im Ganzen, gestiftelt oder geraspelt
- dünsten oder dämpfen (Garzeit je nach Größe 3-10 Min.)
- anbraten und fertig dünsten

- Rohkost, Rohkostsalat
- warme Beilage
- Soßeneinlage und Wurzelwerk für Braten
- für Gemüsesuppen und Eintöpfe bestens geeignet

würzen
- Salz während des Bratens oder Dünstens
- beim Anbraten mit Honig/Zucker karamellisieren
- Zitronensaft, Kräuter (Petersilie, Schnittlauch, ...)

Kaltgericht
- roh in Streifen geschnitten mit Dip
- ½ kg Karotten roh geraspelt z.B. nur mit Zucker gewürzt
- ½ kg Karotten roh geraspelt ggf. mit 1 TL geriebenem Meerrettich vermengt und Salatmarinade mit süßem Rahm oder Joghurt, ggf. mit Senf und Petersilie abschmecken
- zu den rohen geraspelten Karotten können auch geraspelte Äpfel hinzugegeben werden (um Braunfärbung zu vermeiden rasch mit Salatmarinade oder Zitronensaft vermengen)
- ¾ kg Karotten in Butter und Honig dünsten, anschließend mit Zitronensaft, Olivenöl, Petersilie abschmecken und mit etwas Essig marinieren

Warmgericht
- ¾ kg Karotten in Butter dünsten, mit Sahne und Petersilie verfeinern (Garzeit ca. 5-15 Min. je nach Größe)
- Karottenstifte dünsten oder blanchieren und mit Olivenöl, ggf. Zitronensaft/Essig und verschiedenen Kräutern (Petersilie, Thymian, Rosmarin, ...) verfeinern
- gedünstete Karottenstifte warm in Parmesan schwenken

Das Vitamin A der Karotten ist für den Körper nur mit Aufnahme von Fett verwertbar.

Kartoffeln
(siehe auch Kartoffeln Seite 53 und Rezepte Seite 137)

vorbereiten
- waschen, falls gewünscht schälen
- je nach Zubereitung im Ganzen verwenden, halbieren oder in Scheiben hobeln

zubereiten
- dünsten oder dämpfen (Garzeit 30-45 Min.)
- braten

- Salat
- warme Beilage
- Kartoffelbrei, -gratin, -plätzchen, -knödel
- Bratkartoffeln, Pommes
- für Gemüsesuppen, Aufläufe, Eintöpfe bestens geeignet

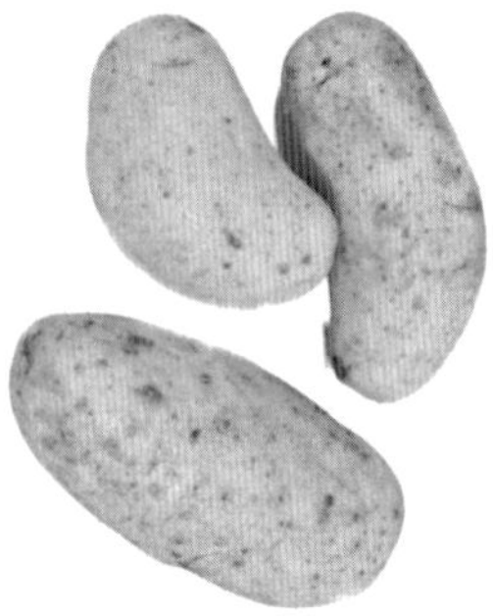

würzen
Salz, Pfeffer, Thymian, Rosmarin, Petersilie, Kümmel, Muskatnuss, ...

Kaltgericht
- Salat: mit Salatmarinade und fein geschnittenen Zwiebeln *(siehe Rezept Kartoffelsalat Seite 140).*

Warmgericht
- 1 kg Kartoffeln gedämpft (ca. 45 Min.) warm mit Butter und/oder Petersilie
- gebraten mit Sahne oder Creme Fraiche (z.B. Gratin: gehobelte, gesalzene, rohe Kartoffeln mit Sahne oder Creme Fraiche vermengen und im Backofen braten wie Seite 143 beschrieben)
- gedämpft mit Milch für Kartoffelbrei (Seite 138)

Bratkartoffeln (Seite 139) und Kartoffelsalat (Seite 140) gelingen am besten mit bereits erkalteten, am Vortag gekochten, Kartoffeln.

Nimmt man frisch gekochte, ausgekühlte Kartoffeln so werden Bratkartoffeln und Kartoffelsalat „breiig".

Knollen-sellerie

vorbereiten

- waschen, Wurzeln abschneiden und gut schälen
- je nach Zubereitung in Würfel schneiden oder in Scheiben grob oder fein schneiden
- für Rohkost raspeln

zubereiten

- roh
- dünsten oder dämpfen (Garzeit je nach Größe 10 – 30 Min.)
- braten

- Rohkostsalat
- Salat mit gedünstetem Sellerie
- warme Beilage
- Geschmackszutat für Braten (Wurzelwerk)
- für Gemüsesuppen, Aufläufe, Eintöpfe geeignet, ...

würzen

Salz, Zitronensaft

Kaltgericht

- Rohkost: 1 Knolle raspeln, sofort mit ⅛ l Rahm oder Joghurt und Zitronensaft vermengen (Verfärbung vermeiden), 3 – 4 saftige Äpfel raspeln, ggf. Nüsse oder Mandeln gestiftelt hinzugeben, mit Essig, Salz und Zucker abschmecken, ggf. mit Worcestersoße verfeinern
- Salat (gedünstet): 1 Knolle weich dämpfen, kalt überbrausen, schälen und in Scheiben schneiden, oder bereits in Scheiben geschnittenen geschälten Sellerie mit etwas Zitronensaft dämpfen, den noch warmen Sellerie z.B. grob würfeln mit fein geschnittener Zwiebel vermengen und heißer Salatmarinade übergießen (Seite 128), Öl zugeben und lange (am besten über Nacht durchziehen lassen), mit Salz und Pfeffer abschmecken, öfter mit Marinade übergießen. Salat kann auch mit Apfelstücken angereichert werden.

Warmgericht

- Sellerie in Scheiben oder Würfel schneiden und mit Zitronensaft anbraten oder dünsten; falls gewünscht Zwiebeln vorher mit dünsten; mit Butter, Rahm, Schmelzkäsesoße anreichern und mit Salz abschmecken; mit Petersilie bestreuen
- rohen Sellerie in dünne Scheiben hobeln, mit Zitronensaft, Olivenöl und Salz durchmengen; im Backrohr bei 200 °C ca. 20 Min. braten, nochmals mit wenig Zitronensaft beträufeln, kalt oder warm servieren
- Selleriescheiben paniert und gebraten

Sellerie ist sehr allergen und deshalb für Allergiker mit Vorsicht zu genießen. Junge kleine Knollen schmecken am besten.

Kohlrabi

vorbereiten
- waschen und gut schälen
- holzige Teile wegschneiden
- je nach Zubereitung in Würfel oder in Scheiben grob oder fein schneiden

zubereiten
- roh
- dünsten oder dämpfen (Garzeit je nach Größe 5–20 Min.)
- braten

- Rohkost
- warme Beilage
- für Gemüsesuppen, Aufläufe, Eintöpfe geeignet

würzen
Salz, Zucker, Kräuter, ...

Kaltgericht
- Rohkost: mit Dip reichen
- Carpaccio: 1 Stück Kohlrabi roh in dünne Scheiben hobeln, salzen und zuckern, mit Parmaschinken, Ruccola und Parmesan schön anrichten und mit Olivenöl, Balsamico Essig, Salz und Pfeffer marinieren bzw. würzen; etwas ziehen lassen
- Carpaccio: 1 Stück Kohlrabi roh in dünne Scheiben hobeln, salzen und zuckern, mit gehobelten Birnenscheiben abwechselnd schön auf einer Platte anrichten, mit ggf. Ruccola und gehobelten Parmesanscheibchen anreichern und mit etwas Olivenöl, Balsamico Essig marinieren; ziehen lassen

Warmgericht
- 4 Stück Kohlrabi in Scheiben schneiden und würfeln, in Butter andünsten, mit Salz, Rahm oder Milch verfeinern (Garzeit 20–30 Min.)
- gedünsteter und mit Rahm verfeinerter Kohlrabi kann auch gut püriert angeboten werden

Kleinere runde Kohlrabis sind weniger holzig, geschmacklich intensiver und deshalb den großen Knollen vorzuziehen.

Kürbis

vorbereiten

- waschen, zerteilen, aushöhlen oder Schale wegschneiden, Kerne und weiche Teile entfernen
- je nach Zubereitung in Würfel oder in Scheiben grob oder fein schneiden

zubereiten

- dünsten oder dämpfen
- braten (Garzeit ca. 45 Min.)

- für Gemüsesuppen, Aufläufe, Eintöpfe geeignet
- Scheiben oder Stücke im Backofen braten

würzen

Salz, Ingwer, Knoblauch, Pfeffer, ...

Warmgericht

- Kürbis mit Zwiebeln in Butter andünsten; mit frisch gepresstem Knoblauch und Rahm verfeinern

oder

- Hokkaido achteln, Kerne und weiches Fruchtfleisch entfernen, mit Knoblauch und Olivenöl bestreichen, salzen, pfeffern, mit Speck/gehobelten Zwiebeln/Käse belegen und im Backrohr bei 200 °C ca. 30–45 Min. braten.
- Schlangenkürbis in 1 cm dicke Scheiben schneiden und wie bei Hokkaidokürbis beschrieben weiter verfahren

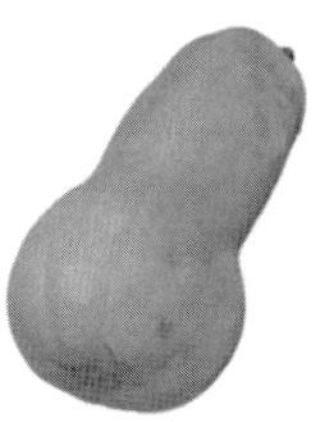

Hokkaido- und Schlangenkürbis müssen nicht geschält werden. Nicht alle Kürbissorten sind essbar, deshalb erkundigen Sie sich beim Kauf.

Mais

vorbereiten
waschen

zubereiten
- dünsten oder dämpfen (Garzeit ca. 20 Min.)
- braten
- grillen

- warme Beilage
- für Gemüsesuppen, Aufläufe, Eintöpfe geeignet,...

würzen
Salz, Zucker

Kaltgericht
- Mais vom Kolben nach dem Koch-, Brat- oder Dampfvorgang mit Gabel lösen
- Salatzugabe

Warmgericht
- warm: mit Butter, Salz und Zucker abschmecken

Mangold

vorbereiten
- Mangoldblätter vom Stiel entfernen und gründlich waschen
- grob zerkleinern (dicke grobe Stiele schmecken nicht so gut)

zubereiten
- blanchieren
- dünsten (Stiele länger dünsten als Blätter, Garzeit Blätter ca. 3 Min., Stiele ca. bis 5-8 Min.

- warm als Beilage
- kaltes Gemüsegericht
- für Gemüsesuppen geeignet
- für Aufläufe geeignet

würzen
Salz, Pfeffer, Zucker/Honig, Knoblauch

Warmgericht
- mit Zwiebeln und Knoblauch dünsten (ca. 20 Min.), verfeinern mit Butter,
- falls gewünscht pürieren
- als Zugabe zu Nudelgerichten, Aufläufen, Lasagne bestens geeignet

Mangoldstiele können extra zubereitet werden.

Paprika-schoten

vorbereiten
- Paprikaschoten waschen, Stielansatz entfernen, von Zwischenrippen und Samenkernen befreien

zubereiten
- roh
- dünsten (Garzeit ca. 5–10 Min.)
- anbraten und fertig dünsten

- warm als Beilage
- kaltes Gemüsegericht
- in Streifen geschnitten als Salatzugabe

würzen
Salz, Pfeffer

Warmgericht
- geviertelt mit Zwiebeln und Knoblauch dünsten, verfeinern mit Butter (Garzeit ca. 20 Min.)
- gefüllte Paprika (siehe Rezept Seite 186)

Kaltgericht
- mit Zwiebeln und Knoblauch anbraten oder dünsten, mit Olivenöl verfeinern und Weißbrot servieren
- geviertelt 20-40 Min. im Backofen bei 200 °C offen braten, anschließend würzen, mit Olivenöl beträufeln, erkalten lassen und als Vorspeise servieren.

Paprikaschoten enthalten viel Vitamin C. Der Vitamingehalt roter Schoten ist höher.

Lauch

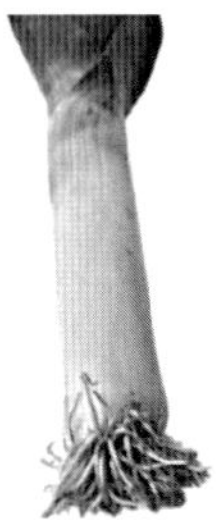

vorbereiten

- Lauch putzen, Wurzel und dunkelgrüne Teile entfernen, äußere Schichten bei Verfärbung oder Beschädigung entfernen
- gründlich waschen (ggf. vorher der Länge nach halbieren und Schichten gut durchspülen)
- in Scheiben oder Streifen je nach Wunsch schneiden

zubereiten

- roh
- dünsten (Garzeit je nach Größe ca. 5–15 Min.) oder
- anbraten und fertig dünsten
  (schmeckt am besten, wenn er nicht zu weich gegart ist)

- warm als Beilage
- kaltes Gemüsegericht oder Salat
- Zugabe roh oder gedünstet zu verschiedenen Gerichten
- Zugabe zu Braten (Wurzelwerk)
- für Gemüsesuppen, Eintöpfe bestens geeignet

würzen

Salz, Pfeffer, Zucker (Honig)

Warmgericht

- in Ringe oder Stifte geschnittenen Lauch dünsten und mit Butter oder Rahm verfeinern
- Zugabe zu vielen anderen gedünsteten Gemüsegerichten (peppt Gemüsegerichte sowohl geschmacklich als auch optisch auf)
- Quiche (Gemüsekuchen)

Kaltgericht

- gedünsteten Lauch mit heißer Salatmarinade übergießen, Öl zugeben und über Nacht stehen lassen

Radieschen

vorbereiten
- Radieschen waschen, Blätter und Wurzel abschneiden
- in Scheiben oder Streifen je nach Verwendung schneiden oder raspeln
- schälen

zubereiten
- roh

- kalter Salat
- zur Garnierung
- im Ganzen zu genießen

würzen
Salz

Kaltgericht
- gehobelte Radieschen salzen und 10 Min. stehen lassen
- kleingeschnittene oder gehobelte Radieschen mit Rahmmarinade (Seite 135) verfeinern

Rettich

vorbereiten
- Rettich waschen, Blätter und kleine Wurzel abschneiden
- in Scheiben oder Streifen der Länge nach je nach Verwendung schneiden oder raspeln

zubereiten
- roh

- kalter Salat
- zur Garnierung

würzen
Salz

Kaltgericht
- in Scheiben geschnittenen Rettich salzen und 10 Min. stehen lassen, mit Butter und Brot servieren
- als Salat mit Rahmmarinade *(vgl. Seite 135)* verfeinern

Rosenkohl

vorbereiten
- Rosenkohl putzen und waschen
- äußere harte und ggf. verfärbte Blätter wenn nötig entfernen
- Strunk vor dem Garen kreuzweise einschneiden, Bitterstoffe können so entweichen

zubereiten
- roh
- gedünstet (Garzeit ca. 10–20 Min.)
- anbraten und fertig dünsten

- Salat
- warme Beilage

würzen
Salz, Zucker/Honig, Muskat

Warmgericht
- dünsten, verfeinern mit Butter oder Rahm

Kaltgericht
- roher Salat: Rosenkohl 10 Min. in kaltes Salzwasser einlegen fein schneiden, mit fein geschnittener Zwiebel vermengen, Salatmarinade *(vgl. Seite 135)*
- gedünsteter Salat: gedünsteten geschnittenen Rosenkohl mit fein geschnittener Zwiebel und Salatmarinade mischen, abschmecken und Öl zugeben, gut durchziehen lassen und mehrmals mit Marinade begießen *(vgl. Seite 128)*

Wintergemüse, welches durch den ersten Frost bekömmlicher wird. Rosenkohl verliert schnell Aroma und Vitamine und sollte deshalb nicht länger als 2 Tage aufbewahrt werden. Sehr vitaminreiches Gemüse.

Rote Beete

Rote Rüben

vorbereiten
- Rote Beete waschen
- Wurzel- und Blattansatz vor Weiterverarbeitung nicht abschneiden, da das Gemüse sonst ausblutet und an Geschmack verliert

zubereiten
- roh: Stielansatz und Wurzelspitze abschneiden schälen und raspeln
- dämpfen (Garzeit ca. 20 Min.): nach dem Dampfvorgang Schale abziehen (löst sich sehr leicht) und in Scheiben hobeln oder raspeln

- Salat
- Suppe

würzen
Salz, Meerrettich, Zucker

Warmgericht
- pürieren für Suppe, verfeinern mit Rahm und Meerrettich

Kaltgericht
- roher Salat: ca. ½ kg gehobelte oder geraspelte Rote Beete und 2 geschälte geraspelte Äpfel mit Salatmarinade (Seite 135) anmachen; mit Kümmel, Meerrettich, feingeschnittenen Zwiebeln abschmecken, ggf. mit gehackten Mandeln oder Nüssen verfeinern
- Salat mit gedämpften Roten Beeten: Rote Beete hobeln und wie rohen Salat (ohne Äpfel) verfeinern und marinieren
- Carpaccio: gedämpfte Rote Beete fein hobeln und auf Platte anrichten, salzen und zuckern, etwas ziehen lassen, kleine Stücke Ziegenfrischkäse drauf legen, Sonnenblumenkerne oder Walnusskerne darüber streuen, mit etwas Balsamico und Olivenöl verfeinern

Kleinere junge Rote Beete sind geschmacklich besser als die großen Knollen. Nach dem Einkauf dämpfe ich diese sofort. Gegart sind Rote Beete im Kühlschrank eine Woche haltbar.

Rotkohl

Blaukraut

vorbereiten
- Rotkohl putzen
- äußere Blätter entfernen
- halbieren, fein hobeln und Strunk entfernen

zubereiten
- roh
- gedünstet

- Salat
- Beilage

würzen
Salz, Zucker, Zwiebeln, Äpfel

Warmgericht
- Beilage *(siehe Rotkohl, Blaukraut Seite 131)*

Kaltgericht
- roher Salat: ½ kg gehobelter Rotkohl lagenweise salzen und mindestens ½ Stunde durchziehen lassen; danach mit kochendem ⅛-¼ l Essigwasser überbrühen, durchziehen lassen und abseihen,
  mit kleingeschnittenen Zwiebeln und 2 geschälten geraspelten Äpfeln und 2-3 EL Öl mischen, abschmecken und noch gut durchziehen lassen.

Kleinere junge Rotkohlköpfe sind geschmacklich intensiver. Die Blätterstiele sind dünner und schmackhafter.

Salatgurke

vorbereiten

- Gurken waschen und falls gewünscht dünn schälen (geschält wird von der Blüte zum Stielende, um das Ausbreiten der Bitterstoffe im Stiel über die Gurke zu verhindern)

zubereiten

- roh
- dünsten (Garzeit 10 Min.)

- Salat
- Beilage
- Salatzugabe
- Hauptgericht (z.B. mit Hackfleisch gefüllt und Käse überbacken)

würzen

Salz, Zucker, Dill

Kaltgericht

- Gurken fein hobeln (ohne Stiel)
- kurz vor dem Anrichten mit Salatmarinade und Kräutern *(Seite 135)* anmachen

Warmgericht

- 1 kg Gurke der Länge nach halbieren und von Kernen und weichen Teilen befreien; in kleinfingergroße gleichmäßige Stücke schneiden; leicht salzen und mit Zitronensaft beträufeln, etwas ziehen lassen; in Butter bei mäßiger Hitze mit eigenem Saft zugedeckt 20 – 30 Min. garen; mit Rahm verfeinern und abschmecken (Salz, Dill)

Geschnittene Gurken **nicht** vorab salzen, ziehen lassen und dann ausdrücken. So gehen die wertvollsten Inhaltsstoffe der Gurke verloren und sie ist schwerer verdaulich!

Spargel

vorbereiten
- Spargel waschen
- weißen Spargel vom Kopf ab sorgsam schälen
- grünen Spargel nur den unteren Stiel schälen

zubereiten
- dünsten (Garzeit ca. 15–20 Min.)
- kochen

- Salat
- Beilage
- Salatzugabe

würzen
Salz, Zucker

Kaltgericht
- Spargelsalat: 1 kg Stangenspargel mit Salz und einer Prise Zucker weich kochen oder dünsten (20–35 Min.) Spargel kann vor oder nach dem Garen in 4 cm lange Stücke geschnitten werden, mit Salatmarinade *(Seite 128)* durchmischen, Öl zugeben und durchziehen lassen

Warmgericht
- 1 kg Stangenspargel mit Salz und einer Prise Zucker weich kochen oder dünsten (20–35 Min.), wird Spargel gedünstet dauert der Garprozess etwas länger, ab und zu vorsichtig umrühren; mit zerlassener Butter oder Soße Hollandaise oder Petersilienbutter servieren

Spargel muss sorgfältig geschält werden, ansonsten ist er faserig.

Spinat

vorbereiten

- Spinat verlesen, falls nötig (bei großen groben Stielen) vom Stiel entfernen und gründlich waschen, abtropfen lassen

zubereiten

- dünsten

- warm als Beilage
- kaltes Gemüsegericht
- für Gemüsesuppen geeignet
- für Aufläufe geeignet
- Nudelsoßen, Brotaufstriche

würzen

Salz, Pfeffer, Zucker, Knoblauch

Warmgericht

- 1 kg Spinat mit 1 feingeschnittenen Zwiebel und 1-2 geschnittenen Knoblauchzehen dünsten, mit Butter verfeinern, mit Salz abschmecken; falls gewünscht pürieren (Garzeit ca. 10 Min.); als Zugabe zu Nudelgerichten, Aufläufen, Lasagne bestens geeignet (passend hierzu Pinien-, Sonnenblumenkerne)

Kaltgericht

- 1 kg Spinat mit 2 feingeschnittenen Zwiebeln und 2 gepressten Zehen Knoblauch dünsten, verfeinern mit Öl, abschmecken mit Salz (falls gewünscht kann alles auch püriert werden)
- Spinat kann z.B. mit Ziegenfrischkäse vermengt werden (leckere Füllung für Crêpes)
- Brotaufstrich: 200 g gedünsteter pürierter Spinat mit Salz und Cayennepfeffer gewürzt mit Sardellen pürieren (Ergebnis: ein schöner leckerer würziger Brotaufstrich)

Spitzkohl wie Weißkohl *(vgl. Seite 124)* zu verwenden

Stauden-sellerie Stangen-sellerie	**vorbereiten** • Wurzeln und Blätter entfernen, bei großen Stängeln grobe Faser abziehen, waschen und in Stücke schneiden **zubereiten** • dünsten (Garzeit ca. 10-20 Min.) • anbraten und fertig dünsten • warm als Beilage • als Zugabe für Schmorbraten (z.B. Kalbshaxe) bestens geeignet **würzen** Salz, Pfeffer, Tomatenmark **Warmgericht** • ¾ kg Stangensellerie in Butter unter Zugabe von Zitronensaft dünsten, mit Tomatenmark und ggf. Rahm verfeinern, mit Salz abschmecken (Garzeit ca. 20 Min.)

Tomaten

vorbereiten

- Tomaten waschen und je nach Verwendung ganz lassen oder vierteln, achteln, würfeln oder in Scheiben schneiden
- grüne Stellen am Stielansatz wegschneiden

zubereiten

- roh
- dünsten

- roh als Salat, Salatzugabe und Brotauflage
- warm als Beilage
- als Zugabe (ggf. enthäutet - siehe unten - oder passiert) für Soßen bestens geeignet

würzen

Salz, Zucker, Basilikum, Petersilie

Kaltgericht

- Salat: Tomaten in Scheiben schneiden, Stielansatz entfernen, schuppenförmig mit feingeschnittenen Zwiebeln oder feinen Zwiebelringen anrichten, mit Salatmarinade übergießen, mit Kräutern bestreuen und anrichten (alternativ mit Mozzarellascheiben belegen, salzen und pfeffern, zerrupften Basilikum darüber streuen, Olivenöl und Balsamico Essig vorsichtig darüber träufeln)
- Tomatenstücke können in Blatt- oder Gurkensalat als Zugabe untergemengt werden

Warmgericht

- 1 kg Tomaten enthäuten (siehe unten)
  Fett in flacher Form zerlassen, Tomaten einsetzen und leicht salzen, zugedeckt bei mäßiger Temperatur ca. 10-15 Min. dünsten, zum Schluss falls gewünscht mit Käse bestreuen und überbacken, mit Petersilie bestreuen (kann auch sehr gut in der Backröhre zubereitet werden)
- Oder: enthäutete halbierte Tomaten in Auflaufform geben, mit Puderzucker bestäuben, Öl und Rosmarin darüber geben, ca. 1 Std. bei 100 °C in den Backofen geben (Beilage, Vorspeise)

Sind die Tomaten nicht ausreichend süß, so kann mit Zucker ein süßes Aroma erreicht werden.

Tomaten häuten:

1. Stielansatz der Tomaten herausschneiden
2. gegenüberliegende Seiten kreuzweise einschneiden
3. Tomaten 1-2 Min. in heißes Wasser legen
4. Haut vorsichtig abziehen

Weißkohl

Weißkraut

(siehe Rezept Sauerkraut Seite 132)

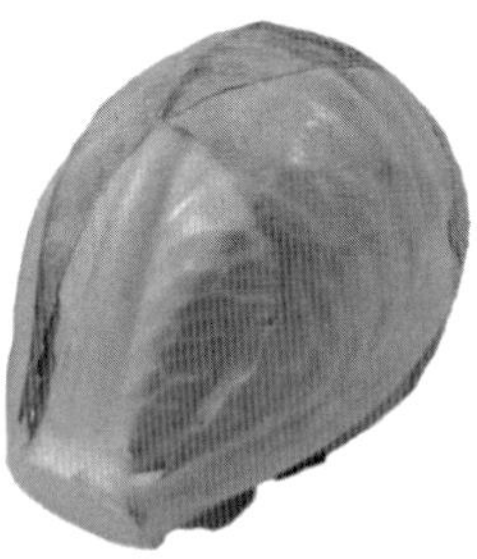

vorbereiten

- Weißkohl putzen
- äußere Blätter entfernen
- halbieren, fein hobeln und Strunk entfernen

zubereiten

- roh
- gedünstet (Garzeit ca. 5–15 Min. je nach Größe)

- Salat
- Beilage
- für Gemüsesuppen und Eintöpfe gut geeignet

würzen

Salz, Zucker, Zwiebeln, Äpfel, Kümmel, Majoran, Zitronenschale

Warmgericht

- Zucker in Fett leicht bräunen, feingeschnittene Zwiebel und Kümmel zugeben, Kraut zugeben und gut durchdünsten, etwas Essig, Wein mit der Flüssigkeit zugeben (Garzeit ca. 20-45 Min.)

Kaltgericht

- roher Salat: ½ kg fein gehobelter Weißkohl lagenweise salzen und mindestens ½ Stunde durchziehen lassen; mit kochendem ⅛-¼ l Essigwasser überbrühen, durchziehen lassen und abseihen; mit kleingeschnittenen Zwiebeln und/oder leicht angebratenem Speck gut durchmischen; mit heißer Salatmarinade und Öl gut durchmischen und ziehen lassen *(vgl Seite 128)*

Kleinere junge Weißkohlköpfe sind geschmacklich intensiver. Die Blätterstiele sind dünner und schmackhafter.

Wirsing

vorbereiten
- Wirsing putzen
- Strunk und sehr dicke Blattrippen entfernen
- waschen und achteln oder in breite Streifen schneiden

zubereiten
- dünsten (Garzeit ca. 15-25 Min.)

- Beilage
- für Gemüsesuppen gut geeignet

würzen
Salz, Muskat, Curry, Paprika, Thymian, Schnittlauch

Warmgericht
- Zwiebeln in Fett leicht andünsten, Wirsing zugeben und dünsten, würzen, mit Brühe, Wasser oder Wein aufgießen und fertig dünsten, ggf. mit Rahm verfeinern
- als Zugabe zu Nudelgerichten, Aufläufen, Lasagne bestens geeignet

Zucchini

vorbereiten
- waschen, trocken reiben und Stielansatz entfernen
- quer oder der Länge nach in ca. ½ cm dicke Scheiben schneiden

zubereiten
- roh
- braten
- anbraten und fertig dünsten

- kalt oder warm servieren
- für Suppen gut geeignet
- Beilage, Vorspeise, Hauptgericht (z.B. mit Hackfleisch gefüllt und Käse überbacken)

würzen
Salz, Pfeffer, Zucker (Honig), Knoblauch, Zitrone

Kaltgericht
- gebratene Zucchinischeiben auf Servierplatte anrichten mit Salz, Pfeffer, Olivenöl, Balsamico Essig und Knoblauch fein geschnitten würzen und verfeinern, etwas ziehen lassen

Warmgericht
- Zwiebeln in Fett leicht andünsten, grob geschnittene Zucchini zugeben und dünsten, würzen, mit etwas Brühe, Wasser oder Wein aufgießen, ggf. mit Rahm verfeinern

Zucker-schoten

wie Bohnen (vgl. Seite 102) zu verwenden

Zwiebeln
Schalotten

vorbereiten

- schälen, fein schneiden *(vgl. Zwiebel klein schneiden Seite 127)*, hobeln oder vierteln je nach Verwendung

zubereiten

- roh
- dünsten
- anbraten oder anbraten und fertig dünsten
- kalt oder warm servieren
- für Suppen und Soßen gut geeignet
- ideale Grundzutat für alle gedünsteten Gemüsearten
- Salatzugabe
- Beilage, Vorspeise

würzen
Salz, Pfeffer, Paprika, Zucker (Honig)

Kaltgericht

- ½ kg Zwiebeln ggf. vierteln und in etwas Fett andünsten
- wenig Flüssigkeit, 2-4 TL Honig und ggf. 2 EL Rosinen zugeben und fertig dünsten
- salzen und abschmecken

Warmgericht

- ½ kg Zwiebeln in Ringe hobeln und andünsten, Paprika darüber streuen, salzen; nach Belieben mit Flüssigkeit oder Brühe und/oder Tomatenmark fertig weich dünsten; ggf. mit Zitronensaft und Rahm abschmecken
- Zwiebeln können auch im Ganzen gedünstet und z.B. im Backofen mit Käse überbacken werden
- lecker sind auch in etwas Butter braungebratene und gesalzene Zwiebelringe (als Beilage zu Kartoffelbrei und Spätzle sehr beliebt)

Honig und gedünstete Zwiebeln ist eine gute Kombination. Um ein Tränen der Augen zu vermeiden, kann die geschälte Zwiebel kurz unter fließendes lauwarmes Wasser gehalten werden. Zwiebeln beinhalten viel Vitamin C.
Die Zwiebel gibt vielen Gerichte gute Geschmacksstoffe mit.

Schalotten haben ein feineres, weniger scharfes, eher süßliches und würzigeres Aroma. Sie werden am besten roh verwendet, beim scharfen Anbraten werden sie schal und bitter.

Zwiebeln klein schneiden

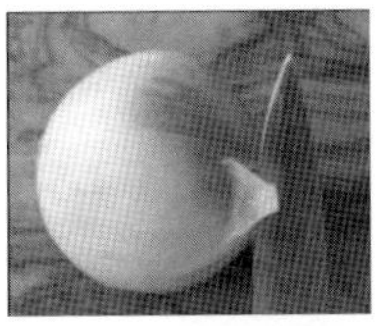

1. schälen

2. halbieren

3. von der Wurzel weg längs in feine Streifen schneiden (Wurzel nicht durchschneiden, sie gibt den Halt für weitere Schneidarbeiten)

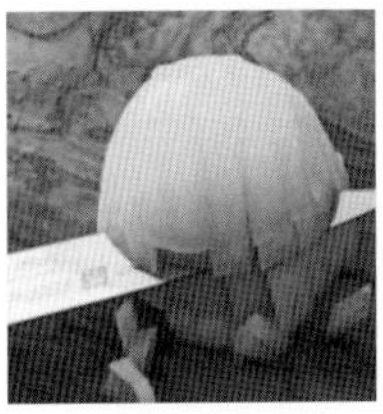

4. Zwiebel 2 mal waagrecht (quer) einschneiden

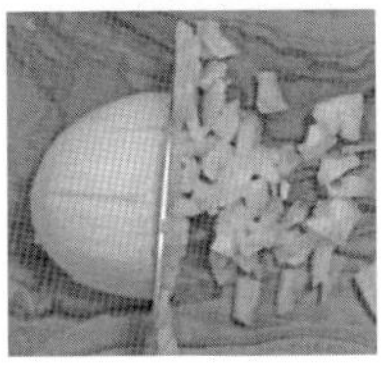

5. Feine Streifen quer von der Vorderseite aus schneiden

Grundrezept Salatmarinade gekochtes Gemüse

Zutaten (4 Personen)

500-750 g	frisches Gemüse nach Wahl
4–6 EL	Essig oder Zitronensaft
⅛–¼ l	heiße Gemüse- oder Fleischbrühe (oder Wasser)
	Salz
	Zucker/Honig
2-3 EL	gutes kaltgepresstes Öl oder Naturjoghurt, Rahm, Mayonnaise
	nach Belieben
1	feingeschnittene Zwiebel
	Kräuter fein gewogen je nach Salatart und Wunsch (z.B. Borretsch, Basilikum, Dill, Estragon, Petersilie, Schnittlauch, Zitronenmelisse, Zwiebelgrün,...)
1 Zehe	Knoblauch gepresst

Arbeitsschritte ca. 10 min

Vorbereitung
- ✓ Gemüse dämpfen oder dünsten

Zubereitung
- ✓ heiße Brühe oder heißes Wasser mit Essig bzw. Zitronensaft, Salz und Zucker und evtl. weitere Geschmackszutaten mischen
- ✓ abschmecken
- ✓ warmes Gemüse zerkleinern und ggf. mit Zwiebeln mischen (Kartoffeln müssen erkaltet sein)
- ✓ heiße Marinade über das warme Gemüse geben und zugedeckt ziehen lassen

Tischfertig machen
- ✓ kurz vor dem Anrichten Öl bzw. Rahm, Joghurt oder Mayonnaise zugeben und nochmals durchmischen
- ✓ Kräuter darüber streuen
- ✓ servieren

Vorbereitetes Gemüse nicht zu weich dämpfen oder dünsten. Gekochte Salate mit Marinade mehrere Stunden (oder über Nacht) durchziehen lassen und kühl stellen. Durch die Zugabe von Öl kurz vor dem Servieren zieht dieser besser durch und schmeckt würziger. Rote Beete, Krautsalat, Selleriesalat können gut auf Vorrat hergestellt werden. Ich bevorzuge Salatmarinaden mit Öl.

Kartoffelsalat: Kartoffeln (am besten vom Vortag) kalt zerkleinern oder durch ein Gitter drücken, fortfahren wie oben beschrieben und kurz vor dem Servieren nochmals mit wenig heißer Brühe oder Wasser übergießen. Kartoffelsalat mit Zwiebeln soll nicht mehrere Tage aufbewahrt werden.

Gemüsesalate entwickeln das beste Aroma, wenn sie nicht zu kalt (also am besten bei Zimmertemperatur) genossen werden.

Bei Erwärmen der Marinade können auch ganze Kräuter hinzugegeben werden und kurz vor dem Untermischen oder Servieren wieder entfernt werden.

Grundrezept Gemüse gedünstet

Zutaten (4 Personen)

750 g– 1 kg	frisches Gemüse nach Wahl und Saison oder Tiefkühlgemüse
30 g	Butter oder Öl
1	Zwiebel (je nach Gemüseart)
	Salz
⅛-¼ l	Flüssigkeit (Wasser oder Brühe)
	nach Belieben
etwas	Zitronensaft
1-2 TL.	Honig/Zucker
	Salz, Pfeffer, Curry, Kümmel, Fenchel, Kurkuma, ...
1 Zehe	Knoblauch (gepresst)
	versch. Kräuter
	süßen Rahm
	Wein

Bunt gemischtes Gemüse kann als Beilage serviert oder in vielerlei Gerichte (Nudeln, Kartoffeln, Reis, ...) untergemengt werden. Gemüsearten mit längerer Garzeit als erstes zugeben oder kleiner schneiden.

Anhaltspunkte für Garzeiten für zerkleinertes bissfestes Gemüse:

Blumenkohlröschen	12 Min.
Bohnen	10 Min.
Chinakohl	5 Min.
Fenchel	10 Min.
Karotten	8 Min.
Kohlrabi	8 Min.
Knollensellerie	10 Min.
Paprikaschoten	6 Min.
Spinat	3 Min.
Wirsing	25 Min.
Kohl	10 Min.
Zucchini	5 Min.

Arbeitsschritte ca. 20 Min

Vorbereitung
- ✓ Zwiebeln schneiden
- ✓ Gemüse waschen, putzen, zerkleinern

Zubereitung
- ✓ Topf oder Pfanne erhitzen
- ✓ Fett zugeben
- ✓ falls gewünscht klein geschnittene Zwiebel glasig dünsten
- ✓ Gemüse zugeben und leicht unter Rühren andünsten (falls keine Zwiebel verwendet wurde, Gemüse sofort in Fett zugeben)
- ✓ falls gewünscht Honig oder Zucker über das Gemüse geben
- ✓ mit wenig Flüssigkeit angießen
- ✓ salzen

weiterer Vorgang und Temperatur
mäßige Temperatur; 10-25 Min. je nach Gemüseart, -alter, -größe und Wunsch

- ✓ im geschlossenen Topf oder Pfanne fertig garen
- ✓ bei Bedarf Zugabe weiterer wenig heißer Flüssigkeit (Tiefkühlgemüse benötigt weniger Flüssigkeit)

Tischfertig machen
- ✓ abschmecken und würzen
- ✓ verfeinern (Kräuter, Butter, Sahne, Öl, ...)
- ✓ servieren

- ✓ ... oder Salat daraus herstellen *(vgl. Salatmarinade Seite 128)*

Schmackhaft ist es, Gemüse bei höheren Temperaturen anzubraten, kurz mit Honig/Zucker zu karamellisieren und dann bei mäßiger Temperatur bissfest fertig zu garen.

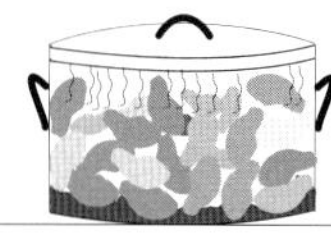

Grundrezept Gemüse gedämpft

Zutaten (4 Personen)		Arbeitsschritte ca. 10 Min
750–1 kg	frisches Gemüse wie Kartoffeln, Rote Beete, Blumenkohl, Rosenkohl, Bohnen, Karotten	**Vorbereitung** ✓ Gemüse waschen, putzen **Zubereitung** ✓ Wasser in Topf oder Pfanne geben ✓ falls vorhanden Sieb einsetzen ✓ Wasser zum Kochen bringen ✓ Gemüse einlegen
⅛-¼ l	Wasser	**weiterer Vorgang und Temperatur** mäßige Temperatur, 10-60 Min. je nach Gemüseart / -alter / -größe und Wunsch
	nach Belieben Salz	Wasser sollte leicht weiter kochen ✓ im geschlossenen Topf oder Pfanne fertig garen ✓ falls notwendig nochmal kochendes Wasser nachgießen

Anhaltspunkte für Garzeiten von Gemüse:

Kartoffeln ganz	45 Min.
Rote Beete ganz	20-30 Min.
Blumenkohlröschen	12 Min.
Rosenkohl	15 Min.
Brokkoliröschen	10 Min.
Fenchel	12 Min.

Ich empfehle mit einem spitzen Messer eine Garprobe zu machen. Ist das Dampfgut weich, so ist es fertig gegart. Abgesehen von den Kartoffeln kann das Gemüse auch bissfest gegart werden.

Rote Beete und Kartoffeln dämpfen ohne Siebeinsatz schneller (große Früchte unten einlegen, *vergl. Kartoffeln dämpfen Seite 137).*

Tischfertig machen
- ✓ abschmecken und würzen
- ✓ verfeinern (Kräuter)
- ✓ ggf. in Butter schwenken oder mit kaltgepresstem Öl anreichern
- ✓ servieren

Rotkohl (Blaukraut)

Zutaten (4 Personen)

750 g–1 kg	Rotkohl
30–40 g	Fett
1 EL	Zucker
1	Zwiebel
2-3	Äpfel
4 EL	Essig
	Salz
¼-⅜ l	Flüssigkeit
	nach Belieben
1	Zwiebel mit
3-4	Nelken besteckt
2-3	Lorbeerblätter
	zum Verbessern
1 Glas	Rotwein
2 EL	Johannisbeergelee

Frischer Rotkohl ist einfach zuzubereiten, enthält viele Vitamine und schmeckt um ein Vielfaches besser als aus der Konserve. Zubereitet eignet er sich gut zur Vorratshaltung, da er gekühlt lange haltbar ist und gut tiefgefroren werden kann.

Das im Rotkohl enthaltene Ascorbigen (Vorstufe von Vitamin C) wird durch das Erhitzen in Vitamin C umgewandelt.

Arbeitsschritte ca. 20 Min

Vorbereitung
- ✓ Kraut putzen, äußere Blätter entfernen und fein hobeln, dabei Strunk entfernen
- ✓ Zwiebel fein schneiden
- ✓ Äpfel schälen und raspeln

Zubereitung
- ✓ Zucker in Fett leicht anbräunen
- ✓ feingeschnittene Zwiebel zugeben
- ✓ geraspelte Äpfel zugeben
- ✓ alles kurz andünsten
- ✓ Blaukraut zugeben
- ✓ sofort Essig darüber gießen (um Farbe zu erhalten)
- ✓ salzen
- ✓ wenig Flüssigkeit zugeben
- ✓ Lorbeerblätter, Nelken zugeben

weiterer Vorgang und Temperatur

mäßige Temperatur, 30-50 Min.

- ✓ im geschlossenen Topf weich dünsten
- ✓ während des Garens ab und zu umrühren

Tischfertig machen
- ✓ abschmecken
- ✓ ggf. Johannisbeergelee zugeben
- ✓ servieren

SAUERKRAUT

ZUTATEN (4 PERSONEN)

750 g	Sauerkraut
30–40 g	Fett
1 EL	Zucker
2-3	Äpfel
	Salz
¼-½ l	Flüssigkeit oder Weißwein
	nach Belieben
1	Zwiebel
etwas	Knoblauch
einige	Wacholderbeeren
1	rohe Kartoffel
	zum Verbessern
1 Glas	Weißwein

Sauerkraut ist mit natürlicher Milchsäuregärung hergestellt und reich an Vitamin C und Mineralstoffen, ein sehr wertvolles und einfach zuzubereitendes Gemüse. Es eignet sich gut für die Vorratshaltung, da es gekühlt lange haltbar ist und gut tiefgefroren werden kann. Soll das Sauerkraut etwas gebunden werden, so kann eine rohe Kartoffel dazu gerieben werden.

ARBEITSSCHRITTE CA. 15 MIN

Vorbereitung
- ✓ ggf. Zwiebel fein schneiden
- ✓ Äpfel schälen und raspeln

Zubereitung
- ✓ Zucker in Fett leicht anbräunen
- ✓ ggf. feingeschnittene Zwiebel und gepressten Knoblauch zugeben
- ✓ geraspelte Äpfel zugeben
- ✓ alles kurz andünsten
- ✓ Kraut aufgelockert zugeben
- ✓ salzen
- ✓ falls gewünscht zum Binden rohe Kartoffel dazu reiben
- ✓ wenig Flüssigkeit zugeben
- ✓ Wacholderbeeren zugeben

weiterer Vorgang und Temperatur
mäßige Temperatur, 30-60 Min.

- ✓ im geschlossenen Topf weich dünsten
- ✓ falls notwendig weiter etwas Flüssigkeit zugeben
- ✓ während des Garens ab und zu umrühren

Tischfertig machen
- ✓ abschmecken
- ✓ servieren

Salate

Tipp 1 — ***Blattsalate sollen immer erst kurz vor dem Servieren mit einem Dressing vermengt werden, ansonsten verlieren sie an Frische und Aussehen.***

Tipp 2 — ***Ein Dressing kann in einem großen Joghurtglas (0,5 l) mit Schraubverschluss vorbereitet werden. So ist es gut zu schütteln und im Kühlschrank 1 Woche haltbar.***

Tipp 3 — ***Kurz vor dem Servieren können Salate mit Kürbis-, Pinien- und/oder Sonnenblumenkernen aufgewertet werden. Besonders gut schmecken Körner, wenn sie vorher in einer beschichteten Pfanne (ohne Fett) kurz angeröstet werden.***

Tipp 4 — ***Die meisten Blattsalate sind Sommersalate und sollten nur in den Sommermonaten verzehrt werden. Endivien- und Feldsalat, Chicorée und Chinakohl können auch in den Wintermonaten serviert werden. Ansonsten sind in den Wintermonaten alle Rohkostsalate aus Kohlgemüse und Sellerie und sonstige Gemüsesalate zu empfehlen.***

Ein hochwertiger Salatkopf ist daran zu erkennen, dass er frei von welken oder braunen Blättern ist. Die Schnittstelle ist nicht braun angelaufen sondern noch feucht.

Bei Feldsalat, Ruccola und Pflücksalat dürfen die Blätter keinen schlaffen Eindruck machen und keine gelben Verfärbungen aufweisen. Am besten wird Salat in Zeitungspapier gewickelt im Gemüsefach des Kühlschrankes aufbewahrt. So bleibt er 3-4 Tage frisch. Eisberg- und Radicchiosalat halten sich bis zu einer Woche im Kühlschrank.

Blattsalat

Kopfsalate werden vor dem Waschen mit der Hand auseinandergepflückt. Nitratreiche Stiele, große Blattrippen und äußere Blätter entfernen. Anschließend unter fließendem kalten Wasser waschen und mit der Hand in kleine Teile zerpflücken.

Feldsalat

Die Wurzeln werden mit den Fingern abgeknipst, anschließend werden diese im Ganzen gründlich gewaschen. Sehr sandige Ware in kaltes Wasser legen.

Eisbergsalat

Äußere Blätter entfernen, mit einem großen Messer in Streifen schneiden, in Standsieb geben und mit kaltem Wasser durchspülen.

Chicorée

Äußere ggf. verfärbte Blätter entfernen, bitteren Kegel herausschneiden und die Blätter dann längs oder quer in Streifen schneiden, in Standsieb geben und unter fließendem kalten Wasser waschen *(vergleiche Gemüse Chicorée Seite 104)*.

Endiviensalat / Romanasalat (Sommerendiviensalat)

Äußere Blätter entfernen, in Streifen schneiden, in Standsieb geben und unter fließendem kalten Wasser waschen.

Ruccola

Auch Rauke genannt. Große Stiele abschneiden, Blätter in Standsieb legen und unter fließendem kalten Wasser waschen. Eignet sich ideal als Salatzutat, würzt auch Suppen, Nudeln und Risotti. Mit Ruccola kann gut eine Pesto (Ruccola, Olivenöl, Knoblauch, Salz mit Pürierstab zerkleinert) hergestellt werden, die gerne als Geschmackszutat, Brotaufstrich oder Nudelsoße verwendet wird. Pesto ist in einem gut verschlossenen Glas gekühlt lange haltbar.

Grundrezept Salatmarinade für Rohsalate

Zutaten (4 Personen)		Arbeitsschritte ca. 10 min
2-3 EL	Essig oder Zitronensaft	**Vorbereitung** ✓ Kräuter gut waschen, abtropfen lassen, wiegen ✓ ggf. Zwiebel fein schneiden ✓ ggf. Knoblauch in Glas mit Schraubverschluss pressen
	Salz Zucker	
2-3 EL	gutes kaltgepresstes Öl	**Zubereitung** ✓ Zucker und Salz in Glas mit Schraubverschluss geben ✓ Essig und Öl zugeben ✓ ggf. einen Schuss kaltes Wasser hinzugeben ✓ Deckel schließen ✓ gut schütteln ✓ etwas ziehen lassen
	nach Belieben	
1	feingeschnittene Zwiebel	
	Kräuter fein gewogen je nach Salatart und Wunsch (z.B. Borretsch, Basilikum, Dill, Estragon, Petersilie, Schnittlauch, Zitronenmelisse, Zwiebelgrün,...)	**Tischfertig machen** ✓ kurz vor dem Servieren Soße nochmals gut schütteln und über Salat geben, gut durchmischen ✓ Kräuter darüber streuen ✓ servieren
1 Zehe	Knoblauch gepresst	

Das Salatdressing kann verschiedenartig verändert werden.

Senf Dressing - zu Grundrezept 1 EL Senf unterrühren

Cocktail Dressing - statt Essig 150 g Naturjoghurt und zusätzlich falls gewünscht 2 EL Tomatenmark

Kräuter Joghurt Dressing - statt Essig 150 g Naturjoghurt und 20 g Kräuter, restliche Zutaten wie Grundrezept

Asia Dressing - 2 EL kleingeschnittener Ingwer, 3 EL Zitronensaft, 2 EL Koriander, ggf. 1 kleingeschnittene Chilischote, Zucker, Salz und 3 EL Öl (bevorzugt Sesam- oder Sojaöl)

Curry Dressing - statt Essig 150 g Naturjoghurt und zusätzlich 1 EL Curry, restliche Zutaten wie Grundrezept

Verwenden Sie verschiedene Öle. Bei abwechselnder Verwendung von z.B. Oliven-, Raps-, Sonnenblumen-, Distel-, Maiskeim- und Sesamöl kommen Sie in den Genuss unterschiedlichster lebensnotwendiger Omega-3- und Omega-6-Fettsäuren.

Kartoffelgerichte

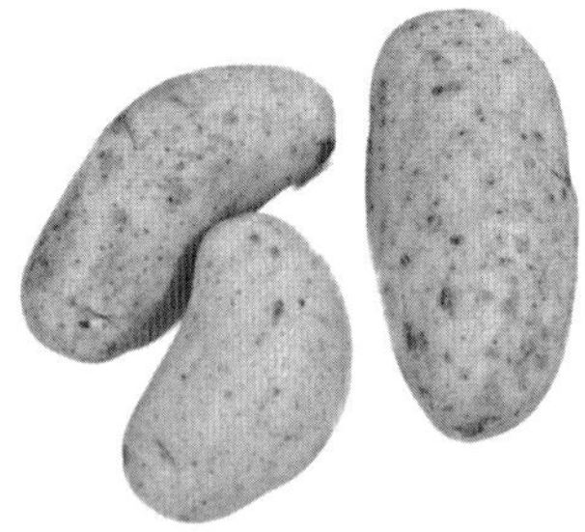

Kartoffeln können roh oder gar verarbeitet, aber nur gegart - mit oder ohne Schale - verzehrt werden.

Mit gegarten kalten Kartoffeln kann man so allerlei zaubern.

Z.B. gegarte Kartoffeln in Scheiben schneiden, abwechselnd mit in Scheiben geschnittenen Tomaten oder fein gehobelten Zwiebelringen in eine Auflaufform geben, etwas Sahne darüber gießen, Kräuter dazugeben, salzen, mit Käse bestreuen oder Mozarellascheiben belegen und im Backofen bei 180-200 °C ca. 20 Min. überbacken lassen.

Oder: gegarte Kartoffeln in Scheiben schneiden, geschnittene Paprika, Staudensellerie, Zwiebeln, Zucchini, Auberginen, ... untermischen, salzen und pfeffern, mit 200 ml Gemüsebrühe aufgießen, im Backofen bei 180-200 °C ca. 20 Min. backen, ab und zu umrühren, die letzten 5-10 Min. Mozzarella und zerrupften Basilikum darüber geben, fertig.

Schmeckt ausgezeichnet und gibt ein gutes vollwertiges Hauptgericht.

(vgl. Kartoffeln Seite 53)

Grundrezept Kartoffeln dämpfen (Pellkartoffeln)

Zutaten (4 Personen)

2,5 kg	Kartoffeln
⅛ – ¼ l	Wasser

Gekochte Kartoffeln halten sich im Kühlschrank einige Tage.

Dämpfen ist eine sehr energiesparende und vitamin- und mineralstoffschonende Zubereitungsart. Kartoffeln lassen sich ohne Siebeinsatz gut dämpfen.

Diese Zubereitungsart funktioniert auch mit geschälten Kartoffeln. Diese können dann nach dem Kochen noch kurz in wenig Butter, Petersilie und Salz geschwenkt werden. Ich persönlich dämpfe allerdings Kartoffeln meist mit der Schale (auch für Kartoffelbrei, der schmeckt so besser und ist vitaminschonender zubereitet).

Arbeitsschritte ca. 10 min

Vorbereitung
- ✓ Kartoffeln waschen gegebenenfalls entkeimen
- ✓ grüne Stellen großzügig wegschneiden

Zubereitung
- ✓ ca. 3 cm Wasser in Topf einfüllen
- ✓ falls vorhanden Siebeinsatz einlegen
- ✓ Kartoffeln zugeben (größere zuerst)
- ✓ Topf mit Deckel schließen

weiterer Vorgang und Temperatur
mäßige Temperatur, ca. 40-45 Min.

- ✓ im geschlossenen Topf weich dünsten
- ✓ mit spitzem Messer Garprobe machen (sind die Kartoffeln weich, so sind sie fertig gegart)

Tischfertig machen
- ✓ Kartoffeln abgießen und schälen
- ✓ mit zerlassener Butter und Salz servieren
- ✓ für weitere Verwendung z.B. Bratkartoffel, Kartoffelsalat, … gut auskühlen lassen

Kartoffelbrei

Zutaten (4 Personen)	Arbeitsschritte ca. 15 min
1 kg Kartoffeln (mehlig bis vorwiegend festkochende Sorte) ⅛–¼ l Wasser	**Vorbereitung** ✓ Kartoffeln kochen *(siehe Grundrezept Kartoffel dämpfen Seite 137)* und schälen
¼ l Milch 40 g Butter Salz **nach Belieben** etwas geriebene Muskatnuss	**Zubereitung** ✓ Milch und Butter in einem Topf erhitzen ✓ frisch gekochte Kartoffeln schälen und durch Kartoffelpresse pressen ✓ kochende Milch und Butter zugeben ✓ mit dem Handrührgerät oder Kartoffelstampfer locker und schaumig rühren ✓ mit Salz und ggf. Muskatnuss abschmecken
Muss es einmal schnell gehen, so schäle ich die Kartoffeln vor dem Dämpfen, und rühre diese nach dem Dämpfen, ohne vorheriges Pressen, sofort unter Zugabe der heißen Flüssigkeit mit dem Handrührgerät locker und schaumig. Wichtig: die Milch muss kochend heiß sein, damit der Brei schön locker wird.  Soll das Gericht milchfrei sein, so kann eine größere Portion Butter mit Wasser, oder Sahne mit Wasser verwendet werden. Sehr gut passen dazu in Butter angeröstete und gesalzene Zwiebelringe.	**Tischfertig machen** ✓ in vorgewärmte Schüssel füllen und servieren

Bratkartoffeln

Zutaten (4 Personen)

1 kg	Kartoffeln
⅛–¼ l	Wasser
30-40 g	Fett (Butterschmalz)
	Salz
	nach Belieben
1	Zwiebel
	Kräuter (Petersilie, Schnittlauch oder Salbei)

Am besten eignen sich erkaltete Kartoffeln vom Vortag.

Gesundes wertvolles und schnell zuzubereitendes Essen.

Geeignet als Beilage oder Hauptgericht (mit Salat). Bratkartoffeln können zum vollwertigen Gericht mit allerlei angereichert werden: Eier, Sauerkraut, Gemüse, Käse ...

Arbeitsschritte ca. 20 Min

Vorbereitung

- ✓ Kartoffeln kochen *(siehe Grundrezept Kartoffeln dämpfen Seite 137)* und ggf. schälen

Zubereitung

- ✓ ggf. Zwiebel feinschneiden
- ✓ geschälte und erkaltete Kartoffeln in größere Stücke schneiden

Bratvorgang und Temperatur

mittlere Temperatur, ca.15-20 Min.

- ✓ Pfanne vorwärmen
- ✓ Fett zugeben
- ✓ Kartoffeln in heißes Fett zugeben
- ✓ Zwiebeln erst in der 2. Hälfte der Bratzeit zugeben
- ✓ Kartoffeln von allen Seiten goldgelb backen
- ✓ salzen und Kräuter zugeben

Kartoffelsalat

Zutaten (4 Personen)

1 kg Kartoffeln
⅛–¼ l Wasser
1 Zwiebel

3 EL Essig
2 EL Öl
1 TL Zucker
1 TL Salz
Petersilie, Schnittlauch oder Dill

¼ l heißes Wasser

Mit erkalteten Kartoffeln, am besten vom Vortag, wird der Kartoffelsalat fest (schmeckt mir am besten). Mit frisch gekochten und abgekühlten Kartoffeln wird er breiiger.

Der Kartoffelsalat kann z.B. mit 1 Gurke, 3 rohen Äpfeln oder ½ gekochter Sellerieknolle abwechslungsreich verändert werden. Zusätzlich kann dem Salat noch Mayonnaise untergemischt werden.

Kartoffelsalat mit Zwiebeln soll nicht mehrere Tage aufbewahrt werden.

Arbeitsschritte ca. 15 min

Vorbereitung

- ✓ Kartoffeln kochen *(siehe Grundrezept Kartoffeln dämpfen Seite 137)* und schälen
- ✓ Zwiebel fein schneiden

Zubereitung

- ✓ Essig, Öl, Zucker, Salz und Zwiebel in einer Schüssel verrühren
- ✓ geschälte und erkaltete Kartoffeln in kleine gleichgroße Stücke oder Streifen schneiden (oder durch Gitter streichen, einfacher)
- ✓ umrühren und ziehen lassen
- ✓ kurz vor dem Servieren eine Tasse heißes Wasser (oder Brühe) über den Salat gießen
- ✓ umrühren und abschmecken

Tischfertig machen

- ✓ Salat in Salatschüssel umfüllen und mit Kräuter bestreuen

Kartoffelpuffer / Reibekuchen

Zutaten (4 Personen)	Arbeitsschritte ca. 20 min
1 kg rohe Kartoffeln (mehlige Sorte) 1 Ei 2-3 EL saurer Rahm 2-3 EL Grieß oder Mehl Salz Fett (Butterschmalz) Salz  Puffer können milch- und eifrei hergestellt werden. Geriebene Kartoffeln ggf. mit etwas Mehl binden und sofort weiterverarbeiten. In den Kartoffelteig können auch Sesamsaat, Sonnenblumenkerne oder z.B. geriebene Zwiebeln, Karotten zugegeben werden. Abwandlung: Kartoffelpufferteig 1 cm dick auf sehr gut gefettetes Backblech streichen (oder Backpapier unterlegen) und in gut vorgeheizter Röhre in der Mittelschiene bei 220°C bis 240°C ca. 20-30 Min. goldbraun backen. Falls gewünscht kann Kartoffelteig vor dem Backen mit feingewürfeltem Speck und/oder nach der Hälfte der Backzeit mit geriebenem Käse bestreut werden. Zum Anrichten in gleichmäßige Recht- oder Dreiecke schneiden. Kartoffelpuffer ist ein eigenständiges Gericht, welches mit Gemüse, Salat oder Apfelkompott gereicht wird.	**Vorbereitung** ✓ Kartoffeln waschen und schälen ✓ rasch (am besten mit elektrischer Küchenmaschine) reiben ✓ evtl. Saft abtropfen lassen **Zubereitung** ✓ geriebene Kartoffeln sofort mit Rahm vermengen um Färbung zu vermeiden ✓ Ei und Grieß oder Mehl sowie Salz zugeben und mit Gabel unterrühren **Bratvorgang und Temperatur** mittlere Temperatur, ca. 10-15 Min. ✓ (beschichtete) Pfanne vorwärmen ✓ Fett zugeben ✓ mit Esslöffel kleine Portion aus der Kartoffelmasse nehmen und in heißes Fett geben ✓ mit Löffel platt drücken ✓ bei guter Hitze auf beiden Seiten goldbraun backen **Tischfertig machen** ✓ auf (vorgewärmte) Platte legen und sofort servieren

Dekorative Kartoffeln	
Zutaten (4 Personen)	Arbeitsschritte ca. 15 min
1 kg rohe Kartoffeln Öl Salz **nach Belieben** Sesam, Sonnenblumenkerne, Salbeiblätter, Kümmel, Rosmarin, Thymian, ... Salz Sehr dekorative schmackhafte Beilage.	**Vorbereitung** ✓ Kartoffeln gründlich waschen ✓ Kartoffeln der Länge nach halbieren **Zubereitung** ✓ halbierte Kartoffeln mit Schnittfläche z.B. in Sesamsaat oder Sonnenblumenkerne tauchen oder Schnittstelle mit Salbeiblatt, Thymian- oder Rosmarinzweig belegen ✓ Kartoffeln mit der Schnittfläche nach oben auf ein Backblech legen ✓ mit Öl beträufeln und salzen **Bratvorgang und Temperatur** 220-240 °C, ca. 40-45 Min. ✓ Backblech in die Mittelschiene der Röhre schieben (ggf. Garprobe) **Tischfertig machen** ✓ auf Platte legen und sofort servieren

Bratkartoffeln (aus rohen Kartoffeln)	
Zutaten (4 Personen)	Arbeitsschritte ca. 15 min
1 kg rohe Kartoffeln Öl Salz **nach Belieben** Salbeiblätter, Kümmel, Rosmarin, Thymian, … Salz Sehr schmackhafte abwechslungsreich zu gestaltende Beilage.	**Vorbereitung** ✓ Kartoffeln waschen und schälen ✓ in Scheiben hobeln **Zubereitung** ✓ gehobelte Kartoffeln auf Backblech legen und mit Öl und Salz vermengen ✓ Kräuter und sonstige Gewürze zugeben **Bratvorgang und Temperatur** 220-240 °C, ca. 40-45 Min. ✓ Backblech in die Mittelschiene der Röhre schieben ✓ ab und zu umrühren (ggf. Garprobe machen) **Tischfertig machen** ✓ in Schüssel oder auf Platte legen und servieren

Nudelgerichte

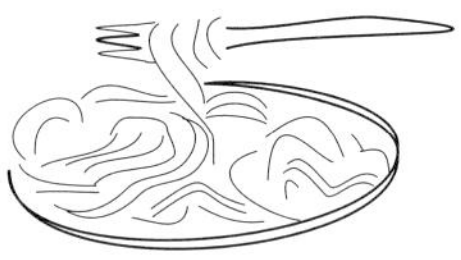

Nudeln (Pasta) sind bei alt und jung sehr beliebt. Sie können schnell und abwechslungsreich zubereitet werden. Sie schmecken, egal ob diese nur mit Butter, Kräutern und Knoblauch oder mit unterschiedlichsten Soßen zubereitet werden. Inzwischen befinden sich in den Märkten allerlei vollwertige Nudelsorten im Angebot. Wollen Sie Ihre Familie dazu bewegen gesündere vollwertige Nudeln zu essen, so mischen Sie zu Beginn der Umstellung beide Sorten und erläutern Sie die Vorzüge der Ernährungsumstellung *(siehe Getreide Seite 48 ff).*
Kalkulieren Sie als Hauptgericht 100 g und als Beilage 60 g Nudeln pro Person.

Im folgenden finden Sie einige „Basisnudelsoßen", die schnell und einfach zuzubereiten sind. Diese Soßen machen den Kauf von fertigen Nudelsoßen überflüssig.

Zudem können Nudeln schnell und einfach mit allerlei verschiedenem Gemüse und/oder Fleisch/Fisch gemischt serviert werden:

- Spinat, mit Zwiebeln und Knoblauch dünsten und pürieren, oder als Blattspinat, ggf. mit Schafskäse und Pinienkernen anreichern
- gemischtes kleingeschnittenes gedünstetes Gemüse (Zuchini, Paprika, Weißkraut, Lauch, Karotten, ...) mit Weißwein, Brühe und/oder Sahne aufgießen und Kräutern und Parmesan verfeinern
- kleine Fleischstücke kurz anbraten und mit Weißwein, Brühe, Sahne, Kokosmilch und/oder Tomatenmark ablöschen, mit Salz, Pfeffer, Curry, Koriander oder sonstigen Gewürzen abschmecken, gemischtes gedünstetes Gemüse dazugeben und z.B. mit Chiliflocken schärfen

Desweiteren gibt es die Möglichkeit, gekochte gemischte Nudeln mit Käse (Parmesan, Mozzarella, Gouda, ...) zu bestreuen, in die Backröhre zu stellen und überbacken zu lassen.
Ein Basisrezept zu Lasagne finden Sie auf Seite 149.

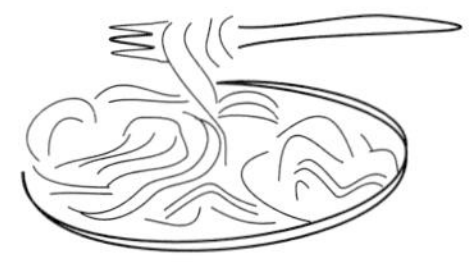

Nudeln kochen

Zutaten (4 Personen)

400 g Nudeln

ca. 2 l Wasser

Perfekte Nudeln sind bissfest gekocht. Auf der Packungsanweisung finden Sie die Kochdauer der jeweiligen Nudeln wieder. Eine Garprobe hilft, den richtigen Zeitpunkt des Abgießens zu wählen.

Manche Köche geben Öl in das Kochwasser. Dies ist aber nicht unbedingt notwendig. Rühren sie während des Kochens die Nudeln (vor allem Spaghetti) hin und wieder um, so kleben diese nicht aneinander.

Sollen viele Nudeln in kurzer Zeit zur Verfügung stehen oder wollen Sie für Ihre Gäste gut vorbereitet sein, so empfiehlt es sich, die Nudeln vorzukochen. Idealerweise werden die Nudeln ein bis zwei Minuten vor der individuellen Garzeit abgegossen, anschließend mit kaltem Wasser abschrecken oder ausgebreitet auskühlen lassen. In einer verschlossenen Dose halten sich die Nudeln problemlos 2-3 Tage.
Zum Aufwärmen werden die Nudeln dann einfach kurz in heißes Wasser gegeben.

Tipp: Will ich z.B. Nudelreste von Vortagen mit verwerten, so gebe ich diese zum Schluss der Kochzeit der neuen Nudeln ins Nudelwasser.

Ich bevorzuge Hartweizen Nudeln (ohne Eier).

Arbeitsschritte ca. 10 min

Vorbereitung

- ✓ ausreichend großen Topf (Fassungsvermögen mind. 3 Liter) mit 2 Liter Wasser füllen und zum Kochen bringen (Deckel aufsetzen, spart 20 % Energie)

Zubereitung

- ✓ Nudeln in kochendes Wasser geben und umrühren (damit nichts am Boden kleben bleibt)
- ✓ salzen und Deckel aufsetzen
- ✓ kocht das Wasser wieder, so kann die Temperatur zurückgenommen werden

Kochvorgang und Temperatur

mäßige Temperatur, 5-13 Min. je nach Nudelsorte

- ✓ überkochen vermeiden, ggf. Deckel etwas schräg aufsetzen
- ✓ ab und zu umrühren
- ✓ Garprobe machen
- ✓ in einen Standsieb abgießen

TOMATENSOẞE

ZUTATEN (4 PERSONEN)

250 g	passierte Tomaten
2-3 EL	Öl
1-2	Zehen Knoblauch
	Honig/Zucker
	nach Belieben
	Zwiebel
etwas	Vanillezucker
	Kräuter (Basilikum, Petersilie, Schnittlauch,...)
	Sahne
	frisch geriebenen Parmesan

Wichtig ist, dass die passierten Tomaten von guter schmackhafter Qualität sind. Probieren Sie einige angebotene Marken durch und notieren Sie sich welche davon am besten schmeckt.

Je länger die Tomatensoße leise köchelt, umso besser wird sie schmecken. Muss es allerdings mal schnell gehen, so reicht ein kurzer Kochvorgang aus.

Soll die Tomatensoße mit Zwiebeln zubereitet werden, so sind diese **vor** dem Knoblauch (oder anderem Gemüse wie Lauch, Karotten, ...) gut anzudünsten.

Wird Knoblauch zu heiß angebraten schmeckt er bitter.

Zum Verfeinern empfehle ich nach dem Kochvorgang noch einen guten Schuss kaltgepresstes Olivenöl unterzurühren.

Lassen Sie die Tomatensoße gut einkochen und würzigen Sie nach Belieben kräftig. So erhalten Sie ihr selbst hergestelltes Ketchup, welches im Schraubglas gekühlt aufbewahrt, auch einige Zeit haltbar ist.

ARBEITSSCHRITTE CA. 10 MIN

Vorbereitung

- ✓ Knoblauch pressen

Zubereitung

- ✓ Pfanne erwärmen
- ✓ Öl zugeben und Knoblauch ganz leicht darin andünsten
- ✓ etwas Honig oder Zucker zugeben
- ✓ unter rühren 2-3 Min. bei mittlerer Temperatur dünsten
- ✓ mit passierten Tomaten aufgießen

Kochvorgang und Temperatur

mäßige Temperatur, 10–60 Min.

- ✓ im offenen Topf ganz leise (ein-) kochen lassen
- ✓ nach dem Kochvorgang (ggf. Sahne) und Kräuter zugeben

Tischfertig machen

- ✓ Nudeln und Soße entweder beim Servieren oder schon vorab mischen
- ✓ mit frisch geriebenem Parmesan bestreuen

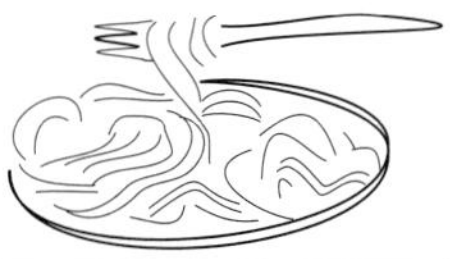

Spaghetti Aglio Olio

Zutaten (4 Personen)

400 g	Spaghetti
6 EL	Olivenöl
3-4	Zehen Knoblauch
	Salz
4 EL	Petersilie oder andere Kräuter (Schnittlauch, Salbei, ...)
	Parmesan

Wird Knoblauch zu heiß angebraten schmeckt er bitter.

Geben Sie zum Knoblauch eine kleingeschnittene Chilischote in die Pfanne, so bekommt das Gericht eine scharfe Note.

Arbeitsschritte ca. 15 min

Vorbereitung

- ✓ Nudeln kochen
  während die Nudeln kochen:
- ✓ Knoblauch schälen und pressen
- ✓ Kräuter fein wiegen (größere Blätter zur Dekoration aufheben)
- ✓ Parmesan reiben

Zubereitung

- ✓ Pfanne erwärmen
- ✓ 3 EL Öl zugeben und Knoblauch ganz leicht darin andünsten
- ✓ mit ½ Schöpflöffel heißem Nudelwasser ablöschen und etwas einkochen lassen
- ✓ gut salzen
- ✓ abgegossene, warme Nudeln dazugeben und gut durchrühren
- ✓ Kräuter und Parmesan zu den Nudeln geben und gut umrühren
- ✓ zum Abschluss kaltgepresstes Olivenöl über die Nudeln geben

Tischfertig machen

- ✓ Nudeln in eine große Schüssel geben
- ✓ mit Petersilienblättern und Parmesan garnieren

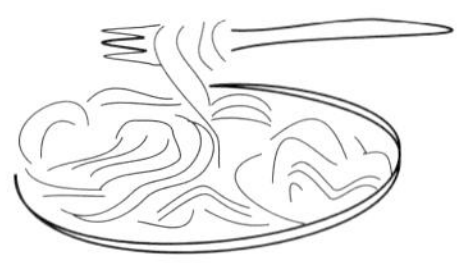

Nudeln mit Käsesoße

Zutaten (4 Personen)	Arbeitsschritte ca. 15 min
400 g Spaghetti 150 g Gorgonzola (oder Bergkäse, Gouda, Butterkäse, ...) 250 ml Gemüsebrühe 70 g Sahne 20 g Butter 1 Zehe Knoblauch Salz Pfeffer **nach Belieben** Petersilie oder andere Kräuter (Schnittlauch, Salbei, Petersilie, Basilikum, ...) Muskatnuss Ingwer Es können halbierte Knoblauchzehen, 1 Stück Ingwer und ganze Salbeiblätter zum Mitziehen in die Soße gelegt und kurz vor dem Servieren wieder herausgenommen werden. Folgende Nudelsorten eigenen sich besonders für Käsesoßen: Tagliatelle, Fusilli, Penne, Farfalle, ...	**Vorbereitung** ✓ Nudeln kochen während die Nudeln kochen: ✓ Knoblauch schälen ✓ Käse klein schneiden ✓ Kräuter fein wiegen (größere Blätter zur Dekoration aufheben) **Zubereitung** ✓ Brühe erwärmen ✓ Käse, Sahne und gepressten Knoblauch in die Brühe geben und bis kurz vor dem Kochen erwärmen ✓ Butter, Pfeffer, Salz und Muskatnuss dazugeben und falls notwendig mit Pürierstab mixen, abschmecken ✓ Nudeln abgießen und in den Topf zurück geben ✓ Soße darüber gießen ✓ gut durchmischen **Tischfertig machen** ✓ Nudeln in eine große Schüssel geben ✓ mit Salbei (oder anderen Kräutern) und frisch geriebenem Pfeffer garnieren

Lasagne

Zutaten (4 Personen)

400 g	Lasagnenudeln
	Béchamelsoße
60 g	Butter
60 g	Mehl
400 ml	Gemüsebrühe oder Wasser
400 ml	Milch
	Salz, Pfeffer
	nach Belieben
1	Zehe Knoblauch
	Zwiebel
	Füllung
500 g	Bolognese (*Seite 187*) oder
ca. 400 g	gedünsteten abgeschmeckten Spinat (mit Zwiebeln, Knoblauch) oder
500 g	Gemüse gedünstet (Auberginen, Zucchini, ...)
100–250g	Käse (Mozzarella, Gouda, ...)

Lasagne kann mit vielen verschiedenen „Einlagen" hergestellt werden. Wichtig ist dabei, dass genügend Flüssigkeit für die Nudeln vorhanden ist.

Lasagne kann milchfrei hergestellt werden, in dem die Béchamelsoße mit anteilig mehr Butter und Gemüsebrühe bzw. Wasser hergestellt wird. Statt Käse können zum Abschluss Sonnenblumenkerne oder Sesamsaat über die letzte Schicht gestreut werden.

Arbeitsschritte ca. 30 min

Vorbereitung
Béchamelsoße
- ✓ Butter in einem Topf zerlassen und Mehl darin unter Rühren **etwas** anschwitzen lassen
- ✓ Brühe und Milch unter Rühren zugeben
- ✓ nach Belieben gepressten Knoblauch oder gedünstete fein geschnittene Zwiebel zugeben
- ✓ 10-15 Min. leise köcheln lassen, hin und wieder umrühren
- ✓ salzen und pfeffern

Zubereitung
- ✓ Backofen vorheizen
- ✓ rechteckige Form mit rohen Lasagne-nudeln auslegen
- ✓ ausreichend Béchamelsoße darüber gießen (Nudeln sollen gut mit Sauce bedeckt sein)
- ✓ gewählte Füllung ca. 1 cm dick darüber streichen
- ✓ Lasagnenudeln darüber legen
- ✓ ausreichend Béchamelsoße über die Nudeln geben
- ✓ Schritte wiederholen
- ✓ letzte Nudelschicht mit restlicher Béchamelsoße begießen
- ✓ in Scheiben geschnittenen Mozzarella oder sonstigen Käse über die letzte Schicht legen

Backvorgang und Temperatur
180-200 °C, ca. 50 Min.

- ✓ in mittlerer Backschiene des vorgeheizten Backofens schieben und goldbraun backen lassen

Tischfertig machen
- ✓ in rechteckige Stücke schneiden und servieren

SPÄTZLE

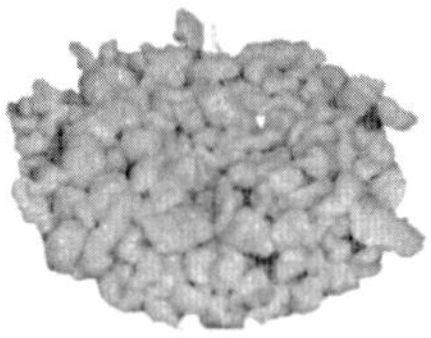

Spätzle selbst zu machen lohnt sich. Sie schmecken als Beilage und Hauptgericht (z.B. Käsespätzle). Der Arbeits- und Reinigungsaufwand hält sich mit dem richtigen Spätzlesieb, *vgl. Seite 247*, in Grenzen. Die Geräte werden nach dem Zubereiten mit dem Edelstahlreiniger unter fließendem Wasser vorgereinigt und dann in der Spülmaschine endgereinigt.

Selbstgemachte Spätzle schmecken auch mit vollwertigem Mehl Type 1050 oder gemischtem Mehl, beispielsweise ⅔ Vollkorn und ⅓ Weißmehl. Am besten eignet sich Weizen- und Dinkelmehl. Roggenmehl empfiehlt sich nicht, da dieses zu wenig Klebereiweiß enthält.

Als Beilage für 4 Personen rechnet man mit 375 g Mehl und als Hauptgericht mit 500 g Mehl.

Spätzle lassen sich gut in größeren Mengen herstellen. Sie sind gekühlt einige Tage haltbar und können zur Vorratshaltung gut eingefroren werden. Sehr gut schmecken sie in der Pfanne erwärmt und angeröstet.

Mit gedünstetem Gemüse oder Sauerkraut gemischt bilden sie ein nahrhaftes vitaminreiches Hauptgericht.

Um Käsespätzle zuzubereiten werden Spätzle in etwas heißem Fett angeröstet, mit geriebenem Käse bestreut und durchgemischt. In Butter geröstete Zwiebelringe runden Käsespatzen perfekt ab.

Auch Spätzle können gut ohne Eier zubereitet werden. Es empfiehlt sich den Teig sehr zäh und fest (sehr dickflüssig) herzustellen.

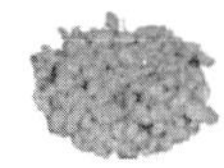

Spätzle

Zutaten (4 Personen)

500 g	Mehl
	Salz
4	Eier
⅜ l	Wasser
	nach Belieben
etwas	Butter
	Zwiebelringe oder feingeschnittene Zwiebel
	Kräuter

Wichtig ist, dass die Spätzle nicht zu lange im Wasser kochen.

Das Gericht kann auch ohne Eier hergestellt werden (etwas mehr Wasser nehmen). Allerdings sollte die Teigkonsistenz hierfür relativ fest sein. Den Teig etwas ruhen lassen.

Reinigen Sie die benutzten Geräte nach dem Gebrauch am besten sofort kurz unter fließendem Wasser mit dem Edelstahlreiniger vor. So vermeiden Sie das Antrocknen des Teiges und aufwendige, anstrengende Reinigungsaktionen.

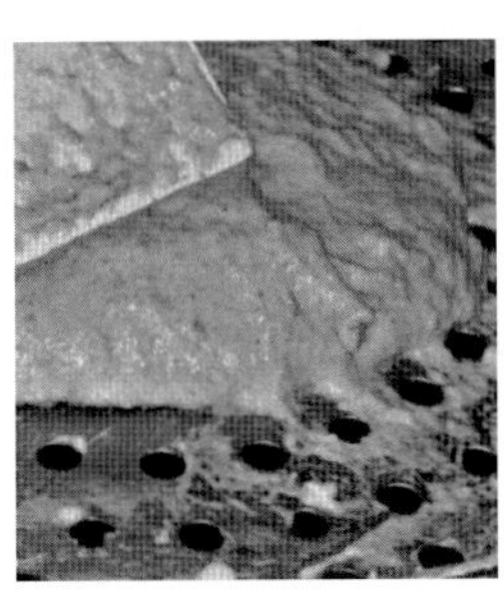

Arbeitsschritte ca. 30 min

Vorbereitung

✓ Mehl, Eier, Wasser und Salz mit dem elektrischen Rührgerät rühren
✓ Teig darf etwas fester sein

Zubereitung

✓ geeigneten Topf (Ø Spätzlesieb sollte mit Ø Topf übereinstimmen) ½-¾ mit Wasser füllen und zum Kochen bringen
✓ Wasser salzen

Kochvorgang und Temperatur

mittlere bis hohe Temperatur, 3-5 Min.

✓ Spätzlesieb auf den Topf mit heißem Wasser legen
✓ eine gute Portion des Teiges auf Sieb geben
✓ Teig mit dem Teigschaber (ohne Stiel) durch die Löcher drücken
✓ Spätzle im Wasser umrühren
✓ wenn alle Spätzle oben schwimmen mit dem Schaumlöffel abschöpfen (das Wasser sollte einmal kurz aufkochen, Vorsicht: zu langes Kochen macht die Spätzle klebrig)
✓ in einem Standsieb gut abtropfen lassen
✓ in eine Schüssel zum Servieren füllen oder zum Auskühlen auf einem Backblech ausbreiten
✓ etwas Butter unter die Spätzle geben und vorsichtig umrühren
✓ Vorgang wiederholen, bis der Teig aufgebraucht ist

Tischfertig machen

✓ Beilage: Spätzle servieren
✓ Käsespatzen: z.B. Zwiebeln in einer beschichteten Pfanne andünsten und Spätzle dazugeben, klein geschnittenen oder geriebenen Käse darüber streuen, etwas rühren und fertig

Pfannenkuchen / Crêpes

Ob warm, ob kalt, süß oder pikant, ob als Suppeneinlage oder Hauptgericht oder gefüllt mit

- verschiedenem Gemüse und ggf. mit Käse überbacken,
- Lachs und Kräuterquark,
- Parmaschinken, Ruccola, Pfeffer, Olivenöl,
- Hackfleisch,
- Heidelbeeren oder Rhabarber und kurz karamellisiert, ...

viele Zubereitungsmöglichkeiten sprechen dafür, sich im Pfannenkuchenbacken zu üben.

Reste können gerollt und in Streifen geschnitten als Suppeneinlage zur Vorratshaltung tiefgefroren werden *(vgl. Seite 92)*.

Sie lassen sich mit vollwertigem Mehl herstellen. Mehlsorten können auch gemischt werden. Dinkel- und Weizenmehl eignen sich hervorragend, Roggenmehl eignet sich nur bedingt und kann zu ca. ⅓ beigemengt werden.

Abwechslung bringen untergemischte Sesamsaat, Sonnenblumenkörner, Haferflocken, Grünkernschrot (vorher einweichen), Leinsamen und vieles mehr.

Mit der Zugabe von Kurkuma oder feingewogenen Kräutern erhalten Pfannenkuchen auch optisch eine Aufwertung. Wird das Eiweiß festgeschlagen *(vgl. Eiweiß steif schlagen Seite 79)* und zum Schluss untergehoben, so werden Pfannenkuchen besonders locker.

Der Teig kann **dickflüssig bis flüssig** sein. Je flüssiger er ist, umso dünner werden die Pfannenkuchen. Die Konsistenz kann jederzeit durch das Unterrühren von Wasser verändert werden.

Eine beliebte schnell bereitete Beilage für Pfannenkuchen ist Apfelmus *(vgl. Seite 155)*.

Damit Pfannenkuchen nicht anbrennen und im Ganzen gewendet werden können, sollte folgendes beachtet werden:

- ✓ Teig etwas ruhen lassen (ca. 10-20 Min., Vollkornteig 10 Min. länger ruhen lassen)
- ✓ beschichtete oder Edelstahlpfanne ausreichend erhitzen und erst dann etwas Fett zugeben
- ✓ Fett über Pfannenboden verstreichen
- ✓ das Fett sollte heiß sein bevor der erste Schöpflöffel Teig eingefüllt wird
- ✓ durch Schwenken der Pfanne Teig gleichmäßig in der Pfanne verlaufen lassen
- ✓ Temperaturzufuhr: mäßig bis mittel
- ✓ Pfannenkuchen erst wenden, wenn die obere Schicht eingetrocknet ist und die untere Schicht mit dem Pfannenwender problemlos zu lösen ist

Tipp ***Mit zwei parallel betriebenen Pfannen ist der Teig schneller ausgebacken.***

Der Teig kann problemlos ohne Milch und Eier, nur mit Wasser, hergestellt werden. Für diese Art der Zubereitung empfiehlt es sich, Mehl mit viel Klebereiweiß wie Weizen und Dinkel zu verwenden und den Teig etwas länger (ca. 30 Min.) ruhen zu lassen.

Pfannenkuchen / Crêpes

Zutaten (4 Personen)

400 g	Mehl
	Salz
4	Eier
¾ l	Milch oder Wasser
	Butterschmalz oder Butter

Crêpes

Für Crêpes lasse ich die Eier weg und nehme als Flüssigkeit ausschließlich Wasser. Der Teig soll dünnflüssig sein.

Serviervorschlag

Pikant und warm

Pfannenkuchen mit Béchamelsoße bestreichen und nach Wunsch (Spinat, gegartem Hackfleisch, …) füllen, locker rollen, in Auflaufform legen, restliche Béchamelsoße darüber streichen, mit Käse bestreuen und im Backofen bei 200 °C ca. 30-40 Min. überbacken lassen.

Pikant und kalt

Kalte Pfannenkuchen mit Lachs belegen und Kräuterquark oder Frischkäse bestreichen. In Ringe geschnittene Lauchzwiebeln darüber streuen.

- Fest rollen und in 2 cm dicke Streifen schneiden, auf Platte anrichten,
  oder
- Pfannenkuchen nach dem Füllen zweimal falten (erst über die Mittellinie zur Hälfte und dann über die andere Mittellinie zum Viertel),
  den geviertelte Pfannenkuchen in zwei „Tortenstücke“ schneiden, mit Spieß zusammenhalten und auf einer Platte anrichten.

Arbeitsschritte ca. 20 Min

Vorbereitung

- ✓ Mehl, Eier, Milch und Salz mit dem elektrischen Handrührgerät gut rühren bis der Teig ganz glatt ist
- ✓ Teig soll dickflüssig bis flüssig sein

Zubereitung

- ✓ beschichtete Pfanne erwärmen
- ✓ Fett zugeben und über den Pfannenboden verstreichen

Bratvorgang und Temperatur

mittlere bis mäßige Temperatur, 3-5 Min.

- ✓ mit einer Schöpfkelle Teig in die Pfanne einfüllen
- ✓ Pfanne kippen und rotieren damit der Teig sich gleichmäßig über den gesamten Pfannenboden verteilen kann.
- ✓ sobald der Teig fest wird Pfannenwender darunter schieben und den Pfannenkuchen umdrehen
- ✓ fertige Pfannenkuchen auf einem Teller stapeln

Tischfertig machen

- ✓ mit Apfelmus (Seite 155), (Zimt-) Zucker oder Konfitüre servieren
- ✓ weitere Verwendung wie gewünscht

Apfelmus

Zutaten (4 Personen)	Arbeitsschritte ca. 10 Min
5-6 Äpfel	**Vorbereitung** ✓ Äpfel waschen und vierteln (sie müssen weder geschält noch entkernt werden)
⅛ l Wasser **nach Belieben** Zucker Zimt	**Zubereitung** ✓ Wasser in Topf geben ✓ Äpfel einlegen **Dampfvorgang und Temperatur** mäßige Temperatur, ca. 10-20 Min.
Selbstgemachtes Apfelmus schmeckt, ist gesund und frei von jeglichen Zusatzstoffen. Es ist einfach und schnell zuzubereiten und unansehnliche Äpfel sind so bestens verwertet.	✓ im geschlossenen Topf weich dämpfen ✓ mit spitzem Messer Garprobe machen **Tischfertig machen** ✓ Äpfel in Passiergerät füllen und durch die kleinste Lochscheibe drehen ✓ falls Apfelmus sehr fein gewünscht wird, mit Zauberstab pürieren ✓ auskühlen lassen

Reis

Je nach Gericht verwendet man entweder Langkorn- oder Mittel- bzw. Rundkornreis *(vergleiche Reis Seite 56)*.
In den meisten Fällen können Sie Reis kochen wie im Folgenden beschrieben. Für Risotto wird der Reis unter mehrmaliger Zugabe von wenig Flüssigkeit unter ständigem Rühren gekocht. Für Milchreis wird ein Rundkornreis und statt Wasser Milch verwendet. Mit Zimt und Zucker oder Apfelmus (Seite 155) serviert, steht schnell und ohne großen Aufwand ein leckeres Gericht auf dem Tisch.

Verwenden Sie einen normalen Kochtopf mit dickem Boden der die gut Hitze leitet. Damit ist gewährleistet, dass der Reis rasch gart und ein Anbrennen verhindert wird.

Da der Reis quillt und die Reismenge dadurch größer wird, empfiehlt es sich, einen etwas größeren Topf zum Kochen zu verwenden. So kann der Reis komfortabel umgerührt werden.

Reis kochen

Zutaten (4 Personen)

250 g	Reis
	Salz
½ l	Wasser oder Brühe
20 g	Butter

Bei Rund- und Mittelkornreis wird im Ergebnis ein klebender Reis gewünscht; der Reis muss nicht gewaschen werden.

Vorteilhaft ist es den Reis nach dem leichten Andünsten mit kochendem Wasser aus dem Wasserkocher abzulöschen. Füllen Sie den Topf bis 1-2 cm über den Reis mit Wasser auf. Mit der Zeit bekommen Sie gute Übung wieviel Wasser der Reis genau benötigt. Lieber etwas zu wenig Wasser verwenden. Heißes Wasser kann während des Garvorganges problemlos nachgeschüttet werden.

Reis kann beliebig verfeinert werden:

- Safranfäden mitkochen lassen
- kleingeschnittenen Ingwer mitkochen lassen, ...

nach dem Garen

- Safran unterheben
- in Butter geschwenkte Mandelblätter, Kräuter unterheben, ...

Für Milchreis tauschen Sie Wasser durch Milch.

Arbeitsschritte ca. 10 min

Vorbereitung

- ✓ Reis in einem Sieb unter kaltem Wasser waschen (der Reisstaub wird so „herausgewaschen“ und ein Kleben der Reiskörner verhindert)

Zubereitung

- ✓ Topf erwärmen und Butter zugeben
- ✓ gewaschenen Reis einfüllen und bei mittlerer Temperatur von allen Seiten leicht andünsten
- ✓ mit Wasser oder Brühe aufgießen
- ✓ salzen
- ✓ Deckel aufsetzen
- ✓ Reis einmal aufkochen lassen

Kochvorgang und Temperatur

mäßige Temperatur, 15-20 Min.

- ✓ sobald das Wasser gekocht hat, Hitze zurücknehmen
- ✓ Reis bei mäßiger Temperatur ca. 5-10 Min. ziehen lassen
- ✓ umrühren
- ✓ Kochplatte ausschalten
- ✓ Reis im geschlossenen Topf unter Ausnutzung der Restwärme fertig garen lassen
- ✓ Garprobe machen

Tischfertig machen

- ✓ ggf. Butter darunter rühren
- ✓ umfüllen und servieren

Reis mit Gemüse (und Fleisch)

Zutaten (4 Personen)

250 g	Reis
	Salz
½ l	Wasser oder Brühe
20 g	Butter oder Öl
	nach Belieben
200 g	Zwiebeln, Lauch, Karotten, Kohlrabi, …
1 Zehe	Knoblauch
	Curry, Kurkuma, Pfeffer, Safran,
150 g	Käse gerieben

Das gekochte Gericht kann sehr gut unter eine Tomatensoße (Seite 146), welche ggf. mit einem guten Schuss Sahne verfeinert wurde, gemischt werden.

Auch mit Fleisch kann dieses Gericht gut zubereitet werden. Hierfür braten Sie vor dem Gemüse z.B. 150 g geschnittenes Geflügel- oder Rindfleisch an.

Eine weitere Abwechslung bietet die Kokosmilchsoße, die wie beim Asiatischen Fleischgericht Seite 182 beschrieben, auch ohne Fleisch gut und schnell zubereitet werden kann.

Arbeitsschritte ca. 20 Min

Vorbereitung

- ✓ Zwiebeln und Gemüse kleinschneiden
- ✓ ggf. Knoblauch schälen

Zubereitung

- ✓ Topf erwärmen und Fett zugeben
- ✓ kleingeschnittene Zwiebel glasig dünsten
- ✓ restliches Gemüse zugeben und unter rühren ca. 10 Min. andünsten
- ✓ Reis zugeben und mit andünsten lassen
- ✓ mit Wasser oder Brühe aufgießen
- ✓ salzen
- ✓ Deckel aufsetzen
- ✓ einmal aufkochen lassen

Kochvorgang und Temperatur

mäßige Temperatur, 15-20 Min.

- ✓ sobald das Wasser gekocht hat Hitze zurücknehmen
- ✓ bei mäßiger Temperatur ca. 10 Min. ziehen lassen
- ✓ umrühren
- ✓ Kochplatte ausschalten
- ✓ im geschlossenen Topf fertig garen lassen
- ✓ Garprobe machen

Tischfertig machen

- ✓ ggf. Butter, Kräuter und Gewürze darunter rühren
- ✓ umfüllen und servieren

Fisch

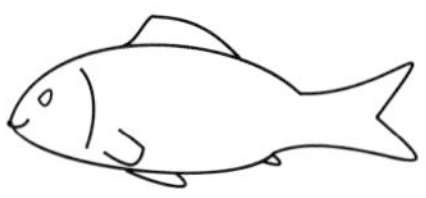

Sehr gute Erfahrung konnte ich mit den Süßwasserfischen Forellen, Renken, Zander, Saiblinge und Lachs sammeln.

Auch das Angebot an Meeresfischen ist groß. Sie können in der Regel wählen zwischen Kabeljau, Thunfisch, Rotbarsch, Seelachs, Scholle, Seeteufel und Hering.

Bevorzugen Sie „reines“, nicht weiter verarbeitetes (z.B. schon paniertes) Fischfilet. Hier ist davon auszugehen dass einwandfreie Ware verwendet wurde, welche nichts zu verbergen hat.

Fisch kann gedünstet und gebraten werden *(vgl. Fisch zubereiten Seite 59)*. Eine weitere Möglichkeit ist, Fischfilets wie Fleisch zu panieren *(vgl. Panade Seite 175)* und im schwimmenden heißen hitzestabilen Fett auszubacken.

Dünsten und braten Sie Fische in Butter oder Öl. Sollten Sie eine Soße wollen, so können Sie den Bratensaft mit etwas Sahne und/oder Brühe angießen. Dill, Schnittlauch, Petersilie, Kerbel und Estragon passen gut zu Fisch und runden den Geschmack hervorragend ab. Beachten Sie generell, Fisch hat eine kurze Garzeit.

Die meisten sich im Angebot befindlichen Krabben, Garnelen, Scampi,... stammen aus Zuchtbetrieben. Die kleinen Nordseekrabben werden übrigens nach Marokko verschifft, dort geschält und anschließend hier wieder verkauft (!). Die etwas größeren Tiere werden Scampi genannt und die noch größeren Langusten. Diesen Schalentieren müssen nach einem kurzen Brat- oder Dünstvorgang, unmittelbar vor dem Verzehr, Kopf und Schwanz mit einer Drehbewegung abgebrochen werden. Anschließend sind die Füße abzurupfen und das Fleisch aus dem Panzer zu pellen. Mir schmecken sie mit etwas Zitronensaft und Salz ausgezeichnet.

Tintenfische und Tintenfischringe sind auch sehr beliebt. Braten Sie diese heiß und kurz, ansonsten werden sie sehr schnell zäh.

Fischsuppe (exotisch)

Zutaten (4 Personen)

2	Zwiebeln
ca. 5 cm	Ingwer
2-3	Chilischoten
4 Stangen	Zitronengras
4	große Tomaten
1 Bund	Koriander
1 ½ l	Gemüsebrühe
5 EL	Limettensaft
1 EL	Honig / braunen Zucker
	Salz
	Pfeffer
1 kg	Fisch nach Belieben (Lachs, Garnelen, Barsch, Muscheln, Zander, Tilapia, Kabeljau...)

Schmeckt ausgezeichnet!

Zur weiteren Geschmacksverstärkung kann auch ein Gläschen Fischsoße untergerührt werden.

Arbeitsschritte ca. 20 min

Vorbereitung
- ✓ Zwiebeln, Zitronengras, Ingwer, Chili sehr klein schneiden (ggf. mit dem Pürierstab hacken)
- ✓ Koriander fein wiegen
- ✓ Fisch säubern, säuern und salzen *(vgl. Seite 58)*

Zubereitung
- ✓ Topf erwärmen und Fett zugeben
- ✓ kleingeschnittene Zwiebeln, Zitronengras, Ingwer ca. 5 Min. dünsten
- ✓ enthäutete Tomaten zugeben
- ✓ Gemüsebrühe, Limettensaft, Honig/Zucker zugeben

Kochvorgang und Temperatur
mäßige Temperatur, 30 Min.

- ✓ bei mäßiger Temperatur leicht köcheln lassen
- ✓ Fisch in mundgerechte Stücke schneiden und am Ende der Garzeit einige Minuten mitziehen lassen
- ✓ gehackten Koriander darüber streuen

Tischfertig machen
- ✓ in Suppenschüssel umfüllen
- ✓ mit Weißbrot servieren

Fisch in fertiger Soße (Currysoße)

Zutaten (4 Personen)

	Soße
30-40 g	Butter
1	Zwiebel
2-3 EL	Currypulver
2	geschälte Äpfel
30 g	Mehl
⅜-½ l	Brühe
	Salz
	Thymian
	nach Belieben
1-2	Bananen
	Weißwein
	süßen Rahm oder
	Kokosmilch
	Kräuter
800 g	**Fisch**
3-4 EL	Seefischfilets
	Zitronensaft
	Salz

Diese Soße kann phantasievoll verändert werden: Kurkuma, Ingwer, Knoblauch, Koriander, Kräuter, kleingeschnittenes Gemüse aller Art, mit und ohne Äpfel, mit und ohne Bananen, Kokosmilch, ...

Der Fisch wird auch gerne mit einer Tomatensoße gereicht (vgl. Seite 146).

Als Beilagen eignet sich hier Reis, bevorzugt Basmati-, Jasmin- oder Duftreis, und Salate aller Art.

Arbeitsschritte ca. 15 Min

Vorbereitung

- ✓ Zwiebel klein schneiden
- ✓ Äpfel raspeln oder klein schneiden
- ✓ Fisch mit Zitronensaft säuern, etwas ziehen lassen und salzen *(vgl. Seite 58)*

Zubereitung

- ✓ Topf erwärmen und Fett zugeben
- ✓ kleingeschnittene Zwiebel glasig dünsten
- ✓ Currypulver darüber streuen
- ✓ geraspelte Äpfel zugeben kurz durch dünsten und mit Mehl bestäuben
- ✓ kurz weiterdünsten und dann mit Brühe aufgießen
- ✓ würzen

Kochvorgang und Temperatur

mäßige Temperatur, 15-20 Min.

- ✓ bei mäßiger Temperatur Äpfel weich kochen lassen
- ✓ falls gewünscht durch Sieb streichen oder pürieren
- ✓ mit Zitronensaft abschmecken
- ✓ weitere Geschmackszutaten (zerdrückte Bananen, Wein, Rahm, Kokosmilch) zugeben
- ✓ nochmals erhitzen und kurz vom dem Kochen Fischfilets einlegen
- ✓ Temperatur zurücknehmen und noch 10-15 Min. ziehen lassen
- ✓ abschmecken

Tischfertig machen

- ✓ ggf. Butter, Kräuter und Gewürze darunter rühren
- ✓ umfüllen und servieren

Fisch gedünstet mit Rahmsoße

Zutaten (4 Personen)

800 g	Fischfilet
3-4 EL	Zitronensaft
	Salz
	Pfeffer
30 g	Fett
1	Zwiebel
8 EL	Rahm
etwas	Brühe
etwas	Weißwein
	Petersilie

Auch diese Soße kann ihren Bedürfnissen nach verändert werden.

Als Beilagen eignen sich Petersilienkartoffeln, Bratkartoffeln, Kartoffelbrei, Reis, Gemüse und Salate aller Art.

Arbeitsschritte ca. 15 Min

Vorbereitung
- ✓ Fisch säubern, säuern, salzen und leicht pfeffern *(vgl. Seite 58)*
- ✓ Zwiebel klein schneiden
- ✓ Petersilie wiegen

Zubereitung
- ✓ Pfanne erwärmen und Fett zugeben
- ✓ kleingeschnittene Zwiebel lichtgelb rösten
- ✓ Fisch bei höherer Temperatur zugeben und von beiden Seiten leicht anbraten lassen
- ✓ etwas Rahm zugeben und leicht bräunen lassen

Kochvorgang und Temperatur
mäßige Temperatur, 10-15 Min.

- ✓ wenig Flüssigkeiten zugeben
- ✓ Pfanne verschließen und 10-15 Min. fertig dünsten
- ✓ dabei mehrmals mit Soße übergießen
- ✓ mit Wein, Sahne, Brühe abschmecken und Petersilie bestreuen

Tischfertig machen
- ✓ in vorgewärmte Schüssel geben und servieren

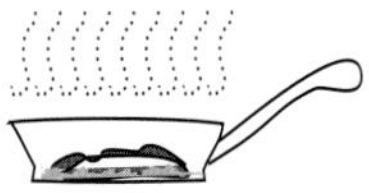

Forelle, Renke nach Müllerin Art

Zutaten (4 Personen)

4	mittelgroße Forellen oder Renken
	Zitronensaft
	Salz
	Pfeffer
etwas	Mehl
	zum Braten
50-60 g	Butter (evtl. mit etwas Öl vermischt)
	zum Begießen
20 g	Butter
4 EL	Petersilie

Als Beilagen eignen sich Petersilienkartoffeln, Bratkartoffeln, Kartoffelbrei, Gemüse und Salate aller Art.

Arbeitsschritte ca. 20 min

Vorbereitung
- ✓ geschuppte Fische säubern und mit Zitonensaft innen und außen säuern, durchziehen lassen und leicht salzen
- ✓ ggf. leicht pfeffern
- ✓ 2-3 mal in Richtung des Grätenlaufes außen leicht einschneiden
- ✓ leicht in Mehl wenden

Zubereitung
- ✓ Pfanne erwärmen und Fett (Butter und Öl gemischt oder Butterschmalz) zugeben
- ✓ Fisch in heißes Fett legen

Kochvorgang und Temperatur

mittlere bis hohe Temperatur, 4-5 Min. pro Seite

- ✓ Fisch bei guter Temperatur beidseitig goldgelb braten

Tischfertig machen
- ✓ mit zerlassener Butter, Petersilie, Salz und Zitrone servieren
- ✓ auf vorgewärmter Platte anrichten und servieren

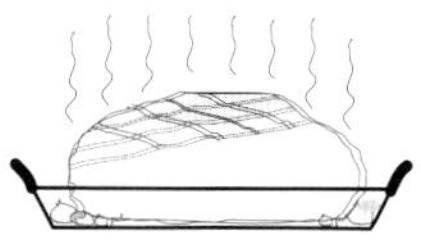

Fleisch

Braten (im Backofen)

Ob Schweine-, Rinder-, Sauer-, Rahm- oder Kalbsbraten, ein ganzer Braten ist ein schönes, einfach vorzubereitendes Gericht. Das Fleisch gart ohne Zusatzaufwand in der Röhre und es können die Beilagen in Ruhe zubereitet werden.

Mit einem geeigneten Fleischstück von guter Qualität und ein paar Grundkenntnissen, ist jeder in der Lage einen schmackhaften Braten zu servieren.

Pro Person ist mit 200 – 250 g Fleisch zu kalkulieren.

Bratdauer und Brathitze

Bratdauer und Brathitze sind vom Fleisch abhängig.
Kleinere Bratenstücke (< 750 g) eignen sich eher zum Schmoren als Braten.
Große Braten und Fleisch mit längerer Garzeit bei niedrigen Temperaturen braten, ca. 200–220 °C.
Kleine Braten und Fleisch mit kürzerer Garzeit bei höheren Temperaturen braten, ca. 220-240 °C.

Richtwerte für Garzeiten für 1 kg Fleisch:

Kalbsbraten	1-1 ½	Stunden
Rinder- und Schweinebraten	1–2	Stunden

Ein Braten wird richtig weich, wenn er mit heißem Bratfond regelmäßig übergossen wird. Wird er mit kaltem Wasser übergossen, wird das Fleisch zäh und trocken, der Garprozess ist unterbrochen. Aus diesem Grund auch bei seitlichem Aufgießen eine heiße Flüssigkeit verwenden.

Eine weitere Möglichkeit, ist das Fleisch mit sehr niedrigen Temperaturen zu braten (ca. 100°C – 160 °C). Der Garprozess verlängert sich, das Fleisch bleibt so aber saftig und wird nicht trocken. Für die letzten 20–30 Min. kann die Temperatur erhöht werden (ca. 220 °C), um die Fleischkruste zu bräunen.

Größere Braten

Pro 500 g kann mit ca. ¼ Stunde mehr Bratzeit kalkuliert werden. Um Bräunung auf beiden Seiten zu erreichen, wird das Bratgut zuerst mit der Oberseite nach unten zugesetzt und nach der Hälfte der Bratzeit gewendet. Gibt man das Wurzelwerk erst nach ca. ½ Stunde zu, wird ein zu dunkles Bräunen vermieden.

Garprobe

Drücken Sie mit einer Löffelunterseite auf den Braten.

- ✓ durchgebratenes Fleisch gibt nicht mehr nach - der Fleischsaft ist farblos bis grau
- ✓ halb durchgebratenes Fleisch gibt nach - der Fleischsaft ist rosa

Bratgerät

Kleinere Fleischstücke in einem Bräter, größere Fleischstücke in der Fettpfanne des Herdes offen braten. Zum Wenden des Stückes Backschaufeln, Löffeln oder Zangen verwenden. Ein Anstechen des Fleisches soll vermieden werden (Saftverlust).

Wurzelwerk

Sellerie, Petersilienwurzel, Pastinaken, Karotten, Zwiebeln, Lauch, Fenchel, Knoblauch, Ingwer ... mitgebraten sorgen für würzige Soßen.

Tischfertig machen und Soßenherstellung

Braten aus der Röhre nehmen und zugedeckt 5–10 Min. ruhen lassen.

Soße

Soll eine Soße hergestellt werden (vergleiche Tipps zur Soßenherstellung Seite 168),

- ✓ das Fleisch aus Pfanne/Bräter nehmen,
- ✓ mit Brühe, Wein und/oder Wasser aufgießen,
- ✓ Bratenansatz aufkochen lassen,
- ✓ falls gewünscht ganze Kräuter (wie z.B. Salbei, Rosmarin, Thymian) zugeben,
- ✓ falls gewünscht eine Scheibe Ingwer, eine Zehe Knoblauch und/oder ein Stück Zitrone zugeben,
- ✓ falls gewünscht und je nach weiterer Verwendung ggf. Rahm oder Creme Fraiche oder Sauerrahm und/oder Tomatenmark und/oder Wein zugeben, abschmecken und Fleisch wieder zugeben (das gebratene Fleisch kann in der Soße noch ziehen; aber nicht kochen lassen, sonst wird es zu trocken und fest),
- ✓ kurz vor dem Servieren ganze Kräuter und sonstige Beigaben aus der Soße „fischen" oder alternativ abseihen,
- ✓ falls gewünscht klein geschnittene Kräuter zugeben und ...

fertig.

Für den Schweinebraten wird die Soße lediglich abgeschmeckt und nicht weiter verfeinert oder gebunden.

Mitgebratenes Wurzelwerk kann mit der „Flotten Lotte" *(vgl. Seite 247)* oder mithilfe eines Siebes durchpassiert werden. Die Soße wird dadurch „gebunden".

Tranchieren

Fleisch mit scharfem Messer gegen die Faser in nicht zu dicke und gleichmäßige Scheiben schneiden, schuppenförmig auf heißer Platte anrichten und mit etwas heißer Soße übergießen.

Garnieren (je nach Jahreszeit)

- Gemüse
  gedünstete Tomaten, Blumenkohl, Spargel, Erbsen, ...

- Früchte
  Preiselbeeren, Orangenscheiben, Mandarinenspalten, Weintrauben, gebratene Bananen, Ananasscheiben,...

- Kräuter
  frisch gezupfte Zweige wie z.B. Rosmarin, Thymian, Petersilie, Schnittlauch, Salbei, Lavendel ...

Beilagen

Kartoffelbrei, Petersilienkartoffeln, Knödel, Reis, Spätzle, Nudeln, alle Gemüsearten und Salat.

Tipps für Soßenzubereitung

oder was man zu Soßen sonst noch wissen sollte.

Tipp 1	***Wenn die Soße zu dünnflüssig ist, ist die einfachste Methode, sie bei starker Hitze ohne Deckel einzukochen.***
Tipp 2	***Ist die Soße zu dick oder fest geraten, lässt sie sich durch Zugabe von Brühe oder Sahne wieder verflüssigen.***
Tipp 3	***Eine geriebene gekochte Kartoffel oder gebratenes Gemüse püriert hinzugeben. Die Soße wird sämig und erhält zusätzlich ein feines Aroma - ideal für dünne Soßen.***
Tipp 4	***Schmorsoßen werden aufgepeppt, indem kleine kalte Butterstücke mit dem Schneebesen untergerührt werden. Die Soße erhält einen samtigen Glanz und einen besseren Geschmack.***
Tipp 5	***Mit „Mehlbutter" können Soßen nachträglich gebunden werden. 25 g Butter mit 30 g Mehl verkneten und kleine Flocken nach und nach in die nicht kochende Flüssigkeit rühren, bis die gewünschte Konsistenz erreicht wird.***
Tipp 6	***Sind Klumpen in der Soße, so kann mit dem Pürierstab Abhilfe geschaffen werden. Falls notwendig, kann die Soße durch einen Sieb gestrichen werden.***
Tipp 7	***Kleingehackter Ingwer und durchgepresster Knoblauch in der Soße belassen und pürieren. Dies verleiht der Soße ein kräftiges Aroma.***

Tipp 8	*Soßen zu Rindfleisch können mit Rotwein, Soßen zu Kalbfleisch mit Weißwein verfeinert werden.*
Tipp 9	*Soßen nach dem Verfeinern mit Sauerrahm/ Sahne/ Creme Fraiche nicht mehr aufkochen lassen, ansonsten flockt der Sauerrahm. Passiert es dennoch hilft der Pürierstab.*
Tipp 10	*Starke Röststoffe (sehr heißes Anbraten in nicht überhitztem Fett) sorgen für sehr gute Geschmacksstoffe in der Soße.*
Tipp 11	*Mitgebratene Knochen sorgen für zusätzliches Aroma.*
Tipp 12	*Benötigt man eine große Menge an Soße, oder will man für einen Besuch gut vorbereitet sein, so können Soßen schon vorab zubereitet werden.* *Hierfür gewürzte Knochen und Wurzelwerk (analog Fleischbraten) in der Fettpfanne bei hoher Temperatur braten, regelmäßig mit wenig kochender Flüssigkeit (Wasser oder Brühe) aufgießen und anschließend die Soße nach Wunsch fertigstellen. Neu angefallener Bratensaft kann zu der bereits fertiggestellten Soße hinzugefügt werden.*
Tipp 13	*Geflügelsoßen* *Zwiebel und Geflügelkleinteile in der Pfanne gut anbraten, hin und wieder mit kochender Flüssigkeit aufgießen, abseihen. Bratensaft des Geflügels hinzugeben und abschmecken.*

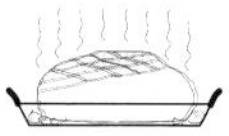

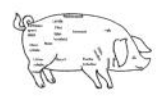

SCHWEINEBRATEN (FETTBRATEN) / SCHWEINSHAXE

ZUTATEN (4 PERSONEN)

1 kg	Schweinefleisch (Hals, Nuss, Hüfte, Dicke Schulter)
	oder
1-2	Schweinshaxen
1-2	Zwiebeln
etwas	Wurzelwerk (Karotten, Petersilie, Sellerie, ...)
	Salz
	Pfeffer
	Knoblauch
	Kümmel
	Majoran
	ggf. Brotrinde (gibt Farbe in die Soße)
	evtl. Knochen (gibt guten Geschmack in der Soße)
½ l	Flüssigkeit (Wasser oder Brühe)

Größere Fleischstücke mit der Oberseite nach unten in das Bratgerät legen und nach der Hälfte der Bratzeit wenden.

ARBEITSSCHRITTE CA. 15 MIN

Vorbereitung

- ✓ Fleisch und Knochen waschen
- ✓ ggf. Schwarte im Karomuster einschneiden
- ✓ geschälten Knoblauch durch Knoblauchpresse drücken
- ✓ Wurzelwerk grob würfeln
- ✓ Backofen vorheizen

Zubereitung

- ✓ unmittelbar vor dem Braten Fleisch mit Salz, Pfeffer, Knoblauch einreiben und würzen
- ✓ Fleisch, Wurzelwerk, Knochen und Brotrinde in das Bratgerät geben

Bratvorgang und Temperatur

220 –240 °C, 1 ½ bis 2 Stunden

- ✓ in vorgeheizte Bratröhre (mittlere Schiene) geben
- ✓ mit ausgebratenem Bratensaft öfter begießen
- ✓ sobald Fleisch und Bratzutaten schöne Farbe haben, wenig kochende Flüssigkeit seitlich zugeben
- ✓ öfter begießen
- ✓ bei Bedarf weiter wenig kochende Flüssigkeit zugeben
- ✓ bei sehr fetten Braten ggf. Fett abschöpfen
- ✓ um knusprige Schwarte zu erhalten diese kurz vor Ende mit kaltem Wasser oder Bier bestreichen

Tischfertig machen

- ✓ Fleisch aus dem Backofen nehmen und zugedeckt 5-10 Min. ruhen lassen
- ✓ Soße abgießen und abschmecken
- ✓ fertigstellen und tranchieren *(vgl. Seite 166 ff.)*

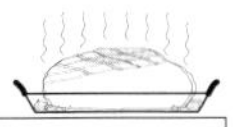

Magerbraten (Rind oder Kalb)

Zutaten (4 Personen)		Arbeitsschritte ca. 15 min
1 kg	Rind (Runde Nuss, Schulter, Bürgermeisterstück) oder Kalb (Oberschale, Hüfte, Schulter, Nierenbraten, Brust)	**Vorbereitung** ✓ Fleisch und Knochen waschen ✓ Kräuter ggf. zerkleinern und hacken (oder im Ganzen zugeben) ✓ Wurzelwerk grob würfeln ✓ Backofen vorheizen **Zubereitung** ✓ unmittelbar vor dem Braten mit Salz, Pfeffer und Kräutern einreiben ✓ Wurzelwerk und Knochen in Bratgerät geben
1-2 etwas	Zwiebeln Wurzelwerk (Karotten, Petersilie, Sellerie, ...)	**Bratvorgang und Temperatur** 200 –230°C, 1 bis 2 Stunden (Kalb ist schneller durchgebraten)
	Salz Pfeffer Paprika Salbei Rosmarin	✓ in vorgeheizte Bratröhre mittlere Schiene geben ✓ sobald Fleisch und Bratzutaten schöne Farbe haben wenig kochende Flüssigkeit seitlich zugeben ✓ öfter begießen ✓ bei Bedarf weiter wenig kochende Flüssigkeit zugeben
	evtl. Knochen von Rind oder Kalb (gibt guten Geschmack in der Soße)	**Tischfertig machen** ✓ Fleisch aus dem Backofen nehmen und zugedeckt 5-10 Min. ruhen lassen ✓ Soße abgießen und abschmecken ✓ fertigstellen und tranchieren *(vgl. Seite 166 ff.)*
½ l	Flüssigkeit (Wasser oder Brühe)	
etwas	Rotwein für Rind Weißwein für Kalb	

Größere Fleischstücke mit der Oberseite nach unten in das Bratgerät legen und nach der Hälfte der Bratzeit wenden.

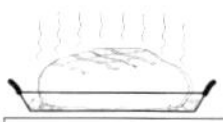

Rinderfilet / Rinderlende / Roastbeef

Zutaten (4 Personen)

1 kg	Rinderfilet oder -lende, Kalbslende (sehr gut abgehangen)
1-2	Zwiebeln
	Salz Pfeffer
¼-⅜ l	Flüssigkeit (Wasser oder Brühe)
	nach Belieben Rotwein

Etwa 5 Min. vor Ende kann das Fleisch mit Rahm bestrichen werden. Dies garantiert eine schöne Farbe.

Fleisch nach dem Braten auf jeden Fall zugedeckt 10 Min. ruhen lassen.

Filet soll innen noch zart rosa, aber nicht mehr blutig sein. Der Fleischsaft ist dabei rosa, aber klar. Fleischstück gibt bei Druck mit Löffel etwas nach.

Soße nach Belieben mit Sahne und/oder Rotwein verfeinern.

Kalt fein aufgeschnitten ist es mit einer Meerrettich- oder Cumberlandsoße sehr beliebt.

Arbeitsschritte ca. 15 Min

Vorbereitung

- ✓ Fleisch häuten, von Fett, Sehnen und Seitenlappen befreien, waschen
- ✓ Zwiebeln schälen und grob würfeln (häutige Abfälle in Fett mit Zwiebeln anbräunen und mit kaltem Wasser aufgießen, auskochen und als Brühe für Soße verwenden)
- ✓ Backofen vorheizen 220 °C

Zubereitung

- ✓ Fleisch unmittelbar vor dem Braten mit Salz, Pfeffer einreiben
- ✓ Bräter mit Wasser ausspülen, Zwiebeln einlegen
- ✓ Fleisch in Bräter einlegen und restliche Zwiebeln zugeben

Bratvorgang und Temperatur

200–220 °C, ca. 40 Min.

- ✓ in vorgeheizte Bratröhre geben
- ✓ mit ausgebratenem Fett öfter begießen
- ✓ sobald Fleisch und Bratzutaten schöne Farbe haben wenig kochende Flüssigkeit seitlich zugeben
- ✓ öfter begießen
- ✓ bei Bedarf weiter wenig kochende Flüssigkeit seitlich zugeben

Tischfertig machen

- ✓ Fleisch aus dem Backofen nehmen und zugedeckt 5-10 Min. ruhen lassen
- ✓ falls gewünscht Soße herstellen
- ✓ Soße abgießen und abschmecken
- ✓ fertigstellen und tranchieren
  (vgl. Seite 166 ff.)

Sauerbraten

Zutaten (4 Personen)

Beize

1 l	Wasser
	Salz
¼ l	Essig oder Rotwein
1	Zwiebel
4	Pfefferkörner
2	Nelken
2-3	Lorbeerblätter
4-6	Wacholderbeeren
	Rosmarin
etwas	Wurzelwerk (Karotten, Petersilie, Sellerie, ...)

Braten

1 kg	Rindfleisch (Bürgermeisterstück, Schulterblatt, Rose, Bug)
1-2	Zwiebeln

Soße
Zuckereinbrenne

30 g	Fett
1 TL	Zucker
40 g	Mehl
⅜ l	Bratensoße/Beize
4 EL	Sahne
	etwas Rotwein

Zucker darf bei der Einbrenne nicht zu dunkel bräunen, da er sonst bitter schmeckt.

Beilagenvorschlag:
Spätzle, Blaukraut oder Rosenkohl

Arbeitsschritte ca. 30 min

Vorbereitung

- ✓ Fleisch waschen
- ✓ Wurzelwerk und Zwiebel schneiden
- ✓ alle Zutaten in Beize legen
- ✓ Fleisch in kalte Beize einlegen
- ✓ zugedeckt 3–8 Tage kühl stellen

Zubereitung

- ✓ Braten wie Magerbraten *(vgl. Seite 171)*

Soßenvorschlag

Zuckereinbrenne herstellen:

- ✓ Zucker in heißem Fett hellgelb bräunen
- ✓ Mehl zugeben
- ✓ goldgelb rösten
- ✓ nach Belieben geschnittene Zwiebel mitrösten
- ✓ wenn das Mehl goldgelb ist sofort mit Bratensoße und/oder etwas Beize aufgießen
- ✓ 10 Min. leise kochen lassen
- ✓ mit Sieb abseihen und gut ausdrücken
- ✓ mit Rotwein und Sahne verfeinern
- ✓ abschmecken

Tischfertig machen

- ✓ fertigstellen und tranchieren

KURZGEBRATENES

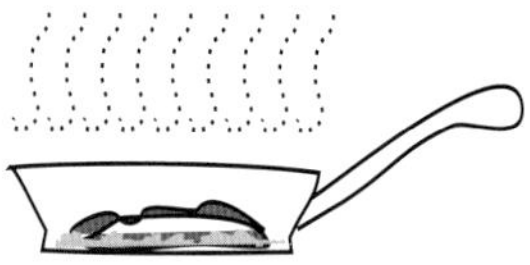

Fleisch

Fleischstücke werden portionsweise durch Braten oder Backen in der Pfanne gegart.

Das Fleisch wird mit einem feuchten Tuch abgewischt. Um das Weichwerden des Fleisches zu begünstigen kann es mit Zitronensaft und Öl (falls gewünscht auch Kräuter) bestrichen und einige Zeit kalt gestellt werden.

Gesalzen und gewürzt wird am besten während und nach dem Bräunen um einen Saftverlust zu vermeiden.

Braten und Temperatur

Pfannen vor dem Einlegen des Fleisches heiß werden lassen und dann erst das Fett (z.B. Butterschmalz) zugeben *(vgl. Zubereitungsart Kurzbraten Seite 84)*

Schweine- und Kalbfleisch immer ganz durchbraten lassen, Rindfleisch ist saftiger wenn es nicht ganz durchgebraten ist.

Das Braten erfolgt ohne Wasserzugabe.

Soßen und Beilagen

Falls keine Soße zubereitet wird, kann mit Kräuterbutter, Meerrettich, gedünsteten Zwiebelringen, Preiselbeeren, Orangenscheiben, ... ein schmackhaftes Gericht angerichtet werden.

Wollen Sie eine Soße herstellen, so eignen sich verschiedene Soßenvarianten *(vgl. Soßenherstellung Seite 166).*

Als Beilagen sind alle Nudeln, Kartoffelgerichte und Gemüsearten, sowie verschiedene Salate zu empfehlen.

Übersicht zu Kurzgebratenem

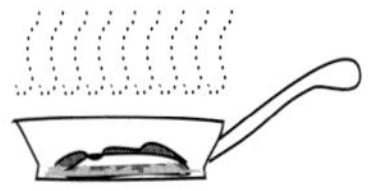

Fleischspeisen kurzgebraten				
Fleischart	Stück	Größe	Bratdauer je Seite bei starker Hitze	Bratdauer je Seite bei mittlerer Hitze
	Filetsteak	150–200 g ca. 2–3 cm dick	2-3 min	4-5 min
	Entecrôte	ca. 400 g ca. 4 cm dick	3-5 min	6-8 min
	Medaillon	100-150 g ca. 3 cm dick	3–4 min	4-6 min
	Rumpsteak	200-300 g ca. 3 cm dick	4-5 min	5-7 min
	Medaillon	ca. 3 cm dick	3-4 min	nicht zu empfehlen
	Kotelett	ca. 3 cm dick	4-5 min	6-8 min
	Schnitzel	ca. 2 cm dick	4-5 min	6-8 min paniert
	Medaillon	ca. 3 cm dick	4-6 min	6-8 min
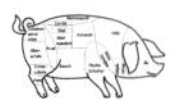	Kotelett	ca. 3 cm dick	4-6 min	6-8 min
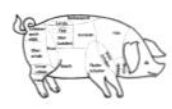	Schnitzel	ca. 3 cm dick	5-6 min	7-9 min paniert

Eine **Panade** schützt Schnitzelfleisch vor dem Austrocknen.

- ✓ Schnitzel trocken tupfen und mit Salz einreiben
- ✓ Fleisch in Mehl wenden und anschließend beidseitig in ein mit etwas Milch oder Wasser verquirltes Ei tauchen
- ✓ Fleisch in Semmelbrösel wenden und überschüssige Panade abklopfen

Tipp ***Noch feiner schmeckt die Panade, wenn verschiedene Gewürze, Kräuter unter das Mehl oder geriebener Käse unter die Semmelbrösel gemischt werden.***

Tipp ***Gesunde Alternative - gewürztes Fleisch in Sesamsaat wenden.***

Schmorgerichte

Fleisch

Gulasch, Rouladen und Schmorbraten sind beliebte Schmorgerichte. Das Schmoren eignet sich für alle Fleischarten, insbesondere für das Fleisch älterer Tiere und kleiner Fleischstücke (< 750 g). Das Fleisch bleibt saftiger und trocknet nicht aus. Schweinefleisch und Kalbfleisch müssen nicht so stark angebräunt werden.

Schmoren und Temperatur

Bei Schmorgerichten wird das Fleisch von allen Seiten in heißem (aber nicht überhitztem) Fett mit hoher Temperatur vorgebraten und anschließend mit niedriger Temperatur im geschlossenen Topf mit wenig Flüssigkeitszugabe weiter gegart. Kleingeschnittenes Fleisch muss besonders heiß angebraten werden, um vermehrtes Saftziehen zu vermeiden. Hier empfiehlt es sich, erst nach dem Anbraten zu würzen.

Größere zerteilte Fleischmengen (wie z.B. größere Mengen an Gulasch) sollten in mehreren Portionen angebraten werden, um einen Saftverlust zu verhindern.

Beim Schmoren entstehen durch das starke Bräunen viele Röst- und Geschmacksstoffe, die eine kräftig schmeckende Soße ergeben. Allerdings wird das Gericht dadurch auch schwerer verdaulich.

Wichtig ist, dass

- ✓ nur wenig kochende Flüssigkeit zugegeben wird und
- ✓ das Fleisch im geschlossenen Topf bei mäßiger niedriger Temperatur gegart aber **nicht gekocht** wird.

Soßen und Beilagen

Zu Schmorgerichten eignen sich Soßen die mit Sahne, Sauerrahm oder Creme Fraiche und ggf. einen Schuss Rotwein und/oder Tomatenmark verfeinert werden
(vgl. Soßenherstellung Seite 166).

Als Beilagen sind Kartoffelgerichte, Knödel, Spätzle, Nudeln, Gemüse wie Blaukraut, Rosenkohl, Zucchini, ... und Salate aller Art zu empfehlen.

Grundrezept Schmorbraten

Zutaten (4 Personen)

¾ kg	Fleisch (Rind: Rose, Bürgermeisterstück, Schulter; Schwein: Hals, Schulter; Kalb: Beinscheiben)
1-2	Zwiebeln
etwas	Wurzelwerk (Karotten, Petersilienwurzel, Sellerie, Stangensellerie, ...)
20 g	Fett oder Öl
	Salz
	Pfeffer
	Paprika
¼-⅜ l	kochende Flüssigkeit (Wasser, Brühe, Wein)
	nach Belieben
2	ganze Tomaten oder passierte Tomaten
	Rahm
	Wein
etwas	Zitronenschale
	Rosmarin
	Salbei
	Thymian

Der Dampf trägt zum Garprozess bei.

Zu starkes, heißes Schmoren macht das Fleisch faserig und trocken.

Man kann das Fleisch vor dem Anbraten auch kurz in Mehl wenden, um ein rasches Bräunen zu erreichen und einen Saftaustritt zu vermeiden.

Vorteilhaft ist, den Schmorprozess im Backofen bei 100 °C fortzuführen. So ist der Herd frei für andere Vorgänge.

Arbeitsschritte ca. 20 min

Vorbereitung
- ✓ Fleisch häuten, waschen
- ✓ Wurzelwerk grob schneiden
- ✓ Tomaten in Scheiben schneiden

Zubereitung
- ✓ Fleisch würzen
- ✓ Topf zum Schmoren erhitzen
- ✓ Fett zugeben
- ✓ Fleisch von allen Seiten im offenen Topf mit hoher Temperatur anbräunen
- ✓ wenn das Fleisch eine gute Farbe hat Temperatur zurücknehmen (mittlere Stufe)
- ✓ Zwiebeln, Wurzelwerk zugeben und etwas mitbräunen
- ✓ wenig kochende Flüssigkeit seitlich aufgießen (Topfboden sollte bedeckt sein)
- ✓ salzen
- ✓ Tomaten und Kräuter hinzufügen

Schmorvorgang und Temperatur
mäßige Temperatur, ca. 1 – 2 Std.

- ✓ Temperatur zurücknehmen (kleine Stufe)
- ✓ Topf mit Deckel schließen
- ✓ 1,5 Stunden schmoren lassen
- ✓ Fleisch öfter wenden
- ✓ geringe kochende Flüssigkeit nachgießen (nur bei Bedarf)

Tischfertig machen
- ✓ Fleisch aus der Soße nehmen und zudeckt ca. 5 Min. ruhen lassen
- ✓ Soße abgießen und abschmecken (falls gewünscht: Bratgemüse und Wurzelwerk zum Verzehr in der Soße belassen)
- ✓ fertigstellen und tranchieren
  (vgl. Seite 166 ff.)

Grundrezept Gulasch

Zutaten (4 Personen)

¾ kg	Fleisch (Rind: Schulter, Unterschale; Schwein: Schulter, Unterschale; Kalb: Hüfte, Schulter, Unterschale)
3-4	Zwiebeln
1 Zehe	Knoblauch
20 g	Fett oder Öl
	Salz
	Pfeffer
	Paprika (edelsüß)
¼-⅜ l	kochendes Wasser
	nach Belieben
2-3	Tomaten
	etwas Zitronenschale
	Thymian
250 g	Tomaten püriert
	Karotten
	Lauch

Man kann das Fleisch beim Anbraten mit Mehl bestäuben, um ein rasches Bräunen zu erreichen und einen Saftaustritt zu vermeiden.

Ich liebe Gulasch mit vielen Zwiebeln die eine sämige Soße garantieren. Aufgewärmt schmeckt Gulasch noch besser!

Gewürfelte Karotten und/oder Lauch mit den Zwiebeln zugegeben, sorgen für eine weitere „gesunde" Komponente.

Zudem kann auch separat gedünstetes Gemüse nach dem Schmorvorgang untergemischt werden.

Als Beilage empfehle ich Nudeln oder Kartoffeln.

Arbeitsschritte ca. 20 min

Vorbereitung
- ✓ Zwiebeln würfeln
- ✓ Knoblauch schälen und schneiden
- ✓ Fleisch waschen
- ✓ Fleisch in Würfel (ca. 2 cm Kantenlänge) schneiden
- ✓ Tomaten häuten und vierteln

Zubereitung
- ✓ Topf erhitzen
- ✓ Fett zugeben
- ✓ Fleisch ungewürzt von allen Seiten im offenen Topf mit hoher Temperatur anbräunen
- ✓ wenn das Fleisch eine gute Farbe hat, Temperatur zurücknehmen (mittlere Stufe)
- ✓ Zwiebeln zugeben und mitbräunen
- ✓ mit Paprika bestäuben
- ✓ Knoblauch zugeben
- ✓ mit wenig kochender Flüssigkeit seitlich aufgießen (Topfboden sollte bedeckt sein)
- ✓ salzen
- ✓ Tomaten und Thymian hinzufügen

Schmorvorgang und Temperatur
mäßige Temperatur, ca. 1 Std.

- ✓ Temperatur zurücknehmen (kleine Stufe)
- ✓ Topf mit Deckel schließen
- ✓ 1 Stunde garen lassen
- ✓ Fleisch öfter wenden
- ✓ wenig kochende Flüssigkeit nachgießen (nur bei Bedarf)
- ✓ Zitronenschale hinzugeben (nur kurz in der Soße belassen)
- ✓ gegen Ende pürierte Tomaten zugeben

Tischfertig machen
- ✓ abschmecken und servieren

Grundrezept Rouladen

Zutaten (4 Personen)

4 dünne Scheiben Rouladenfleisch

Füllung
50 g Bauchspeck oder durchwachsener Rauchspeck
2 Zwiebeln
2 Gewürzgurken
reichlich Petersiliengrün
Senf mittelscharf

Schmoren
20 g Fett oder Öl
2 Zwiebeln

Salz
Pfeffer

⅜-½ l kochende Flüssigkeit

Soße nach Belieben
Rahm
Tomatenmark
Wein

Einfacher und schneller ist es, dünne Speckscheiben nach dem Senfaufstrich auf die Rouladen zu legen, anschließend Zwiebeln und Petersilie aufzustreichen und die Gurke aufzulegen.

Rouladen können nach Blieben auch mit anderen Gemüsearten gefüllt werden: Karotten, Lauch, Pilze, Zucchini, …

Analog können auch Kalbsrouladen und Schweinsrouladen zubereitet werden. Bei Kalbsrouladen verkürzt sich der Schmorprozess; Dauer ca. ¾-1 Std.

Arbeitsschritte ca. 40 min

Vorbereitung
- ✓ Speck und Zwiebeln fein würfeln und dünsten
- ✓ Petersilie zu Speck und Zwiebeln geben
- ✓ Gurken in Streifen schneiden
- ✓ Fleischscheiben salzen und mit Senf bestreichen
- ✓ Speck, Zwiebeln und Petersilie auf die 4 Scheiben verteilen und aufstreichen
- ✓ Gurken auflegen
- ✓ Fleisch mit Füllung aufrollen und mit Hölzchen oder Rouladenklammern befestigen

Zubereitung
- ✓ Topf erhitzen
- ✓ Fett zugeben
- ✓ Rouladen von allen Seiten in offenem Topf mit hoher Temperatur anbräunen
- ✓ wenn das Fleisch eine gute Farbe hat Temperatur zurücknehmen (mittlere Stufe)
- ✓ Zwiebeln zugeben und mitbräunen
- ✓ mit wenig kochender Flüssigkeit seitlich aufgießen (Topfboden sollte bedeckt sein)

Schmorvorgang und Temperatur
mäßige Temperatur, ca. 1 – 2 Std. (je nach Größe)

- ✓ Temperatur zurücknehmen (kleine Stufe)
- ✓ Topf mit Deckel schließen
- ✓ Fleisch öfter wenden
- ✓ geringe kochende Flüssigkeit nachgießen (nur bei Bedarf)

Tischfertig machen
- ✓ Rouladen aus der Soße nehmen und Hölzchen etc. entfernen
- ✓ Soße abseihen und fertig machen *(vgl. Seite166)*

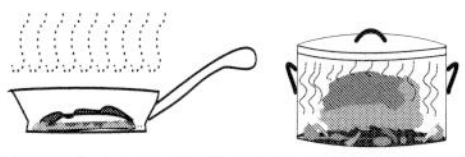

Grundrezept Geschnetzeltes

Zutaten (4 Personen)

¾ kg	geeignetes Fleisch (Rind: Kugel, Rose, Filet, Lende; Schwein: Nuss, Oberschale, Unterschale, Filet; Kalb: Ober-, Unterschale, Schulter)
20 g	Fett oder Öl
1	Zwiebel
	Zitronensaft
	Salz
	Kräuter
⅛–¼ l	kochende Flüssigkeit (ggf. Brühe)
	nach Belieben
4-5 EL	Rahm
	Tomatenmark
	Wein
	Kräuter
	Knoblauch
	Ingwer

Größere Fleischmengen portionsweise anbräunen, da Fleisch sonst zu viel Saft zieht.

Sehr zartes Rindfleisch heiß anbraten und dann nur leicht ziehen lassen. Zartes Schweine- oder Kalbfleisch nur ein paar Mal in der Soße aufkochen lassen. Zu langes Garen macht das Fleisch trocken und faserig.

Schweinefleisch muss nicht so stark angebräunt werden wie Rindfleisch.

Lende und Filet sind für dieses Gericht sehr edle zartfaserige Zutaten. Sie sind schnell durchgegart.

Arbeitsschritte ca. 20 Min

Vorbereitung
- ✓ Zwiebel fein schneiden
- ✓ Fleisch mit feuchtem Tuch abwischen
- ✓ ggf. mit Zitronensaft marinieren und ½ Std. kalt stellen
- ✓ gegen die Faser in kleine Scheibchen oder Streifen schneiden

Zubereitung
- ✓ Topf erhitzen
- ✓ Fett zugeben
- ✓ Zwiebeln auf Stielpfanne andünsten
- ✓ Fleischscheiben bei guter Hitze anbräunen
- ✓ falls gewünscht Mehl darüber streuen
- ✓ mit wenig kochender Brühe aufgießen

Bratvorgang und Temperatur

mäßige Temperatur, ca. 15 Min.

- ✓ sobald das Fleisch gut angebraten ist aus der Pfanne nehmen und zugedeckt warm halten
- ✓ Temperatur zurücknehmen (kleine Stufe)
- ✓ mit kochender Flüssigkeit aufgießen und Soße nach Wunsch fertigstellen *(vgl. Seite 166)*
- ✓ Fleisch in Soße legen und noch etwas ziehen lassen

Tischfertig machen
- ✓ Soße mit Rahm und etwas Wein abschmecken

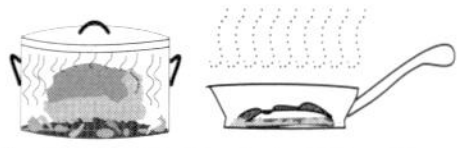

Asiatisches Fleischgericht

Zutaten (4 Personen)

¾ kg	geeignetes Fleisch (Rind: Kugel, Rose, Filet, Lende; Schwein: Nuss, Oberschale, Unterschale, Filet; Kalb: Ober-, Unterschale, Schulter)
	Schmoren
20 g	Fett oder Öl
1-2	Zwiebeln
ca. 50 g	Ingwer
1-2	Knoblauchzehen
	Salz
¼ l	Kokosmilch
	Kräuter (bevorzugt Koriander, Zitronengras, Kafirblätter, ...)
⅛ l	kochende Flüssigkeit
¼ l	Kokosmilch
	nach Belieben
	Curry, Chili, Kurkuma, Kreuzkümmel, Tomatenmark, Wein, Sojasoße
	Honig

In die Paste können Korianderwurzeln, Peperonis, Zitronengras, Gewürze und vieles mehr (oder auch weniger) je nach Geschmack verarbeitet werden.
Gedünstetes bissfestes Gemüse zum Schluss unterheben, etwas ziehen lassen.
Die Kokosmilch kann auch durch Brühe ersetzt werden.

Als Beilage eignet sich hervorragend ein (Langkorn-, Duft-, Basmati-) Reis.
Dieses Gericht ist schnell zubereitet. Durch unterschiedliche Zutaten und Gewürze können viele Variationen aufgetischt werden.

Arbeitsschritte ca. 20 Min

Vorbereitung
- ✓ Paste aus Zwiebeln, Ingwer und Knoblauch herstellen (Zutaten schneiden und mit Pürierstab zerkleinern)
- ✓ Fleisch mit feuchtem Tuch abwischen
- ✓ gegen die Faser in kleine Scheiben oder Streifen schneiden
- ✓ ggf. Fleisch mit Marinade aus Honig, gepresstem Knoblauch und Sojasoße bestreichen und einziehen lassen

Zubereitung
- ✓ Topf erhitzen
- ✓ Fett zugeben
- ✓ Fleisch bei guter Hitze anbräunen
- ✓ Zwiebeln, Ingwer und Knoblauchpaste in Stielpfanne andünsten und zu dem Fleisch geben
- ✓ Temperatur zurücknehmen
- ✓ salzen
- ✓ mit wenig kochender Flüssigkeit aufgießen

Schmorvorgang und Temperatur
mäßige Temperatur, ca. 15 Min.

- ✓ Temperatur zurücknehmen (kleine Stufe)
- ✓ Pfanne mit Deckel schließen
- ✓ Fleisch öfter wenden
- ✓ Kokosmilch zugeben
- ✓ Gewürze zugeben

Tischfertig machen
- ✓ Soße abschmecken

Alternativ kann das gegarte Fleisch zur Soßenherstellung aus der Pfanne genommen werden (vgl. Geschnetzeltes Seite 181).

Hackfleischgerichte

Hackfleischgerichte sind nicht nur bei Kindern sehr beliebt. Das Fleisch kann ohne Kraftaufwand geschnitten werden und ist gut zu kauen.

Je nach Verwendung kann Hackfleisch als

- Braten (Hackbraten),
- Kurzgebratenes (Fleischpflanzerl, Frikadellen, Bällchen),
- Geschmortes oder Gedünstetes (Krautwickerl, gefüllte Paprikaschoten, gefüllte Zucchini, ...)
- Gekochtes (Fleischknödel)

zubereitet werden.

Das Hackfleisch wird beim Metzger frisch durch den Fleischwolf gedreht. Beachten Sie:

- Hackfleisch maximal 1 Tag an der kühlsten Stelle im Kühlschrank aufbewahren (Hackfleisch verdirbt aufgrund der großen Oberfläche sehr schnell)
- zubereiteten rohen Fleischteig nur kurz im Kühlschrank lagern - besser ist es ihn gegart aufzubewahren
- Hackfleischgerichte dürfen aufgrund der Salmonellengefahr *(vgl. Seite 78)* nur ganz durchgegart serviert werden

Gemischtes Hackfleisch (halb Rind, halb Schwein) schmeckt saftig. Viel sehr fettes Schweinefleisch mindert allerdings die Bindefähigkeit des Fleischteiges. Auch mit reinem Rindhackfleisch können schmackhafte Ergebnisse erzielt werden.

Fleischteig ist gut mit nassen Händen zu formen.

Das Grundrezept zum Fleischteig kann mit allerlei kleingeschnittenem, oder besser noch geriebenem Gemüse (Karotten, Kohlrabi, ...) und Körnern (Sonnenblumenkerne, Sesamsaat, ...), oder gekochtem Reis vitaminreicher und geschmacklich vielfältig zubereitet werden. Besitzen Sie einen Fleischwolf und stellen ihr Hackfleisch selbst her, so können Zwiebeln, Kräuter und Gemüse durch die kleine Lochscheibe gedreht werden.

Für Fleischpflanzerl (Frikadellen) empfiehlt es sich Zwiebeln und Gemüse, welches Sie mit hinein verarbeiten können, vorher leicht anzudünsten. Die Bratzeit reicht nicht aus um z.B. den Zwiebeln den „Biss" zu nehmen.

Alle Zutaten für den Fleischteig müssen gut geknetet werden. Je länger Sie kneten umso bindefähiger ist der Teig. Macht der Fleischteig noch einen matschigen, klebrigen Eindruck, so geben Sie 2-3 EL Semmelbrösel hinzu, kneten den Teig nochmal gründlich durch und lassen ihn anschließend 10 Min. ruhen.

Fleischteig kann gut mit dem Knethaken des Handrührgerätes, oder der Küchenmaschine hergestellt werden.

Wollen Sie den Fleischteig ohne Eier herstellen, so ist das durchaus möglich. Die weitere Zugabe von Mehl, Semmelbrösel oder eingeweichten, geschroteten Grünkern, hilft die Bindefähigkeit des Teiges zu erhöhen.

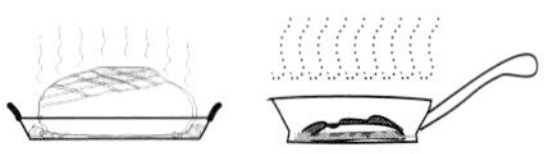

GRUNDREZEPT HACKFLEISCHTEIG (HACKBRATEN UND FLEISCHPFLANZERL)

ZUTATEN (4 PERSONEN)

ARBEITSSCHRITTE CA. 20 MIN

375 g	Hackfleisch
1-2	alte Semmeln
	Wasser zum Einweichen
1-2	Eier
	Salz
1-2	Zwiebeln
1-2 EL	Petersilie
ggf.	Semmelbrösel
	nach Belieben
	Knoblauch
etwas	geriebene Zitronenschale
	Pfeffer, Muskat
	Majoran, Basilikum
	Thymian
ca. 75 g	Gemüse fein gerieben
ca. 50 g	Sesam
	Sonnenblumen-, oder Kürbiskerne
	scharfer Senf
	Soße verfeinern
	Brühe, Wein, Tomatenmark, Rahm,..

Fleischpflanzerl und aufgeschnittener Hackbraten sind wunderbar als Kaltgericht geeignet.

Idealer Belag für Brotzeiten aller Art.

Auch als Vorrat portionsweise eingefroren sehr zu empfehlen.

Vorbereitung

✓ alte Semmeln in Wasser einweichen
✓ Zwiebel fein schneiden
✓ Petersilienblätter schneiden und fein wiegen
✓ ggf. Gemüse fein reiben
✓ ggf. Zwiebeln (Gemüse) in Butter andünsten

Zubereitung

✓ Semmeln gut ausdrücken
✓ Hackfleisch mit Eiern, Zwiebeln, Kräutern (Gemüse, Körner) und allen Gewürzen sehr gut durchkneten
✓ mit nassen Händen Fleischteig je nach Verwendung formen

Bratvorgang und Temperatur

Fleischpflanzerl:
mittlere Temperatur, 10-15 Min.

✓ in guter Hitze anbraten, bei mäßiger Hitze auf beiden Seiten langsam gar braten

Hackbraten:
230 °C, ¾-1 Std.

✓ Fleischteig zu länglichen glatten Wecken formen, ggf. mit heißem Fett übergießen, im vorgeheizten Backofen auf der Mittelschiene wie Magerbraten braten (mit Wurzelwerk, nicht wenden, ab und zu mit heißem Bratenfett begießen

Tischfertig machen

✓ falls gewünscht Soße herstellen
(vgl. Seite 166)

 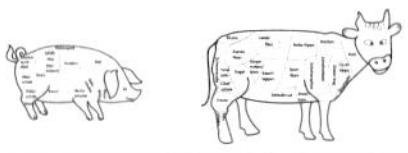

GEFÜLLTES GEMÜSE (Z.B. PAPRIKA)

ZUTATEN (4 PERSONEN)

	Hackfleischteig (siehe Grundrezept, falls gewünscht mit 150 g gekochtem Reis vermengen)
8	mittelgroße Paprika
	Zitronensaft
20 g	Fett
¼-⅜ l	Flüssigkeit
	Soße verfeinern
4	Tomaten oder
	Tomatenmark
	Rahm
	Wein
	Kräuter

Varianten:

- ✓ ausgehöhlte Gurken- oder Zucchinihälften mit Zitronensaft beträufeln
- ✓ ausgehöhltes Gemüse zerkleinern und unter den Hackfleischteig mengen
- ✓ Hackfleischfüllung einfüllen, mit geriebenem Käse bestreuen
- ✓ in vorgeheizter Backröhre bei 220 °C ca. eine ¾ Std. offen backen

ARBEITSSCHRITTE CA. 30 MIN

Vorbereitung

- ✓ Hackfleischteig (wie im Grundrezept beschrieben) herstellen
- ✓ Paprikaschoten waschen
- ✓ Deckel abschneiden
- ✓ Kerne, Stielansatz und Scheidewände entfernen
- ✓ leicht salzen und mit Zitronensaft beträufeln

Zubereitung

- ✓ Hackfleischteig in die Paprikaschoten füllen
- ✓ Deckel ohne Stielansatz darauflegen
- ✓ ausreichend großen Topf erhitzen
- ✓ Fett zugeben

Bratvorgang und Temperatur

mittlere Temperatur, 30 – 45 Min.

- ✓ gefüllte Schoten in heißem Fett andünsten
- ✓ im geschlossenen Topf unter Zugabe von wenig Flüssigkeit fertig dünsten lassen
- ✓ nach ca. 15 Min. Tomaten zwischen die Schoten stellen und mitdünsten (Tomatenmark erst während der 2. Hälfte der Zubereitungszeit zugeben)

Tischfertig machen

- ✓ Soße fertig machen
- ✓ servieren

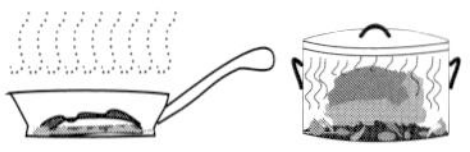

Pasta asciutta / Bolognese

Zutaten (4 Personen)

- 375 g Hackfleisch
- 20 g Fett
- 3-4 Zwiebeln
- Salz
- Pfeffer
- 250 g pürierte Tomaten

nach Belieben

- 250 g Gemüse (Karotten, Zucchini, Lauch, ...)
- Brühe
- Rotwein
- Knoblauch
- Honig
- Chili
- Basilikum oder andere Kräuter
- geriebener Käse (Parmesan)

Das leckere Gericht kann mit Gemüse (z.B. gewürfelte Karotten, Lauch, Zucchini,...) angereichert werden. Das kleingeschnittene Gemüse wird zusammen mit den Zwiebeln gedünstet.

Mit Nudeln serviert, Käse zum darüber streuen und einen grünen Salat ist es ein vollwertiges schnell zuzubereitendes Mahl.

Die Soße eignet sich prima zum Tiefkühlen. Deshalb, mein Tipp, bereiten Sie die doppelte Portion zu.

Arbeitsschritte ca. 15 min

Vorbereitung

- ✓ Zwiebeln schneiden
- ✓ ggf. Gemüse gleichmäßig in Würfel schneiden

Zubereitung

- ✓ Topf erhitzen
- ✓ Fett zugeben
- ✓ Hackfleisch anbraten
- ✓ Zwiebeln und Gemüse zugeben und mit andünsten
- ✓ während des Andünstens gut umrühren
- ✓ salzen
- ✓ pürierte Tomaten hinzugeben umrühren
- ✓ ggf. Brühe oder Rotwein hinzufügen

Kochvorgang und Temperatur

mäßige Temperatur, ca. 30 Min.

- ✓ Topf schließen
- ✓ ab und zu umrühren

Tischfertig machen

- ✓ abschmecken
- ✓ Basilikum oder sonstige Kräuter zugeben
- ✓ servieren

EINTOPF

Eintöpfe schmecken und können sehr abwechslungsreich zubereitet werden, mit und ohne Fleisch, mit und ohne Hülsenfrüchte, mit und ohne Kartoffeln und auf jeden Fall mit Gemüse (Lauch, Karotten, Sellerie, Kohlrabi, Rosenkohl, Kürbis, Kohl, ...).

Sie sind gesunde und vollwertige Mahlzeiten.

Alle Fleischarten (Rind, Kalb, Schwein, Geflügel, Fischfilets) eignen sich hierfür.

Gemüse mit längeren Garzeiten, wie z.B. Sellerie, werden für den Eintopf etwas kleiner geschnitten. Die Zutaten lagenweise einschichten und Gemüse, welches kleingeschnitten im Vergleich zu Kartoffeln weniger lang gart, wie z.B. Zucchini, erst nach der Hälfte der Garzeit zugeben. Um ein Anbrennen zu vermeiden als unterste Schicht Zwiebeln, Fleisch und Gemüse einlegen, die im Fett gedünstet werden.

Regelmäßig (am besten mit heißer Brühe) seitlich aufgießen. Bei guter Hitze andünsten und mit mäßiger Hitze im geschlossenen Topf fertig garen. Nicht rühren, besser ist schütteln. Bei Fischeintöpfen werden die mit Zitronensaft und Salz vorbereiteten Fischfilets erst 15 Min. vor Ende der Garzeit eingelegt.

Frische Kräuter am Ende untergehoben und Beilagensalate sorgen für viele zusätzliche Vitamine.

Grundrezept Eintopf

Zutaten (4 Personen)

300-500 g	Fleisch (Rind: Schulter; Schwein: Schulter, Unterschale; Kalb: Schulter, Unterschale, Hüfte; Fisch: beliebige Filets)
20 g	Fett
1	Zwiebel
	Salz
	Pfeffer
750 g	Gemüse (Kohlrabi, Lauch, Karotten, Petersilienwurzel, Pastinaken, Kürbis, Zucchini, Weißkohl, Blumenkohl, Brokkoli, Bohnen, Erbsen, gehäutete Tomaten, ...)
500 g	Kartoffeln
½-¾ l	Brühe
	Petersilie
	nach Belieben
100 g	eingeweichte Linsen
	Knoblauch
	Honig
	Chili
	Ingwer
	Rosmarin
	Thymian
	Curry

Fisch wird zum Ende des Garvorganges hinzugefügt (letzte 10–15 Min.).

Arbeitsschritte ca. 35 Min

Vorbereitung
- ✓ Zwiebeln schneiden
- ✓ Gemüse gleichmäßig in Würfel oder nicht zu dicke Scheiben schneiden

Zubereitung
- ✓ Topf erhitzen
- ✓ Fett zugeben
- ✓ Zwiebeln und Fleisch andünsten
- ✓ Hälfte des Fleisches herausnehmen
- ✓ Gemüse, Kartoffeln und restliches Fleisch lagenweise einschichten und schichtweise würzen
- ✓ mit einer Schicht Kartoffeln abschließen

Bratvorgang und Temperatur
mäßige Temperatur, ca. 60 Min.

- ✓ Topf schließen
- ✓ bei Bedarf heiße Flüssigkeit seitlich zugießen
- ✓ nicht rühren, besser schütteln
- ✓ im geschlossenen Topf unter Zugabe von wenig Flüssigkeit fertig garen

Tischfertig machen
- ✓ mit reichlich klein geschnittener Petersilie abschmecken
- ✓ servieren

Eier

Eier kochen	
Zutaten (4 Personen)	Arbeitsschritte ca. 5 min
4 Eier	**Vorbereitung** ✓ Wasser in Topf füllen (Eier sollen knapp bedeckt vom Wasser sein) und zum Kochen bringen ✓ mit einer spitzen Nadel an der stumpfen Seite des Eis ein Loch stoßen **Zubereitung** ✓ Eier mit einem Esslöffel vorsichtig in das siedende Wasser legen ✓ Deckel auf den Topf geben **Kochvorgang und Temperatur** mäßige Temperatur, max. 10 Min. ✓ Temperatur zurücknehmen, Wasser muss nur leicht köcheln • weich: 3-4 Min. kochen • mittelweich: 5-6 Min. kochen • hart: bis zu 10 Min. kochen ✓ nach dem Kochen Ei unter kaltem Wasser abschrecken (damit sich die Schale leichter löst)

Spiegeleier	
Zutaten (4 Personen)	Arbeitsschritte ca. 10 min
4 Eier 40 g Butter Salz **nach Belieben** 4 Speckscheiben	**Zubereitung** ✓ Pfanne erhitzen ✓ Butter in Pfanne geben und über den Pfannenboden streichen **Bratvorgang und Temperatur** mittlere bis mäßige Temperatur, ca. 10 Min. ✓ Eier vorsichtig nebeneinander in die Pfanne schlagen ✓ Braten bis das Eiklar fest ist ✓ Salz auf das Eiklar streuen ✓ Eier auf einen Teller legen ✓ Anschließend Speckscheiben in der Pfanne braten und zum Spiegelei legen

Rühreier	
Zutaten (4 Personen)	Arbeitsschritte ca. 10 min
4 Eier 4-8 EL Wasser oder Milch Salz 20 g Butter **nach Belieben** Zwiebeln, Tomaten, Speck, Schinken, Kräuter	**Vorbereitung** ✓ Eier, Milch und Salz gut verquirlen ✓ ggf. Zwiebeln, Tomaten, Speck, Schinken klein schneiden **Zubereitung** ✓ Pfanne erhitzen ✓ Butter in Pfanne geben und über den Pfannenboden streichen **Bratvorgang und Temperatur** mittlere bis mäßige Temperatur, ca. 10- 15 Min. ✓ ggf. zuerst Zwiebeln, Tomaten, Speck, Schinken gut andünsten ✓ verquirlte Eier darüber gießen, gut umrühren und salzen ✓ die Rühreier sind fertig, wenn das Eiklar fest geworden ist ✓ mit Kräutern bestreuen

Süßspeisen

Süßspeisen runden ab, stillen das Verlangen nach Süßem und geben Mahlzeiten einen feierlichen Charakter. Schnell zubereitet und gesund sind Obstsalat und Naturjogurt oder Quark mit frischem (ggf. tiefgefrorenem) Obst vermischt.

Für **Obstsalat** wird Obst der Saison (Äpfel, Melonen, Weintrauben, Orangen, ...) kleingeschnitten, mit etwas Zitronensaft und Zucker vermischt und serviert. Dieser Klassiker schmeckt mit und ohne Sahne oder Naturjoghurt. In einer beschichteten Pfanne ohne Fett angeröstete Pinienkerne geben dem Ganzen eine besondere Note. Eine weitere Variante ist, geröstete Pinienkerne mit einem Naturjoghurt und Honig zu pürieren und mit dem Obstsalat zu vermengen. 100 g Mandelblätter mit 30 g Zucker in der Pfanne kurz angebraten und karamellisiert werten Obstsalat hervorragend auf.

Naturjoghurt und Quark können auch mit tiefgefrorenem Obst vermengt werden. Aufgetautes Obst hierfür mit etwas Zitronensaft und Zucker pürieren und unter das Milchprodukt mischen. Besonders fein wird es, wenn z.B. pürierte Himbeeren zusätzlich noch durch einen feinen Sieb gestrichen werden um Kerne zurückzuhalten.

Auch **Pfannenkuchen** eignen sich gut als Nachtisch – heiß mit Marmelade bestreichen, anschließend rollen und mit Puderzucker bestäuben.
Sehr gerne mag ich auch **Obstpfannenkuchen**. Hierfür wird ein etwas dickerer Pfannenkuchenteig (weniger Flüssigkeit verwenden) hergestellt. Füllen Sie eine Schöpfkelle des Teiges in das heiße Fett der beschichteten Stielpfanne. Lassen Sie den Teig etwas anbacken und geben Sie anschließend vorbereitetes Obst wie z.B. kleingeschnittenen Rhabarber oder Äpfel, Heidelbeeren oder Kirschen darauf. Bestreuen Sie das Obst mit Zucker und lassen Sie das Ganze noch kurz weiterbacken. Anschließend wird der Pfannenkuchen vorsichtig umgedreht. Der Zucker soll etwas karamellisieren. Nach ein paar Minuten umdrehen (das Obst ist wieder oben). Fertigen Pfannenkuchen zusammenklappen, mit Puderzucker bestäuben und heiß servieren.

Eine weitere Möglichkeit ist **Pfannenkuchen** mit Rahm zu bestreichen und mit kleingeschnittenen Äpfeln zu belegen. Etwas Zucker, Zimt und Zitronensaft darüber geben. Anschließend werden diese gerollt und in eine feuerfeste Form geschlichtet. In der Backröhre dann bei ca. 180–200 °C gut backen. Nach ca. 10–15 Min. gießen Sie wenig kochende Milch darüber und fertig backen (Gesamtgarzeit ca. 30 Min.). Heiß servieren.

<table>
<tr><th colspan="2">ROTE GRÜTZE</th></tr>
<tr><th>ZUTATEN (4 PERSONEN)</th><th>ARBEITSSCHRITTE CA. 20 MIN</th></tr>
<tr><td>200 g rote Johannisbeeren
100 g Sauerkirschen
100 g Erdbeeren
¼ l Sauerkirschsaft
2 EL Honig
1 Zimtstange
2 EL Speisestärke

Rote Grütze ist immer sehr beliebt und schmeckt mit Vanilleeis oder Vanillesoße noch besser.</td><td>Vorbereitung
✓ Obst vorbereiten (Erdbeeren vierteln) (alternativ können auch tiefgefrorene gemischte Beeren verwendet werden)
✓ 6 EL des kalten Fruchtsaftes werden mit der Speisestärke glatt gerührt

Zubereitung
✓ Fruchtsaft mit Honig und Zimtstange in einem großen Topf erwärmen
✓ Johannisbeeren und Kirschen zugeben und 2-3 Min. mitkochen lassen
✓ angerührte Stärke dazugeben und ca.1 Min. kochen lassen
✓ den Topf von der Feuerstelle ziehen
✓ Himbeeren und Erdbeeren zugeben
✓ Zimtstange entfernen
✓ rote Grütze in Schüssel oder kleine Portionsschüsseln umfüllen und gut auskühlen lassen</td></tr>
</table>

Kaiserschmarrn

Zutaten (4 Personen)

4	Eier
50 g	Zucker
etwas	Vanillezucker
	Salz
100 g	Mehl
200 ml	Milch
70 g	Butter
	nach Belieben
50 g	Mandelstifte

Damit das Eiweiß fest wird muss es frei von Eigelb und Fett sein. Auch ein „fettiger" Rührbesen verhindert ein gutes Ergebnis. Eiweiß wird so fest, dass es auf den Kopf gedreht am Schüsselboden haften bleibt (*vgl. Eiweiß steif schlagen Seite 79*).

Kaiserschmarrn schmeckt mit und ohne Apfelmus.

Rosinen können entweder ganz weggelassen werden, oder durch kleingeschnittene Äpfel (mit Zitronensaft vor Bräunung geschützt) ersetzt werden.

Arbeitsschritte ca. 20 min

Vorbereitung
- ✓ Rosinen waschen und abtropfen lassen
- ✓ Eier trennen
- ✓ Eiweiß steif schlagen
- ✓ wenn das Eiweiß zu steifen beginnt 2 EL Zucker unterrühren

Zubereitung
- ✓ Eigelb mit Zucker, Vanillezucker und Salz sehr gut rühren
- ✓ Mehl und Milch unter die Eigelbmasse rühren
- ✓ Rosinen zugeben
- ✓ Eiweiß vorsichtig unterheben

Backvorgang und Temperatur
mittlere Temperatur, 10–15 Min.

- ✓ große beschichtete Stielpfanne erwärmen
- ✓ die Hälfte Butter zugeben
- ✓ Teig in die Pfanne geben und goldbraun backen lassen
- ✓ mit Holzbesteck den Pfannenkuchen in grobe Stücke zerreißen
- ✓ übrige Butter in kleinen Flöckchen sowie evtl. Mandelstifte in die Pfanne geben
- ✓ Schmarrn solange weiterbacken bis die Stücke goldbraun sind; dabei den Schmarrn vorsichtig umrühren

Tischfertig machen
- ✓ mit Puderzucker bestäuben und am besten sofort servieren

Backen

... Backen macht Freude und pflegt Freundschaften ...

Grundlegendes

Selbstgemachte Kuchen schmecken am besten. Mit etwas Erfahrung und Übung gelingt das Gebäck immer besser und schneller und man behält die Zutaten und Mengenverhältnisse der vier verschiedenen Teigarten (Rühr-, Hefe-, Biskuit- und Mürbeteig) leicht im Kopf. So ist man schnell in der Lage einen Kuchen ganz „nebenbei", ohne aufwendiges Suchen eines Rezeptes zuzubereiten.

Wichtiges zu einzelnen Backzutaten

Mehl	vgl. Seite 48
Zucker	feiner Grießzucker
Rosinen Korinthen Sultaninen	• waschen, brühen und gut abtropfen lassen • zwischen Tuch liegend abtrocknen • ggf. mit etwas Mehl bestäuben, damit sie im Teig nicht so leicht absinken (gebrühte Rosinen sind weicher)
Hefe	• entweder Frischhefe (Hefewürfel aus dem Kühlregal) oder Trockenhefe verwenden • Mindesthaltbarkeitsdatum beachten • Frischhefe kühl lagern
Zitronen-/ Orangen-schale	Verwenden Sie ausschließlich unbehandelte Bioprodukte. Die Schale von behandelten Zitrusfrüchten ist oft mit einer Wachsschicht überzogen. • Schale: Früchte mit heißem Wasser gründlich waschen, abtrocknen und mit einer Stiftelreibe fein reiben. • Saft: Früchte vor dem Pressen kurz mit leichtem Druck rollen, quer durchschneiden und anschließend mithilfe einer Saftpresse pressen.

Wichtiges zu einzelnen Backzutaten

Haselnuss
Mandeln

- sie sollen frisch sein, durch langes Lagern werden diese ranzig

Empfehlung

- Immer ganze Nüsse kaufen, da sie genau „unter die Lupe“ genommen werden können. Zum einen sind Nüsse anfällig für Schimmelpilze und Vorratsschädlinge, und zum anderen verderben gemahlene oder geriebene Nüsse relativ schnell. Frisch geriebene Nüsse schmecken intensiver. Durch leichtes Rösten kommt der Geschmack noch besser zur Geltung. Nüsse können kurz vor Gebrauch im Mixer zerkleinert werden.

- Will man Haselnüsse schälen, so werden diese auf einem Blech im vorgeheizten Backrohr (ca. 10 Min. bei 200 °C) erwärmt, bis sich die Schale zwischen einem Tuch gut abreiben lässt.

- Will man Mandeln schälen, so werden diese im kochenden Wasser kurz gebrüht. Anschließend lässt sich die Haut einfach und schnell abziehen.

In den Schalen der Haselnüsse und Mandeln stecken viele Allergene.

Vanilleschote und Vanillezucker

- sie sollen frisch und von guter Qualität sein

- Aussehen: dunkelbraun bis violett, elastisch, weich, fett ölig glänzend

Verwendung

- Vanilleschote leicht klopfen, mit einem scharfen Messer der Länge nach aufschneiden, anschließend mit einem Messer das Mark ausschaben.

- Eine oder mehrere ausgeschabte Vanilleschoten in ein mit Zucker gefülltes Schraubglas gesteckt ergeben einen feinen Vanillezucker. Probieren Sie es mal aus und verwenden Sie beim Kochen testweise Vanillezucker anstatt Zucker. Es erzielt bei vielen Gerichten ein feines Aroma.

- Gekaufter Vanillezucker ist Zucker mit Beimischung von synthetischem Vanillin. Bei einer Lagerung von 5-6 Monaten kann das Vanillin zu 50 % schwinden.

Vorbereiten der Backformen

Kuchenformen wie Kasten-, Spring- und Gugelhupfformen werden mit weicher (nicht flüssiger) Butter ausgestrichen und je nach Teig mit Semmelbrösel, Mehl, Sesam oder Grieß gründlich ausgestreut. Springformen und Backbleche können alternativ gut mit Backpapier ausgelegt werden.

Backvorgang

Kuchenformen nur zu ⅔ mit Teig füllen, um ein Überlaufen zu vermeiden. Kastenkuchen werden in der Regel auf der untersten Schiene gebacken. Springformen und Backbleche werden in der Mittelschiene eingesetzt. Die Backofentür während des Backens nicht unnötig öffnen (auf jeden Fall nicht in der ersten Hälfte der Backzeit, um ein „Zusammenfallen" des Teiges zu vermeiden).

Garprobe

Stechen Sie mit einem Hölzchen an der dicksten Stelle vorsichtig in den Kuchen. Bleibt das Hölzchen trocken und haftet kein Teigrest daran, so ist der Kuchen fertig. Ein garer Kuchen löst sich am Rand von der Form oder dem Blech.

Nach dem Backen

Empfindliche Kuchen (Biskuit- und Hefeteig) sollen 5-10 Minuten vor Zugluft geschützt in der Form oder auf dem Backblech belassen werden, anschließend den Rand vorsichtig lösen, stürzen und aus der Form nehmen. Auf einem Kuchengitter kann der Kuchen auskühlen.
Geht der Kuchen schwer aus der Form, so legen sie ein feuchtes Tuch darauf und klopfen anschließend auf die Form. Es empfiehlt sich, fertiges Gebäck nicht länger als nötig in der Form zu lassen, um einen Blechgeschmack zu vermeiden. Kuchen vor dem Verzehr völlig erkalten lassen. Falls gewünscht kann der Kuchen nach dem Erkalten glasiert, mit Schokolade überzogen, oder gefüllt werden.

Rührteig

Ob Gugelhupf, Kastenkuchen oder Tortenboden, der Rührteig (auch Backpulverteig genannt) kann sehr abwechslungsreich zubereitet werden.
Zutaten wie Nüsse, Mandeln, Kakao, Zimt oder Schokolade geben dem Kuchen die besondere Note.

Verwendet man einen Rührteig als Tortenboden, so ist die Hälfte des Grundrezeptes ausreichend und auf Flüssigkeit kann nahezu ganz verzichtet werden. Der Tortenboden kann anschließend mit Obst, Streusel, Quark und/oder Rahmguss *(vgl. Kuchenbeläge Seite 228)* belegt werden.

Grundrezept Rührteig

Menge	Zutat	Anteil
250 g	Butter	1 Teil
250 g	Zucker	1 Teil
500 g	Mehl	2 Teile
	4 Eier	
⅛ l (= ½ Tasse)	Flüssigkeit (Milch, Saft oder Rotwein)	½ Teil
1	Päckchen Backpulver	

Rührteigherstellung

Um ein einwandfreies Gelingen des Rührteiges zu gewährleisten sollte folgendes beachtet werden:

- ✓ alle Zutaten (vor allem die Butter) haben am besten Zimmertemperatur
- ✓ die weiche Butter wird zuerst schaumig gerührt, bis sie weiß ist und Spitzen schlägt (Rührzeit mit Küchenmaschine ca. 4–8 Min.)
- ✓ abwechselnd Zucker und jeweils ein Ei zugeben und gut schaumig rühren (Gesamtrührzeit etwa 15 Min.)

  (Will man einen besonders lockeren Teig haben, so kann das Eiweiß extra steif geschlagen *(vgl. Seite 79)* und am Schluss untergehoben werden.)
- ✓ Geschmackszutaten (wie z.B. 50 g geriebene Nüsse, 50 g Schokolade, 50 g Rosinen und Gewürze wie z.B. Zimt, Kakao, Zitronenschale, ...) zugeben
- ✓ Mehl mit Backpulver mischen und sieben (so wird es mit Luft aufgelockert), unter den Teig rühren
- ✓ Flüssigkeit zugeben, bis richtige Teigbeschaffenheit erreicht ist. Der Teig sollte weich sein und schwer und reißend vom Löffel fallen. Zu weicher Teig (aufgrund zu großer Mengen an Flüssigkeit) lässt den Kuchen beim Backen zusammenfallen. Verwendet man vollwertiges Mehl, so benötigt der Teig etwas mehr Flüssigkeit (die Ballaststoffe des Vollkornmehles benötigen zum Quellen Flüssigkeit).
- ✓ der Teig sollte in eine Richtung gerührt werden, da eingerührte Luft den Teig lockert
- ✓ sobald das Mehl und die Flüssigkeit zugegeben sind, unnötiges Rühren vermeiden, da der Teig sonst zäh wird

Backvorgang

✓ (gewärmte) Backform mit einem Pinsel gut einfetten

✓ mit Semmelbröseln, Grieß oder Mehl ausschwenken, so dass der Boden, die Ränder und die Ecken gut bedeckt sind

✓ Teig einfüllen (Form nur zu ¾ füllen)

✓ Kastenformen backen bei mäßiger Temperatur (180-200 °C) in der unteren Schiene 1– 1,5 Stunden

Tortenboden backen bei mäßiger Temperatur in der mittleren Schiene ca. 30 Min., mit Belag ca. 60 Min

✓ in den ersten 45 Minuten Backofen nicht öffnen, da der Teig sonst leicht zusammenfällt; während des „Gehens“ ist der Teig empfindlich

✓ Garprobe: einstechen mit Hölzchen – bleibt das Holz trocken und haftet kein Teigrest daran, so ist der Kuchen fertig; die Kuchenränder lösen sich von der Form

✓ nach dem Backen Kuchen ca. 5 Minuten ruhen lassen und auf ein Kuchengitter stürzen; aus der Form lösen

✓ während des Erkaltens Zugluft vermeiden

✓ abgekühltes Gebäck nach Wunsch fertigstellen (z.B. mit Marmelade bestreichen und glasieren *vgl. Kuchenglasuren Seite 204*)

Marmorkuchen

Zutaten (4 Personen)

250 g	Butter
250 g	Zucker
4	Eier
500 g	Mehl
⅛ l	Milch
1 P.	Backpulver
100 g	geriebene Schokolade (oder Raspelschokolade)
1 TL	Kakao

Arbeitsschritte ca. 30 min

Vorbereitung

- ✓ Rührteig herstellen *(vgl. Seite 199)*
- ✓ Kuchenformen vorbereiten *(vgl. Seite 197)* und Backofen vorheizen

Zubereitung

- ✓ die Hälfte des Rührteiges in vorbereitete Form füllen
- ✓ die andere Hälfte mit Schokolade und Kakao verrühren (ggf. nochmals 2 EL Milch zugeben) und auch in die Form füllen
- ✓ mit einer Gabel spiralförmig durch beide Teigschichten den Teig mischen

Backvorgang und Temperatur

180-200 °C, 1–1,5 Std.

Nach Belieben nach dem Erkalten mit Schokoglasur bestreichen *(vgl. Seite 204)*, oder mit Puderzucker bestäuben.

Schokoladenkuchen

Zutaten (4 Personen)

250 g	Butter
250 g	Zucker
4	Eier
100 g	geriebene Schokolade (oder Raspelschokolade)
1 TL	Kakao
1 TL	Zimt
500 g	Mehl
½-1 P.	Backpulver
⅛ l	Traubensaft oder Rotwein

Arbeitsschritte ca. 30 min

Vorbereitung

- ✓ Rührteig herstellen *(vgl. Seite 199)*
- ✓ Kuchenformen vorbereiten *(vgl. Seite 197)* und Backofen vorheizen

Zubereitung

- ✓ den Teig in vorbereitete Form füllen

Backvorgang und Temperatur

180-200 °C, 1–1,5 Std.

Nach Belieben nach dem Erkalten mit Schokoglasur bestreichen *(vgl. Seite204)*, oder mit Puderzucker bestäuben.

NUSSKUCHEN

ZUTATEN (4 PERSONEN)	ARBEITSSCHRITTE CA. 30 MIN
200 g Butter 250 g Zucker 4 Eier 250 g Mehl 150 g geriebene Haselnüsse 50 g geriebene Schokolade (oder Raspelschokolade) 4-8 EL Milch ½ P. Backpulver	**Vorbereitung** ✓ Nüsse reiben ✓ Rührteig herstellen *(vgl. Seite 199)* ✓ Nüsse und Schokolade mit Mehl zugeben (Teig soll schwer und relativ fest sein) ✓ Kuchenformen vorbereiten *(vgl. Seite 197)* und Backofen vorheizen **Zubereitung** ✓ den Teig in vorbereitete Form füllen **Backvorgang und Temperatur** 180-200 °C, ¾ Std. Der Teig kann auch gut auf einem gebutterten Backblech ausgestrichen und 25-30 Min. gebacken werden. Nach Belieben glasieren *(vgl. Seite 204)* und in gleichmäßige Schnitten schneiden.

SCHLUPFKUCHEN MIT OBST

ZUTATEN (4 PERSONEN)	ARBEITSSCHRITTE CA. 30 MIN
150 g Butter 150 g Zucker 3 Eier 250 g Mehl 2 TL Backpulver 4-6 EL Milch ½ Zitronenschale **Belag** 750 g Obst (Äpfel, Aprikosen, Kirschen, ...) ggf. Zucker/Zimt	**Vorbereitung** ✓ Rührteig herstellen *(vgl. Seite 199)* ✓ Obst vorbereiten: Äpfel schälen, vierteln und Kernhaus entfernen; Aprikosen waschen, halbieren und entkernen, Kirschen entsteinen, Sauerkirschen abgießen, ... ✓ Kuchenformen vorbereiten *(vgl. Seite 197)* und Backofen vorheizen **Zubereitung** ✓ den Teig in Springform (oder Backblech mit Backpapier auslegen und Tortenring darauflegen) füllen ✓ Obst gleichmäßig verteilen **Backvorgang und Temperatur** 180-200 °C, ¾ Std.

Sachertorte

Zutaten (4 Personen)	
125 g	Butter
125 g	Puderzucker
5	Eigelb
5	Eischnee
125 g	Mehl
125 g	Mandeln
125 g	geriebene Schokolade
1 TL	Backpulver
etwas	Zitronenschale
	Belag
	Aprikosenmarmel.
	Schokoladenguss

Arbeitsschritte ca. 30 min

Vorbereitung

- ✓ Rührteig herstellen *(vgl. Seite 199)*
- ✓ steifen Eischnee *(vgl. Seite 79)* zum Schluss unterheben
- ✓ Kuchenformen vorbereiten *(vgl. Seite 197)* und Backofen vorheizen

Zubereitung

- ✓ den Teig in Springform (oder Backblech mit Backpapier auslegen und Tortenring darauflegen) füllen

Backvorgang und Temperatur

180-200 °C, ca. 1 Std.

Fertigstellen

- ✓ nach dem Erkalten Tortenboden zweimal durchschneiden und mit Aprikosenmarmelade füllen
- ✓ mit Schokoladenguss *(vgl. Seite 204)* überziehen

Kuchenglasuren

Puderzucker-glasur eignet sich für: 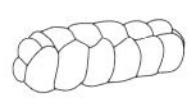 Hefeteig 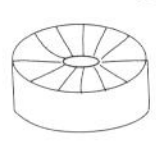 Biskuitteig  Rührteig 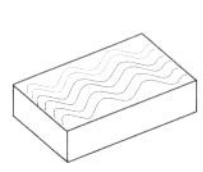 Mürbeteig	200 g 2 EL 1-2 EL 1	Puderzucker Zitronen- oder Orangensaft warmes Wasser **nach Belieben** Eiklar **nach Wunsch** Rum, Arrak, Kaffee	✓ gesiebten Puderzucker mit dem Saft in fettfreiem Gefäß solange verrühren, bis die Masse glatt und glänzend ist ✓ Flüssigkeit nach und nach zugeben; schon einige Tropfen zuviel können die Glasur zu flüssig machen ✓ Glasuren für Torten sollten dickflüssiger sein ✓ zur Farbgebung kann z.B. Sauerkirschsaft oder ähnliches verwendet werden ✓ Glasuren auf den Kuchen „fließen“ lassen oder bepinseln (falls gewünscht kann vorher auf den Kuchen noch Marmelade aufgetragen werden)
Schokoladen-glasur eignet sich für: 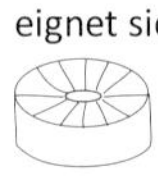 Biskuitteig  Rührteig	200 g	Kuvertüre (35 % Kakao)	✓ Kuvertüre in kleine Stücke schneiden ✓ im warmen Wasserbad bei mäßiger Hitze flüssig werden lassen (**nicht zu stark erhitzen)** ✓ Kuvertüre aus dem Wasserbad nehmen und glatt rühren ✓ im lauwarmen Zustand mit Pinsel auftragen oder Torten mit Palette glasieren; wird die Kuvertüre zu warm verwendet, so wird sie glanzlos

Hefeteig

Ein Hefeteig ist sehr **einfach** zuzubereiten. Mit zunehmender Praxis wird er immer besser gelingen. Er kann süß und salzig, mit Milch oder Wasser hergestellt werden und ist vielseitig, ob für Brot, Pizza, Kuchen, Schmalzgebäck, Zopf, Hörnchen, …. verwendbar. Hefegebäck schmeckt sehr gut und ist als Zwischenmahlzeit bestens geeignet.

Die Grundzutaten für jeden Hefeteig sind Mehl, Flüssigkeit, Salz und Hefe.
Gutes Hefegebäck soll locker und gleichmäßig feinporig sein. Die Poren im Hefegebäck entstehen im gekneteten Teig durch Gärprozesse der Hefe. Gute Gärvorgänge („Das Gehen" des Teiges) bewirken eine gute Porenbildung.

Man unterscheidet drei Hefeteigarten

- flüssig: Hefepfannenkuchen und Hefewaffeln
- mittelfest: Kleigebäck, Zopf, Hefekuchen, Pizzateig, Rohrnudeln, …
- fest: Stollen, Brot, Semmeln, Osterbrot, ..

20 g Hefe reichen i. d. R. für 500 g Mehl. Ein fettarmer Teig benötigt bei 500 g Mehl weniger Hefe, ein schwerer Teig mit reichlich Fett und anderen Geschmackszutaten benötigt für diese Mehlmenge 40 g Hefe.

Für die Herstellung von flüssigem Hefeteig wird die Flüssigkeit verdoppelt, für festen Hefeteig halbiert.

Hefeteig eignet sich bestens für milch- und eifreie Ernährung. Die Milch wird durch Wasser ersetzt.

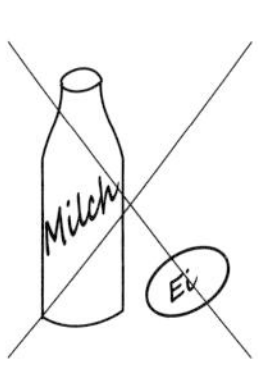

Grundrezept mittelfester Hefeteig

Menge	Zutat
500 g	Mehl
¼-⅛ l	Flüssigkeit (Milch oder Wasser)
20 g	Hefe
	Verbesserungs- und Geschmackszutaten
50–100 g	Fett (Butter oder Öl)
50–80 g	Zucker
	eine Prise Salz
	geriebene Zitronenschale
	nach Belieben
	Rosinen

Ob pikant oder süß. In jedem Hefeteig sollte sowohl eine Prise Salz als auch eine Prise Zucker enthalten sein. Salz macht jeden Hefeteig schmackhaft und Hefe braucht Zucker um den Gärprozess voll entfalten zu können.

„Hefe braucht Nahrung: Zucker, Luft und Feuchtigkeit."

HEFETEIGHERSTELLUNG

- ✓ lauwarme Flüssigkeit in Knetschüssel der Küchenmaschine geben
- ✓ Hefe zerbröseln und in die lauwarme Flüssigkeit geben
- ✓ kurz mit Knethaken rühren (Hefe löst sich auf)
- ✓ etwas gesiebtes Mehl zugeben und weiterkneten
- ✓ sehr weiches Fett oder Öl und Zucker bzw. Salz zugeben
- ✓ Zitronenschale zugeben
- ✓ restliches Mehl zugeben und gut durchkneten
- ✓ der Teig wird solange geknetet, bis er sich vom **Schüsselrand löst** und eine **völlig gleichmäßige Beschaffenheit** hat (ca. 10-30 Min. je nach Menge, Art und Beschaffenheit)
- ✓ falls notwendig kann durch Zugabe von weiterer Flüssigkeit oder Mehl die richtige Teigbeschaffenheit erreicht werden
- ✓ entweder Teig zugedeckt ½ bis 1 Std. gehen lassen, dann nochmals kurz durchkneten und weiterverarbeiten, oder Teig zu Endprodukt (z.B. Zopf) formen und dann gehen lassen

Den Teig kann man entweder an einem warmen Ort, oder über Nacht im Kühlschrank gehen lassen. Ein Hefeteig, der bei niedrigeren Temperaturen geht, wird feinporiger und dadurch lockerer sein.

Ein Teig kann auch „Übergehen“ durch zu langes Gehen an einem zu warmen Ort. Hier sollte der Teig nochmal sehr gut durchgeknetet werden, damit die Gärgase entweichen können.

GÄRVORGANG

Eine gute Gärung und damit ein feinporiges weiches Hefegebäck gelingt, wenn folgendes beachtet wird:

- ✓ kalte Temperaturen verzögern die Teiglockerung
- ✓ alle Zutaten sollen Zimmertemperatur haben; die Flüssigkeit lauwarme Temperatur (25–35 °C)
- ✓ hohe Temperaturen über 60°C schädigen die Hefezellen und machen eine Teiglockerung unmöglich; aus diesem Grund sollte die Flüssigkeit nicht heiß sein
- ✓ Fett und Salz nicht direkt zur Hefe geben
- ✓ lässt man den Teig in kalter Luft gehen, benötigt er zwar mehr Zeit, wird aber wesentlich feinporiger
- ✓ fettreiche, schwere Teige (z.B. Stollen) über Nacht im kalten Raum gehen lassen
- ✓ einen gut gegangenen Teig erkennt man am erheblichen Volumenzuwachs
- ✓ ! ein **gut** gegangenes Gebäck stets in den vorgeheizten Backofen schieben (zu niedrige Temperatur führt zu Breitlaufen des Gebäckes)
- ✓ ! ein **ungenügend** gegangenes, oder noch nicht gegangenes Gebäck kann in die nicht vorgeheizte Röhre geschoben werden
- ✓ Hefeteig kann nach dem Kneten auch gleich weiterverarbeitet bzw. geformt werden; dann allerdings muss das geformte Teigstück noch ½ bis 1 Std. gehen

Backvorgang

Die Backtemperatur für Hefegebäck liegt bei 180°C bis 200 °C. Das Hefegebäck ist fertig, sobald sich eine hell- bis mittelbraune Kruste gebildet hat. Zu heißes und langes Backen ergibt ein trockenes, nicht weiches Gebäck. Brot kann durchaus bis zur Erreichung einer dunklen Kruste gebacken werden.

Das Tiefgefrieren von frischem Hefeteig ist möglich. So kann z.B. der Teig für den Pizzaboden portionsweise eingefroren werden. Will man schnell eine Pizza backen den Teig

- bei Zimmertemperatur auftauen
- dann den Teig gehen lassen und
- anschließend wie frischen Teig weiterverarbeiten.

Ursachen für nicht gelungenes Hefegebäck

Ungenügende Lockerung
- zu kurzes Gehen des Teiges
- alte Hefe
- Schädigung der Hefe durch zu heiße Flüssigkeit oder Fett
- zu starke Backhitze für zu wenig gegangenes Gebäck

Großporig und strohige Konsistenz
- zu warmes oder zu langes Gehen des Teiges bzw. des geformten Gebäckes

Formverlust des Gebäckes
- zu weiche Teigbeschaffenheit
- ungenügende Teigbearbeitung (Knetvorgang zu kurz)
- „Übergehen“ des geformten Gebäckes
- zu schwache Backhitze

Der mittelfeste Hefeteig wird verwendet für:
Rohrnudeln, Kirschnudeln, Zwetschgennudeln, Dampfnudeln, Rosenkuchen, Blechkuchen aller Art, Hefemaultaschen, Hefekleingebäck aller Art, Obstkuchen, Butterkuchen, Streuselkuchen, Zwetschgenkuchen, Stollen, Brot, ...

Grundrezept Blechkuchen

Zutaten		Arbeitsschritte ca. 15 min
375 g	Mehl	**Vorbereitung**
⅛ l	Milch (oder Wasser)	✓ Hefeteig herstellen *(vgl. Seite 207)*
15-20 g	Hefe	✓ Backblech vorbereiten *(vgl. Seite 197)*
60 g	Butter	**Zubereitung**
60 g	Zucker	✓ den Teig mit wenig Mehl auswellen und auf das eingefettete Backblech legen
etwas	Zitronenschale	✓ nach Wunsch belegen (z.B. Zwetschgen mit Zimt und Zucker bestreuen, oder Streusel, Mandeln, ...)
	Salz	
Entweder Teig nach dem Knetvorgang ½ Std. gehen lassen, oder den ausgewellten Teig vor dem Backen gehen lassen.		**Backvorgang und Temperatur** Mittelhitze 180-200 °C, ca. 20 Min.

Butterkuchen

Zutaten		Arbeitsschritte ca. 20 min
	Teig	
375 g	Mehl	**Vorbereitung**
⅛ l	Milch	✓ Hefeteig herstellen *(vgl. Seite 207)*
15-20 g	Hefe	✓ Backblech vorbereiten *(vgl. Seite 197)*
60 g	Butter	
60 g	Zucker	**Zubereitung**
etwas	Zitronenschale	✓ den Teig mit wenig Mehl auswellen und auf das eingefettete Backblech legen
	Salz	✓ Butterstückchen darauf verteilen
	Belag	✓ mit Zucker und Zimt bestreuen
200 g	Butter	
150 g	Zucker	**Backvorgang und Temperatur**
½ TL	Zimt	180-200 °C, ca. 15-20 Min.
Der Teigboden kann zusätzlich mit geraspelten Mandeln bestreut werden.		

(Obst-) Streuselkuchen

Zutaten

Teig

375 g	Mehl
⅛ l	Milch
15-20 g	Hefe
60 g	Butter
60 g	Zucker
etwas	Zitronenschale
	Salz

Streusel

300 g	Mehl
200 g	Butter
200 g	Zucker
½ TL	Zimt
	Vanille
1,5 kg	**nach Belieben** Obst (Zwetschgen, Äpfel, ...)

Nach Belieben kann auf den Hefeteig das Obst z.B. schuppenförmig (Zwetschgen geviertelt, Äpfel kleingeschnitten,...) verteilt und falls gewünscht anschließend mit den Streuseln bedeckt werden. Auch Hefekuchen nur mit Streusel (ohne Obst) schmeckt *(vgl. Kuchenbeläge Seite 228).*

Arbeitsschritte ca. 25 min

Vorbereitung

- ✓ Hefeteig herstellen *(vgl. Seite 207)*
- ✓ Backblech vorbereiten *(vgl. Seite 197)*

Zubereitung

- ✓ den Teig mit wenig Mehl auswellen und auf das eingefettete Backblech legen
- ✓ ggf. mit Obst belegen und Zimt/Zucker bestreuen

Streusel

- ✓ Mehl, Zucker und Geschmackszutat vermengen
- ✓ Butter flüssig werden lassen und über die Mehl-/Zuckermasse gießen
- ✓ mit zwei Gabeln vermischen, so dass sich kleine Klümpchen bilden
- ✓ Streusel auf Hefeteig verteilen

Backvorgang und Temperatur

180-200 °C, ca. 20-30 Min.

Käsekuchen (mit Obst)

Zutaten

	Teig
200 g	Mehl
etwas	Milch
10 g	Hefe
30 g	Butter
30 g	Zucker
etwas	Zitronenschale
	Salz
	Quarkbelag
50 g	Butter
125 g	Zucker
500 g	Quark
2-3	Eier
2 EL	Mehl oder Grieß
4 EL	süßen Rahm
	Zitronenschale
	nach Belieben
750 g	Rosinen
	Obst (Äpfel, Zwetschgen, Kirschen, Trauben, ...)

Nach Belieben kann auf den Hefeteig das Obst z.B. schuppenförmig (Zwetschgen geviertelt, Äpfel kleingeschnitten,...) verteilt und anschließend mit dem Quarkbelag bedeckt werden.

Der Quarkbelag eignet sich auch für einen festen Rühr- oder Mürbteig *(vgl. Kuchenbeläge Seite 228).*

Arbeitsschritte ca. 25 Min

Vorbereitung

- ✓ Hefeteig herstellen *(vgl. Seite 207)*
- ✓ Springform vorbereiten *(vgl. Seite 197)*

Zubereitung

- ✓ den Teig mit wenig Mehl auswellen, in die Springform legen
- ✓ Ränder etwas hochziehen

Quarkbelag

- ✓ Butter schaumig rühren,
  Zucker und Eier zugeben, gut schaumig rühren,
  Quark, Grieß und Zitronenschale zugeben und glatt rühren
- ✓ ggf. kleingeschnittenes Obst auf den Hefeteig legen
- ✓ Quarkmasse darüber gleichmäßig verteilen

Backvorgang und Temperatur

200-210 °C, ca. 50 Min.

Fertig stellen

- ✓ auskühlen lassen
- ✓ auf eine Tortenplatte heben

Hefezopf/Osterbrot

Zutaten

Teig

500 g	Mehl
¼-⅛ l	Milch oder Wasser
20 g	Hefe
50–100 g	Butter oder Öl
50–80 g	Zucker
	Prise Salz
etwas	geriebene Zitronenschale

Entweder Teig nach dem Knetvorgang ½ Std. gehen lassen, oder den geformten Teig vor dem Backen gehen lassen.

Aus dem Hefezopf wird ein Osterbrot:

1. Teig mit 1TL Zucker herstellen
2. Zopfenden im Kreis zueinander biegen
3. gefärbtes Ei in die Mitte legen
4. mit verrührtem Eigelb bestreichen
5. weiter siehe Backvorgang und Temperatur (Brot nicht glasieren)

Arbeitsschritte ca. 20 min

Vorbereitung

- ✓ Hefeteig herstellen *(vgl. Seite 207)*
- ✓ Backblech vorbereiten *(vgl. Seite 197)*

Zubereitung

- ✓ den Teig aus der Knetschüssel nehmen und auf dem Brett nochmals mit Mehl etwas kneten
- ✓ Teig mit dem Messer in drei gleichgroße Teile schneiden
- ✓ aus den drei Teilen nacheinander gleichmäßige Rollen drehen
- ✓ zu einem Zopf flechten

Backvorgang und Temperatur

180-200 °C, ca. 45 Min.

Fertig stellen

- ✓ nach dem Backen Hefezopf sofort mit Butter bestreichen und ggf. mit Puderzucker bestäuben oder glasieren *(vgl. Seite 200).*

Mit einem Hefeteig (siehe Grundrezept Seite 206) können Hefekleinteile, die mit verschiedenen nachfolgend aufgeführten Füllungen schmackhaft angereichert sind, gebacken werden. Muss es einmal schneller gehen, ist es ausreichend, wenn der Hefeteig nur einmal, nach Fertigstellen des Kleingebäckes, also vor dem Backvorgang, „geht“.

Die Zutaten für die Füllungen werden mit dem Handrührgerät oder einer Gabel verrührt und anschließend auf dem ausgewellten Hefeteig gleichmäßig verteilt. Der Hefeteig wird, wie bei Zubereitung von Hefekleingebäck auf Seite 216 beschrieben, weiter geformt.

VERSCHIEDENE FÜLLUNGEN FÜR HEFEKLEINGEBÄCK

Marmeladen	250–300 g	Aprikosen-, Sauerkirsch- oder Johannisbeermarmelade
Nuss	100 g 60-80 g 3-4 EL 1	Haselnüsse Zucker süßen Rahm oder Ei geriebene Nüsse mit Zucker, Rahm oder Ei vermengen
Rosinen	100 g 80 g 1 TL	Rosinen oder Korinthen Zucker Zimt Rosinen waschen, brühen, abtropfen lassen, mit Tuch leicht trocknen, mit Zucker und Zimt mischen
Gemischte	50–80 g 50–80 g etwas 50 g 40 g	geriebene Nüsse oder Mandeln Korinthen Zimt Zucker Zitronat fein gehackt Korinthen waschen, brühen, abtropfen lassen, mit Tuch leicht trocknen und alles mischen
Apfel	3 2 EL ½ TL etwas ggf. 50 g	Äpfel Zucker Zimt oder Zitronenschale Rosinen oder Sultaninen Äpfel schälen, raspeln und alles mischen
Quark	250 g 50 g 30 g 1-2 etwas ggf. 50 g	Quark Zucker Butter Eier Zitronenschale oder Vanille Rosinen Butter schaumig rühren, alles zugeben und glatt rühren
Mohn	250 g 1 100 g 1/2	Mohn (falls gewünscht im Mixer „mahlen“) Ei Zucker Vanillestange alle Zutaten mischen

Verschiedene Formen für gefülltes Hefegebäck

Formen	Herstellung	Backvorgang
Hörnchen 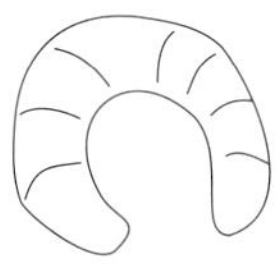	✓ gegangenen Teig messerückendick mit Nudelrolle auswellen ✓ Dreiecke ausradeln ✓ mit zerlassener Butter bestreichen ✓ in die Mitte der Breitseite 1 TL Füllung geben ✓ von der Breitseite hin zur Spitzseite aufrollen (Spitze soll nach dem Rollen unten sein) ✓ halbmondförmig biegen ✓ mit zerlassener Butter bestreichen ✓ etwas gehen lassen	200 °C 20-30 Min.
Schnecken 	✓ gegangenen Hefeteig zu ½ cm dickem Rechteck auswellen ✓ mit zerlassener Butter bestreichen ✓ mit Fülle nach Wahl bestreichen ✓ Teigplatte der Länge nach aufrollen, so dass eine kurze, dicke Rolle entsteht ✓ fingerbreite Scheiben abschneiden und auf ein Backblech legen ✓ mit zerlassener Butter bestreichen und ✓ etwas gehen lassen	200 °C 20-25 Min.
Rosenkuchen 	✓ gegangenen Hefeteig zu ½ cm dickem Rechteck auswellen ✓ mit zerlassener Butter bestreichen ✓ mit Fülle nach Wahl bestreichen ✓ Teigplatte der Länge nach aufrollen, so dass eine kurze, dicke Rolle entsteht ✓ 5-6 cm Scheiben abschneiden und in eine gefettete Springform mit wenig Abstand legen ✓ mit zerlassener Butter bestreichen und ✓ etwas gehen lassen	200 °C 30 Min.
Russen 	✓ gegangenen Hefeteig messerrückendick zu Rechteck auswellen ✓ mit zerlassener Butter bestreichen ✓ mit Fülle nach Wahl bestreichen ✓ Teigplatte der Länge nach aufrollen, so dass eine kurze, dicke Rolle entsteht ✓ Rolle der Länge nach einmal durchschneiden (oberes Teigende nicht durchschneiden) ✓ beide Teile der Rolle gegenseitig umschlingen lassen, Schnittfläche nach oben und außen drehen ✓ mit zerlassener Butter bestreichen und ✓ etwas gehen lassen	200 °C 20-25 Min.

ROHRNUDELN

ZUTATEN (4 PERSONEN)

Teig

500 g	Mehl
¼-⅛ l	lauwarmes Wasser
30 g	Frischhefe
50-100 g	Butter
	Salz
	Zitronenschale

ARBEITSSCHRITTE CA. 25 MIN

Vorbereitung

- ✓ Hefeteig herstellen *(vgl. Seite 207)*
- ✓ Auflaufform vorbereiten *(vgl. Seite 197)*

Zubereitung

- ✓ den Teig aus der Knetschüssel nehmen und auf dem Brett nochmals mit Mehl etwas kneten
- ✓ kleine Teignudeln abstechen und diese mit der Hand auf dem Brett runden
- ✓ in der Backform etwas Butter schmelzen
- ✓ Hefeteile in der Form in Butter wenden und nicht zu eng in die Form setzen
- ✓ etwas gehen lassen

Backvorgang und Temperatur

180°C, ca. 20-30 Min.

Tischfertig machen

- ✓ kurz abkühlen lassen
- ✓ stürzen
- ✓ mit (Vanille-)Zucker bestreuen
- ✓ etwas auskühlen lassen
- ✓ Nudeln voneinander lösen
- ✓ einzeln mit Kompott oder Vanillesauce servieren

Grundrezept Brot / Brötchen

Zutaten (4 Personen)	Arbeitsschritte ca. 25 min

Teig

350 ml	lauwarmes Wasser
20 g	Frischhefe
500 g	Dinkelvollkornmehl
50 g	Butter
130 g	Sesam
1 TL	Salz

Idealerweise sollte der Brotteig 2 mal gehen:

1) nach dem Kneten (Teig verdoppelt sich)
2) nach dem Formen (vor dem Backen nochmals)

Dieses Grundrezept kann beliebig verändert werden: Weizenmehl statt Dinkelmehl (oder ½ und ½), Sonnenblumenkörner statt Sesam, Öl statt Butter,... Falls gewünscht kann die Salzmenge erhöht werden.

Dieser Teig eignet sich sowohl für Brot als auch Brötchen. Für Brötchen werden kleinere Teigmengen zu Kugeln gerollt und etwas in Form gedrückt.
Sie können z.B. vor dem Backen

- ✓ mit Joghurt oder Butter bestrichen,
- ✓ in Sesam, Mohn, ... getunkt und
- ✓ auf ein Backbleck gesetzt werden.

Die Backzeit verringert sich auf ca. 20–30 Min.

Vorbereitung

- ✓ Hefeteig herstellen *(vgl. Seite 207)*
- ✓ Backblech oder Backform vorbereiten *(vgl. Seite 197)*

Zubereitung

- ✓ den Teig aus der Knetschüssel nehmen und auf dem Brett nochmals mit Mehl etwas kneten
- ✓ Teig zu einem Brot formen, oder in eine ausgefettete Backform geben
- ✓ falls gewünscht Sonnenblumenkerne, ... auf den Teig geben und leicht festdrücken, Muster einschneiden

Backvorgang und Temperatur

180-200 °C, ca. 60 Min.

Das Brot kann auch zu einem Laib geformt und auf einem Backblech gebacken werden.

Eine Tasse Wasser in den Backofen gestellt macht die Kruste weicher.

Das Brot nach dem Backen aus der Form nehmen. Klopft man auf das Brot und klingt es hohl, so ist das Brot fertig. Hört es sich noch „feucht" an so schieben Sie es einfach noch ein paar Minuten in den Backofen.

Pizza

Zutaten

	Teig
375 g	Mehl
⅛ l	Wasser (oder Milch)
15-20 g	Hefe
60 g	Öl
	Salz
	Belag
200 ml	Tomatensoße *(vgl. Seite 146)* oder pürierte Tomaten, fein geschnittene Champignons, Paprika, Schinken, Sardellen, Spinat, Salami, Zwiebeln ....
150 g	Mozzarella oder geriebenen Käse
	Kräuter: Oregano, Basilikum, ..

Entweder Teig nach dem Knetvorgang ½ Std. gehen lassen, oder den ausgewellten Teig vor dem Backen gehen lassen. Eine Pizza, deren Teig sehr dünn ausgewellt und bereits gegangen ist, kann auch bei sehr hohen Temperaturen 250°C gebacken werden.

Arbeitsschritte ca. 15 min

Vorbereitung

- ✓ Hefeteig herstellen *(vgl. Seite 207)*
- ✓ Backblech vorbereiten *(vgl. Seite 197)*

Zubereitung

- ✓ den Teig mit wenig Mehl dünn auswellen und auf das eingefettete Backblech legen
- ✓ mit Tomatensoße gleichmäßig bestreichen (pürierte Tomaten mit Salz, Zucker, Pfeffer würzen)
- ✓ nach Wunsch belegen
- ✓ Käse darüber legen
- ✓ Teig gehen lassen

Backvorgang und Temperatur

Mittelhitze 180-200 °C, ca. 20 Min.

Biskuitteig

Biskuitgebäck ist ein lockeres weiches Gebäck. Grundzutaten für einen Biskuitteig sind Eier, Mehl und Zucker. Er eignet sich hervorragend für Obstkuchen, Torten und Rouladen. Der Teig ist einfach, schnell und nicht aufwendig in der Herstellung. Mit der richtigen Technik gelingt er immer.

Bevor man einen fertigen, abgepackten Tortenboden kauft, empfehle ich mithilfe des Handrührgerätes oder der Küchenmaschine, selbst schnell einen zu backen. Sie werden den Unterschied sehen, spüren und schmecken.

Grundrezept Biskuitteig

Menge	**Zutat**
5	Eier
5 EL	heißes Wasser
125 g	Zucker
125 g	feines Mehl (gesiebt)
1 Messersp.	Backpulver
	nach Belieben
etwas	Zitronensaft oder Zitronenschale
	Vanillezucker

Man rechnet pro Ei jeweils 25 g Zucker und Mehl. Für eine kleine Torte (Ø 22-24 cm) oder ein großes Blech für eine Biskuitrolle reicht die Teigmenge von 5 Eiern aus. Für einen Obstkuchen (z.B. Erdbeerkuchen) reichen 3 Eier. Alternativ kann der Tortenboden aus 5 Eiern in der Mitte durchgeschnitten werden. Entweder man gefriert die 2. Hälfte ein oder man erfreut sich an 2 Erdbeerkuchen.

Biskuitteigherstellung

- ✓ Eier und sehr warmes Wasser mit Rührbesen der Küchenmaschine oder Handrührgerät sehr schaumig schlagen (ca. 4 Minuten)
- ✓ Zucker während des Rührens einrieseln lassen und weiter auf höchster Stufe schaumig schlagen (ca. 4–8 Minuten)
- ✓ Mehl mit Backpulver sieben und in den Teig mit Kochlöffel unterheben, oder durch kurzes mehrmaliges Einschalten des Rührgerätes vorsichtig **unterheben** (Mehl nicht unterrühren, da dies ein lockeres leichtes Gebäck verhindern würde)
- ✓ Kuchenform mit Backpapier auslegen (Backpapier auf das Backblech bzw. den Boden der Springform legen, Kastenformen buttern und mehlen)
- ✓ fertigen Teig sofort in Springform oder auf Backblech umfüllen und in den **vorgeheizten** Ofen schieben

Backvorgang

Der fertige Biskuitteig muss sofort in der vorgeheizten Röhre gebacken werden, da sonst die eingeschlagene Luft vorzeitig entweicht.

Springform

- vorsichtig bei 175-200°C backen, Dauer ca. 40-50 Min.
- mit einem Hölzchen eine Garprobe machen (Tortenboden hat eine hell- bis mittelbraune Farbe)
- aus dem Backrohr nehmen und kurz abkühlen lassen
- aus der Springform nehmen und auf Kuchengitter stürzen, Backpapier vorsichtig abziehen und ganz abkühlen lassen

Backblech

- 180-200 °C, Dauer 10-15 Min.
- zu langsames und zu langes Backen macht den Teig hart und brüchig, Farbe: hellbraun, garer Biskuitteig fühlt elastisch und watteähnlich an
- Küchentuch leicht befeuchten, ausbreiten und mit Zucker bestreuen
- Biskuitteig nach dem Backen auf das Küchentuch stürzen
- ggf. sofort Marmelade darüber streichen
- Biskuitrolle mit dem Küchentuch heiß aufrollen und erkalten lassen
- weiterverarbeiten (siehe Seite 224)

Während der ersten Hälfte des Backvorganges die Röhre nicht öffnen. Das Gebäck beim Auskühlen vor Zugluft schützen.

OBSTKUCHEN MIT BISKUITTORTENBODEN (Z.B. ERDBEERKUCHEN)

ZUTATEN

Teig

3	Eier
3 EL	heißes Wasser
75 g	Zucker
75 g	gesiebtes Mehl
etwas	Backpulver

Belag

¾-1 kg	feine Früchte (Erdbeeren, Himbeeren, Orangen, Mandarinen, Bananen, Ananas, Pfirsich, Kirschen, Aprikosen, ...)
	Marmelade oder Schlagsahne
	roter oder weißer Tortenguss

Roter Tortenguss wird für die dunkeln Früchte (Erdbeeren, Himbeeren, ...) verwendet.

Wartet man, bis der Tortenguss etwas abkühlt und zu steifen beginnt, wird das Durchnässen des Biskuits mit dem Guss vermieden.

Bestreicht man den Tortenboden mit Schlagrahm, so schmeckt dies zum einen sehr gut und zum anderen wird ein Durchnässen des Tortenbodens mit dem Guss verhindert.

ARBEITSSCHRITTE CA. 15 MIN

Vorbereitung

- ✓ Biskuitteig herstellen *(vgl. Seite 207)*
- ✓ Früchte waschen, abtropfen lassen und ggf. schneiden
- ✓ Backofen vorheizen

Zubereitung

- ✓ den Teig in eine mit einem Backpapier ausgelegte Springform füllen

Backvorgang und Temperatur

Mittelhitze 175-190 °C, ca. 20–25 Min.

Fertig stellen

- ✓ Biskuitboden aus der Form lösen *(vgl. Backvorgang Springform Seite 222)*
- ✓ auskühlen lassen
- ✓ falls gewünscht, erkalteten Biskuitboden mit steifem Schlagrahm oder Aprikosenmarmelade einstreichen
- ✓ mit Obst dicht belegen
- ✓ Tortenguss nach Anweisung herstellen, etwas erkalten lassen bis er deutlich zu steifen beginnt
- ✓ mit Esslöffel den Tortenguss über die Früchte verteilen
- ✓ Obstkuchen sofort kalt stellen
- ✓ ggf. mit etwas steif geschlagener Schlagsahne mithilfe des Spritzbeutels verzieren

BISKUITROLLE

ZUTATEN	ARBEITSSCHRITTE CA. 15 MIN
Teig 5 Eier 5 EL heißes Wasser 125 g Zucker 125 g gesiebtes Mehl etwas Backpulver **Füllung** 150 g Marmelade, 500 g Schlagsahne, Früchte, ... Sagt sich überraschend Besuch zum Kaffee an, oder sitzt man zu Hause und hat Verlangen nach Süßem zum Kaffee, so ist die Biskuitrolle ideal um diese Bedürfnisse zufriedenzustellen. Sie ist schnell zubereitet und schmeckt immer.	**Vorbereitung** ✓ Biskuitteig herstellen *(vgl. Seite 207)* ✓ Backofen vorheizen **Zubereitung** ✓ den Teig auf ein mit Backpapier ausgelegtes Backblech füllen und sofort in die vorgeheizte Backröhre schieben **Backvorgang und Temperatur** Mittelhitze 180°C bis 200 °C; ca. 10–15 Min. **Fertig stellen** ✓ Biskuitboden stürzen *(vgl. Backvorgang Backblech Seite 222)* ✓ ggf. Marmelade sofort darüberstreichen ✓ heißen Biskuitteig mit Küchentuch rollen und auskühlen lassen ✓ in der Zwischenzeit Sahne sehr steif schlagen *(vgl. Seite 261)* ✓ nach dem Erkalten Rolle vorsichtig ausrollen ✓ mit Sahne bestreichen und ggf. mit klein geschnittenen Früchten belegen ✓ wieder aufrollen ✓ Enden schräg abschneiden ✓ entweder mit Puderzucker bestäuben, Sahne bestreichen, Mandeln bestreuen, ... ✓ kühl stellen

Mürbeteig

Der Mürbeteig wird durch reichlich Fettzugabe gelockert. Er kann sowohl in der Küchenmaschine als auch mit der Hand auf einem großen Brett geknetet werden.
Der Mürbeteig eignet sich für Plätzchen, Tortenboden und Blechkuchen, wie z.B. dem gedeckten Apfelkuchen.

Die Buttermenge beeinflusst Teigbeschaffenheit und die Mürbe des Gebäckes. Sehr butterreiche Teige sind besonders mürbe und dadurch auch leicht brüchig. Probieren Sie es aus und notieren Sie sich die für Sie am besten geeignete Zusammenstellung der Grundzutaten.

Mürbeteig kann auch salzig (ohne Zucker) hergestellt werden. Das Gebäck kann mit Paprika, Kümmel und geriebenem Hartkäse bestreut und auch im Mürbeteig als Geschmackszutat verarbeitet werden.

Grundrezept Mürbeteig

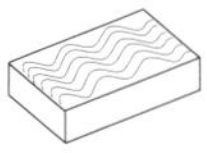

Menge	Zutat	Anteil
250 g	Mehl	4 Teile
125 g	Butter	2 Teile
70 g	Zucker	1 Teil
1	Ei	
1 Prise	Salz	
	nach Belieben	
1 EL	Rahm, Wein, Rum, Milch oder Wasser	
1 Messerspitze	Backpulver	
etwas	Zitronenschale	
	Vanille (-zucker)	
	Mandeln	
	Zimt	
	Paprika, Kümmel, Käse, …	

Die Menge ist für eine Springform Ø 26-28 cm ausreichend.

Mürbeteigherstellung

Wird der Knetteig von Hand hergestellt, sollte die Butter kalt verarbeitet werden. Für eine Herstellung in der Küchenmaschine oder mit dem Handrührgerät empfiehlt es sich, die Butter mit Zimmertemperatur zu verarbeiten. Hierfür werden jeweils die Knethaken der Maschinen benötigt.

✓ Mehl und ggf. Backpulver in die Schüssel oder auf das Brett sieben

✓ Zucker und 1 Prise Salz mit einer Gabel untermengen

✓ Butter als Flöckchen darüber verteilen

✓ Ei und Flüssigkeit zugeben

✓ alle Zutaten auf niedriger Stufe mit Knethaken gut verkneten, oder mit der Hand auf dem Brett gut durchkneten

✓ zum Ende kurz im „Schnellgang" kneten

✓ Teig zu einer Rolle formen, leicht bemehlen und ½ Std. kühl ruhen lassen (Teig der von Hand geknetet wurde sollte länger, mindestens 1 Std. kühl gestellt werden)

Backvorgang

mittlere Schiene		
Kuchen ohne Belag	200 °C	20 – 25 Min.
Kuchen mit Belag	200°C – 225°C	30 – 45 Min.
Kleingebäck		
(Plätzchen, Cracker)	180°C – 200°C	15 – 20 Min.

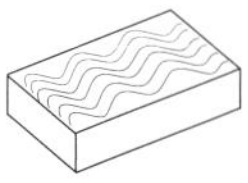

Obstkuchen

Zutaten

Teig

250 g	Mehl
125 g	Butter
70 g	Zucker
1	Ei
1 Prise	Salz
etwas	Milch
	Zitronenschale

Belag

¾-1 kg	Obst (Äpfel, Erd-, Him-, Johannis-, Brombeeren, Trauben, Orangen, Bananen oder Obstkonserven wie (Sauer-) Kirschen, Pfirsiche, ...)

Beispielsweise wird für einen gedeckten Apfelkuchen die doppelte Menge an Mürbeteig zubereitet. Die 2. Hälfte des Teiges wird ausgewellt und der belegte Kuchen zugedeckt. Die Backzeit erhöht sich auf 45–60 Min.

Der Apfelbelag kann gut mit geriebenen Nüssen und/oder Rosinen und Zimt gemischt werden.

Auch Streusel eignen sich, um einen Obstkuchen schmackhaft und dekorativ zu bedecken *(vgl. Streusel Seite 228)*.

Eine weitere Variante bietet der Quarkbelag *(vgl. Seite 228)*, welcher entweder auf dem Obst oder direkt auf dem Teigboden verteilt werden kann. Hier empfiehlt es sich den Mürbeteigboden 15–20 Min. vorzubacken (vorzugsweise bei Unterhitze), dann zu belegen und anschließend bei Mittelhitze ca. 190°C 1 – 1 ¼ Std. zu backen.

Arbeitsschritte ca. 15 min

Vorbereitung

- ✓ Mürbeteig herstellen *(vgl. Seite 225)* und ruhen lassen

Zubereitung

- ✓ den Teig auswellen und in eine mit einem Backpapier ausgelegte oder gefettete Springform füllen
- ✓ Rand formen
- ✓ Teigboden mit zerlassener Butter bestreichen
- ✓ in den Teigboden mit Gabel Löcher stechen, damit der Boden keine Blasen bildet bzw. Luft entweichen kann
- ✓ Obst auf dem Teigboden schön anrichten

Backvorgang und Temperatur

200-220 °C, ca. 30-40 Min.
mittlere Schiene

Fertig stellen

- ✓ nach dem Backen überzuckern und abkühlen lassen

Folgende Beläge eignen sich für nahezu jeden Kuchenboden, egal ob Rühr-, Hefe- oder Mürbeteig. Streusel und Quarkbelag können auch direkt (ohne Obst) auf einen Teigboden verteilt werden.

Obstkuchen Belag

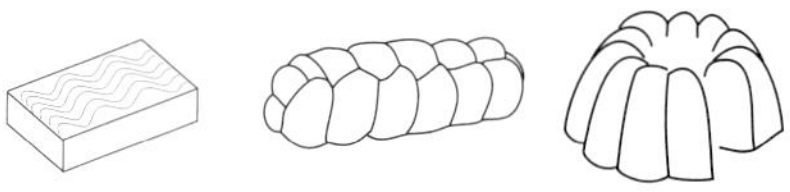

Streusel	150 g 100 g 100 g	Mehl Butter Zucker Zimt Vanille	✓ Mehl, Zucker und Geschmackzutat vermengen ✓ Butter flüssig werden lassen und über die Mehl-/Zuckermasse gießen ✓ mit zwei Gabeln vermischen, so dass sich kleine Klümpchen bilden ✓ über den Kuchenboden oder Obstbelag verteilen
Quark-belag	50 g 125 g 500 g 2-3 2 EL 4 EL	Butter Zucker Quark Eier Mehl oder Grieß süßen Rahm Zitronen-schale	✓ Butter schaumig rühren ✓ Zucker und Eier zugeben, gut schaumig rühren ✓ Quark, Grieß und Zitronenschale zugeben und glatt rühren ✓ über den Kuchenboden oder Obstbelag gleichmäßig verteilen ✓ falls gewünscht mit geraspelten Mandeln bestreuen
Rahmguss	3 80 g ⅛ l 1 EL	Eier Zucker Sauerrahm Rum, Arrak, oder Zitronensaft Vanillezucker	✓ Eier trennen ✓ Eigelb und Zucker schaumig rühren ✓ Geschmackszutat unterrühren ✓ Eiweiß steif schlagen *(vgl. Seite 79)* ✓ Eiweiß unter die Ei-Zuckermasse unterheben ✓ auf den halbgebackenen Kuchen gleichmäßig verteilen ✓ 20-25 Min. fertig backen lassen
Baiser	3 90 g 50 g	Eischnee Zucker nach Belieben geriebene Nüsse	✓ Eiweiß mit 1 TL Zucker steif schlagen *(vgl. Seite 79)* ✓ Zucker nach und nach zugeben ✓ ggf. Nüsse vorsichtig unterheben ✓ auf den fast fertig gebackenen Kuchen die Schaummasse gleichmäßig verteilen ✓ 5–10 Min. bei Oberhitze überbacken

Käsegebäck, Käsestangen, Cracker

Zutaten	Arbeitsschritte ca. 15 min
Mürbeteig 200 g Mehl Salz 1 TL Paprika 200 g Butter ca. 200 g geriebenen Hartkäse wie Emmentaler, Parmesan, .. **nach Belieben** Prise Backpulver **zum Bestreichen** Eigelb **zum Bestreuen** Käse, Kümmel, Paprika, Salz Käsestangen können auch mit salzigem Hefeteig hergestellt werden.	**Vorbereitung** ✓ Mürbeteig unter Zugabe von Käse herstellen *(vgl. Seite 225)* und ruhen lassen **Zubereitung** ✓ den Teig ein- bis zweimesserrücken-dick auswellen ✓ in 1 ½ cm breite Streifen und ca. 10– 12 cm lange Stangen schneiden oder ausradeln ✓ Stangen etwas um die eigene Achse drehen ✓ alternativ können Formen ausgestochen werden ✓ wie gewünscht bestreichen und/oder bestreuen **Backvorgang und Temperatur** 180 °C, 10-20 Min. vorsichtig backen mittlere Schiene (Käsegebäck bräunt sehr leicht und schmeckt dann bitter) **Fertig stellen** ✓ auskühlen lassen

Tipp

Achten Sie beim Kauf der Küchenhelfer unbedingt auf die Qualität. Kaufen Sie lieber weniger als zu viele Geräte. Mit den Küchengeräten, die unter der Kategorie „Minimale Ausstattung" aufgeführt sind, kommen Sie sehr gut durch das Küchengeschehen.

Tipp

Fragen Sie Ihre Freunde und Bekannte, bevor Sie Ihre Ausstattung erweitern, ob diese mit den in ihren Haushalten eingesetzten Küchenhelfern zufrieden sind und profitieren Sie so von der Erfahrung anderer.

Tipp

Um den Arbeitsablauf in der Küche durch zu reinigende Küchenhelfer nicht zu stören empfehle ich Ihnen: legen Sie sich ausschließlich spülmaschinenfeste Geräte zu.

AUSSTATTUNG

Ich persönlich habe den Anspruch, meiner Familie keine Fertiggerichte zu präsentieren. Geschmacksverstärker, Konservierungsmittel, Farbstoffe ade, ... mit mir nicht.

Um möglichst wenig Zeit für Suchen und Ein- und Ausräumen zu verbringen, habe ich ganz bewusst alles unnötige, unpraktische und nicht „Schöne“ aussortiert. So befindet sich in meiner Küche nichts mehr, was mir bei Gebrauch keine Freude macht.

Benötigt man wirklich zwei oder mehr Geschirr? Ich behaupte nein! Wir hatten auch so allerlei von hier und da, zusammengetragen aus Studentenbuden, ererbte Gegenstände und Reste. Einige vereinzelte, uns wirklich wichtige am Herzen liegende, Gegenstände haben diese Reinigungsaktion überstanden und sind regelmäßig im Einsatz.

Andere Dinge, die ich nicht so oft benötige, sind im Keller gelandet. Ein gut sortierter und übersichtlich bestückter Schrank ermöglicht dort den schnellen Zugriff auf bestimmte Auflauf- oder Kuchenformen (z.B. die Osterlammbackform), große Tabletts, große Töpfe, einfach Dinge die man zwar benötigt, aber eben nicht regelmäßig. Allerdings prüfe ich auch hin und wieder die dort verstauten Utensilien. Und alles was in den letzten zwei Jahren nicht im Einsatz war, kommt weg. Auf diese Weise bleibt der Blick und Weg zu den selten benötigten Dingen frei und auch die Gegenstände sind schnell mit einem Handgriff nach Benutzung wieder verstaut.

Und das ist auch sehr wichtig. Denn Utensilien, deren angestammter Platz nicht die Küche ist, sollten nach Gebrauch schnell wieder aus dem Weg geräumt sein, um den Arbeitsplatz „Küche“ auch als solchen benutzen zu können. So steht in einer unscheinbaren Ecke der Küche ein „Kellerkorb“. Alle Utensilien, die sich im Laufe eines Arbeitstages ansammeln, werden dort aufbewahrt und beim nächsten Gang in den Keller mitgenommen und geleert.

Geschirr

Tipp

Geschirr, Gläser und Besteck sollten stoßfest, spülmaschinenfest, widerstandsfähig und lange nachzukaufen sein.

Essgeschirr

Unser neues Essgeschirr wurde in einem großen Küchengeschäft ausgewählt. Die Entscheidung fiel auf ein Strapazierfähiges, welches sowohl im weißen Dekor, als auch mit Muster erhältlich ist.

Leider war der Preis ziemlich hoch und wir konnten uns für den Kauf des Geschirres nicht durchringen. Nach Recherchen im Internet fand ich heraus, dass unser auserwähltes Geschirr als 2. Wahl im Fabrikverkauf erworben werden konnte. Ein Anruf dort genügte und so war sichergestellt, dass das gewünschte Geschirr vorrätig ist und eine lange Reise Richtung Norden nicht umsonst sein würde. Eine Freundin die mich begleitete war schnell gefunden. So hatte ich einen schönen Tag mit einer Freundin verbracht und am Ende einen Kofferraum voll schöner, preiswerter Dinge. Das Geschirr wurde in zwei verschiedenen Dekoren gemixt. So ist es mir möglich, den Tisch einen Tag in weiß zu decken und am nächsten Tag mit fröhlichen Farben Abwechslung ins Spiel zu bringen. Seit neun Jahren genießen wir das schöne Dekor täglich. Es sind keinerlei Kratzer, Bruchstellen, oder sonstige Gebrauchsspuren erkennbar.

Bevor ich begeistert das neue Geschirr einräumen konnte, musste ich mich erst vom Alten trennen. Auch das war nicht so einfach. Eine Zwischenlagerung in einer Umzugskiste erleichterte mir den Akt der Trennung. Einige Zeit später las ich in der Zeitung eine Anzeige, dass für in Not geratene Familien Haushaltsgegenstände gesucht werden. So konnten die besseren der alten Dinge noch einem guten Zweck dienlich sein. Diese Zeitungsanzeige wurde in der Küche im Haushaltsordner abgeheftet und ist so für weitere diesbezügliche Aktionen auffindbar.

Gläser

Die ständig benutzen Saftgläser machten im Laufe der Zeit einen faden Eindruck. Ein Gläserwechsel wurde fällig. Schöne Gläser sind mir zufällig in einem kleinen Einrichtungsgeschäft „über den Weg gelaufen". Gesehen und verliebt. Wir kauften 16 neue Gläser der gleichen Sorte in verschiedenen Größen (0,15 l und 0,25 l). So ist für den kleinen und großen Durst gesorgt.

Zusätzlich gibt es in unserem Hausstand noch Rotwein-, Weißwein- und Wassergläser (jeweils 12 Stück). Ein Hochzeitsgeschenk unserer Eltern. Ein Teil davon ist im Keller gelagert. In der Küche befinden sich von oben genannten Sorten jeweils 4 Stück, die uns im alltäglichen Geschehen völlig ausreichen. Ein guter Wein zum Essen soll schließlich auch stielvoll genossen werden. Leider ging von diesen langstieligen Gefährten schon das ein oder andere in der Spülmaschine kaputt. Zum Glück handelt es sich hier um Gläser, die jederzeit im Fachhandel nachgekauft werden können.

Besteck

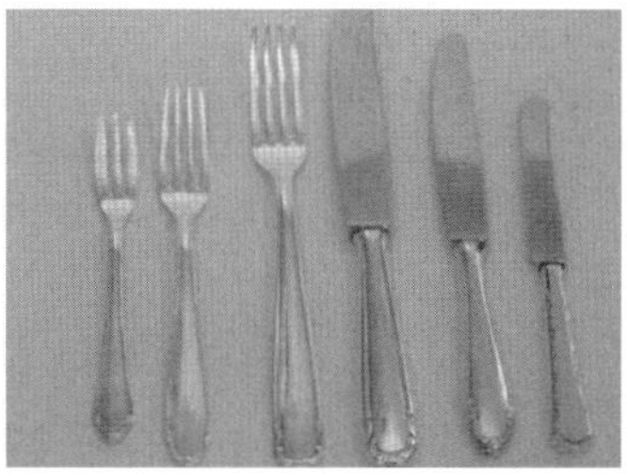

Unser Cromagan Besteck ist ca. 20 Jahre alt. Optisch ist es immer noch ansprechend und die 20 Jahre haben nahezu keine Spuren hinterlassen. Manchmal benötigt man aber mehr als 12 Garnituren. Vor allem wenn die Hälfte davon in der Spülmaschine steckt und sich eine Horde hungriger Kinder anmeldet oder überraschend Besuch zum Kaffee vor der Tür steht. Auf einem Flohmarkt wurde ich fündig. Ein 12teiliges Silberbesteck für damals 120 DM. Es musste erst wieder richtig poliert werden um die Schönheit an den Tag zu legen. Aber die Arbeit und Mühe hat sich gelohnt, wir erfreuen uns oft daran. So nach und nach konnten zusätzlich auf Flohmärkten Vorlagebesteck, Kaffeelöffel, Kuchengabeln, Vorspeisen- und Fischgarnituren erstanden werden. Trotz der unterschiedlichen Dekore harmonisieren sie hervorragend.

Mechanische Küchenhelfer

Töpfe und Pfannen

Der wichtigste Teil der Töpfe und Pfannen ist der Topf- bzw. Pfannen**boden**. Nichts ist ärgerlicher als ein Topf oder eine Pfanne, welche die Hitze nicht gleichmäßig verteilt und gut leitet. Achten Sie beim Kauf auf einen möglichst dicken Boden, der auf den ersten Eindruck schon am Gewicht zu erkennen ist. Ich persönlich favorisiere Edelstahltöpfe mit Edelstahlgriffen. Die Töpfe und Deckel sind mit einem Edelstahlreiniger einfach für die Spülmaschine vorzusäubern. Der Edelstahlreiniger hinterlässt

keine Kratzspuren und mit ihm können auch angebrannte Essensreste schnell aus dem Edelstahltopf ausgekratzt werden. Anschließend wird der Edelstahlreiniger zum Reinigen mit in die Spülmaschine gelegt.

Bei beschichteten Töpfen und Pfannen ist diese Vorgehensweise weder nötig noch zu empfehlen.

Die Edelstahlgriffe ermöglichen ein problemloses Warmhalten, Schmoren oder Überbacken im Backofen.
Die Topfbodengröße sollte dem Durchmesser der Kochplatten entsprechen, um die eingesetzte Energie bestmöglich zu nutzen.

Ein Tipp noch bevor Sie zum Einkaufen gehen: überlegen Sie welche Töpfe parallel zu nutzen sind und simulieren Sie z.B. mit ausgeschnittenen Papierkreisen auf Ihrem Herd eine Stellprobe, z.B. passt vor und neben einem Kochgeschirr mit Ø 28 cm nur ein kleines Gefäß.

TÖPFE UND PFANNEN - MINIMALE AUSSTATTUNG

Hoher Kochtopf	1 Liter Ø 14 cm	Milch,..
Stieltopf	1–1,5 Liter Ø 16 cm	für Soße und das Erwärmen kleiner Mengen
Kochtopf mit Deckel für kleinere Mengen	2,5 Liter Ø 18 cm	für Soße und das Erwärmen kleinerer Mengen
Kochtopf mit Deckel	3,5 Liter Ø 20 cm	u.a. der favorisierte Kartoffeltopf
Kochtopf mit Deckel	4,5 Liter Ø 22 cm	u.a. der bewährte Nudeltopf
Kochtopf mit Deckel	5,5 Liter Ø 24 cm	u.a. der Suppen- und Spätzletopf
Kochtopf mit Deckel	7,0 Liter Ø 28 cm	Schmorbratentopf
Edelstahlpfanne mit Edelstahl-griffen und Deckel	Ø 28 cm	braten, dünsten, Pfannenkuchen
beschichtete Pfanne (ohne Deckel)	Ø 28 cm	braten, dünsten, erwärmen, Pfannenkuchen
beschichtete Pfanne mit Deckel	Ø 24 cm	kleine Portionen zum Aufwärmen und für die effiziente Art des Pfannenkuchenbackens
Auflaufform / Bräter	2,5 Liter	Lasagne, Kartoffelgratin, Aufläufe, als Bräter geeignet

Messer und Schneidwerkzeug

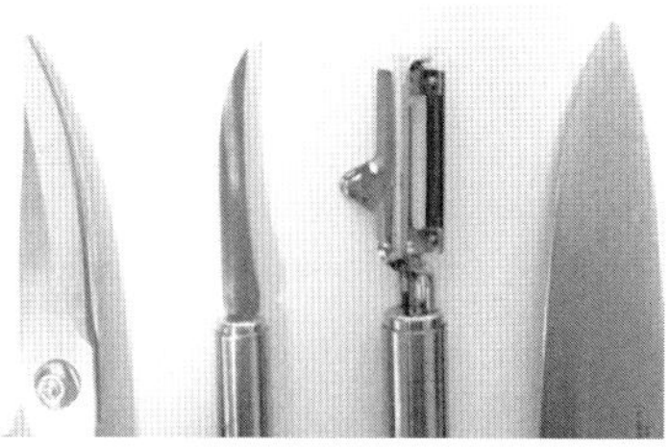

Gute Messer sind die **allerwichtigsten** Küchenhilfen. Auch hier gilt, weniger ist mehr. Besitzen Sie lieber wenige, aber qualitativ hochwertige Schneidwerkzeuge. Ersetzen Sie hin und wieder qualitativ Minderwertige durch sehr Hochwertige. Entfernen Sie stumpfe, nicht wieder zu reparierende Messer. Raus mit den Küchenhelfern, die in Wirklichkeit nur Hindernisse sind! Ein gutes Messer hat seinen Preis (um die 40 Euro).

Messer unterscheiden sich in Form, Länge und Elastizität der Klinge. Beachten Sie, es gibt Unterschiede in der Verbindung von Griff und Klinge.

Klingen aus nicht rostendem geschmiedetem Edelstahl sind gegen Säure und Feuchtigkeit unempfindlich. Zudem können diese von Hand nachgeschliffen werden.

Lassen Sie sich beim Kauf eines Schleifsteines und Wetzstabes die Handhabung genau erklären.

Messer leiden in der Spülmaschine. Sie werden schneller stumpf. Da meine Messer meist trotzdem in der Spülmaschine gereinigt werden, schleife ich diese regelmäßig mit dem Wetzstab.

Ungefähr einmal im Jahr gebe ich die Messer zum professionellen „Messerschleifer". Manchmal steht ein Messer-/Scherenschleifer vor der Tür und bietet seine Künste an. Ich lasse mir die Abgabe der Messer inzwischen bescheinigen. Ein Schneidemesser zu schleifen kostet zwischen 5 und 8 Euro, der Einsatz lohnt sich. Messer können auch an Messerschleifer versandt oder in Haushaltsgeschäften abgegeben werden.

Messer - Die verschiedenen Schneiden

Glatte Schneide	ermöglicht einen sauberen Schnitt ohne zu zerfasern 	für harte und weiche Lebensmittel Fleisch, Gemüse, Obst und zum Schälen
Sägeschliff	schneiden weicher Schneidgüter mit fester Schale 	für Zitrusfrüchte, Obst und Gemüse (weiches Fruchtfleisch mit Schale wie z.B. Tomaten)
Wellenschliff	schneiden von weichem Gut mit fester Kruste 	für Lebensmittel mit harter Kruste und weichem Innenleben wie z.B. Brot

Messer - Die verschiedenen Messerspitzen

Rückenspitz	gerader Klingenrücken gebogene Schneide 	diese Spitze ermöglicht das Abrollen der Klinge
Mittelspitz	Klingenrücken und Schneide leicht gekrümmt und spitz zulaufend 	ideale Form für ein Kochmesser
Watenspitz (die Schneide eines Messers heißt auch „Wate")	gebogener Klingenrücken glatte Schneide 	ermöglicht einen glatten Schnitt auf der Unterlage

Messer- und Schneidwerkzeug - minimale Ausstattung

Kochmesser	20 cm Klingenlänge glatte Schneide Mittelspitz	mittellange breite, spitz zulaufende Klinge
Brotmesser	20 cm Klingenlänge Wellenschliff Watenspitz	Ein gutes Brotmesser erspart die Brotschneidemaschine. Achten Sie beim Kauf darauf, dass die Klinge fest ist und sich beim Schneiden nicht biegt, ansonsten gibt es keine gleichmäßigen Brotscheiben.
Gemüse-messer	5–10 cm Klingenlänge glatte Schneide Watenspitz	spitz zulaufendes Blatt, zum Schälen, Zerkleinern und Putzen von Obst und Gemüse
Tomaten-messer	10 cm Klingenlänge Sägeschliff Mittelspitz	hervorragend zum exakten Aufschneiden von Tomaten und Zitrusfrüchten
Schälmesser	kurze leicht säbelartig gebogene Klinge ca. 6 cm Klingen-länge glatte Schneide Mittelspitz	zum Schälen von Kartoffeln, Obst und Gemüse wie Möhren und Zucchini. Spezialmesser, gleicht sich jeder Rundung an.
Wiegemesser für Kräuter	ein oder zwei parallele Klingen	zum Grob- und Feinhacken von Kräutern, Gewürzen, Spinat, Kohl, Zwiebeln, ...

Messer- und Schneidwerkzeug - minimale Ausstattung

Geflügel-schere	mit gebogenen Klingen und integrierter Feder in einer stabilen, robusten Ausführung	zum Portionieren von gegartem Geflügel
Haushalts-schere	robuste, rostfreie Ausführung mit nachstellbarer Verschraubung	zum Schneiden (öffnen von Verpackungen, schneiden von Folien, Bindfäden, ...)
Wetzstab	runder oder ovaler Stahlstab mit geriffelter Oberfläche	zum Abziehen und Nachschärfen von Messern
Schleifstein	rechteckig, auch mit Griff erhältlich	zum Schärfen der stumpfen Klingen (Eisenwarenhandel oder Fleischereibedarf)

Messer- und Schneidwerkzeug -Weitere Utensilien

Tranchierbesteck	20 cm Klingenlänge Mittelspitz glatte Schneide oder Säge, bzw. Wellenschliff	langes spitzzulaufendes Messer und zweizinkige Gabel Gabel: massives robustes Gerät mit zwei langen, schmalen Zinken zum Schneiden von Schinken, Wurst in jeder Stärke zum Tranchieren von Braten
Filetiermesser	20 cm Klingenlänge Mittelspitz glatte Schneide	biegsam elastisch gebogenes Blatt zum Filetieren und Häuten von Geflügel und Fleisch zum Trennen von Haut und Gräten beim Fisch
Ausbeinmesser	12 bis 14 cm Klingenlänge Rückenspitz glatte Schneide	schmale, starre leicht geschwungene Klinge festes, spitz zulaufendes Blatt zum Auslösen von Knochen bei Geflügel und Fleisch
Hackbeil	ca. 12 bis 15 cm Klingenlänge Watenspitz glatte Schneide	rechteckig geformte großflächige starre Klinge, die schwerer als der Griff ist Zerteilen von Kotelettsträngen, Knochen, zum flach und breit Klopfen von rohen Fleischscheiben, Einklopfen von Gewürzen mit dem Klingenblatt

Schneid- und Reibegeräte

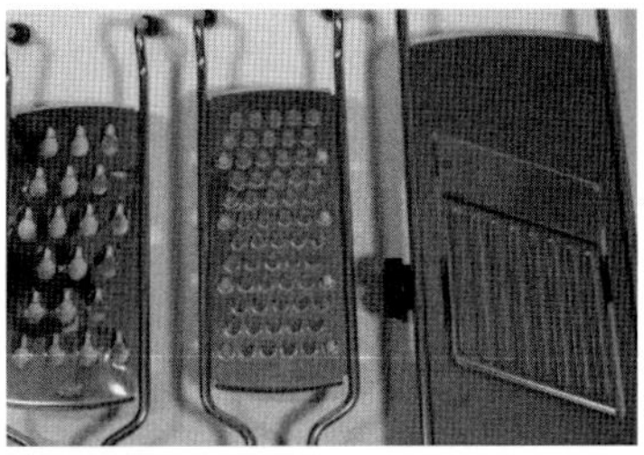

Raspeln, schneiden, hobeln – Arbeiten, die in jeder Küche anfallen. Küchenhelfer für diese Tätigkeiten gehören zur Grundausstattung und müssen von solider Qualität sein.
Aus rostfreiem Stahl gefertigte Geräte sind am längsten haltbar. Achten Sie darauf, dass Reiben und Hobel durch entsprechende Stahlstärke eine ausreichende Stabilität besitzen. Die Zähne von Reiben sollten scharfkantig und die Schneidkanten des Hobels geschliffen sein. Praktisch ist es, wenn sich die Schneiden austauschen und/oder nachschleifen lassen.

Die Griffe bzw. Haltebügel der Geräte sollen stabil sein und gut in der Hand liegen. Lassen Sie sich im Fachhandel die Funktion des Hobels genau erklären und verwenden Sie den Fingerschutz.

Reiben und Hobel gehören zu den wenigen Geräten, welche nicht in der Spülmaschine gereinigt werden, um die Schärfe der Reiben/Klingen zu schonen. Unmittelbar nach Gebrauch werden die Geräte unter fließendem Wasser gereinigt. Zum Trocknen stelle ich diese mit der Schneide nach hinten auf einen hierfür generell freigehaltenen Platz. Nach dem Trocknungsvorgang werden sie bei passender Gelegenheit mit der Schneide nach unten auf den reservierten Platz in der Schublade verstaut.

SCHNEID- UND REIBEGERÄTE - VERSCHIEDENE ARTEN

Stiftelreiben 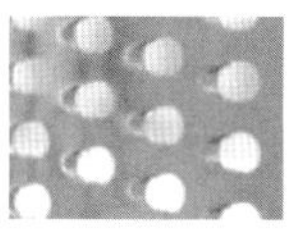	Reibfläche mit kleiner bis grober Lochung Bearbeitung nur in einer Bewegungsrichtung	raspeln von Lebensmitteln trennen streifenartig Teile ab Obst, Gemüse, Käse
Kronenreiben 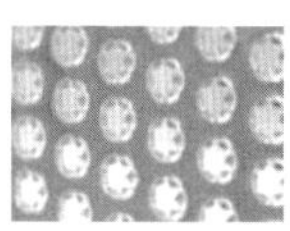	Spitzen mit scharfem Lochrand Lebensmittel werden in kleinste Teile verrieben Reibgut wird teilweise durch die Löcher hindurch gedrückt und teilweise fällt es von der Reibfläche ab Kronenreiben erlauben das Reiben in jede Richtung musartiges Endprodukt	Obst, Gemüse, Gewürze
Hobel-schneiden 	trennen Scheiben bzw. Streifen vom Reibgut	Obst, Gemüse,

Messer- und Schneidwerkzeug - minimale Ausstattung

Zitronenreibe	Stiftelreibe kleine, flache oder halbrunde Reibfläche mit feiner Lochung	abreiben der ungespritzten Schalen von Zitronen und Orangen feines raspeln von Äpfeln raspeln kleiner Mengen fester Produkte, z.B. Schokolade zur Dekoration
Käsereibe	Stiftelreibe flache oder halbrunde Reibfläche mit feiner bis mittelfeiner Lochung	reiben verschiedener Käsesorten von harter Konsistenz (Parmesan, ...)
Rohkostreibe	Stiftelreibe flache Reibfläche mit grober Lochung	mittelfeines raspeln von frischem, festem Obst und rohen Gemüsen
Kartoffel-reiben fein und grob	Kronenreibe flache oder halbrunde Reibfläche mit kronenförmiger gezackter feiner oder grober Lochung	fein: Kartoffeln für Kartoffelpuffer grob: Sellerie, Rettich, Meerrettich, Möhren, Äpfel
Muskatreibe	Kronenreibe flache oder halbrunde Reibfläche mit gezackter feiner Lochung	reiben von Muskatnüssen

Messer- und Schneidwerkzeug - minimale Ausstattung

Gemüsehobel	Hobelschneide flache Form mit schräg gestelltem Messer	hobeln von Gurken, Rettich, Möhren, rote Beete, Sellerie, Zucchini, Kraut, Kartoffeln, Kohlrabi ... Beachten Sie: das Schneidgut soll je nach Gericht verschiedene Stärken haben. Rote Beete werden z.B. für ein Carpaccio hauchdünn und für einen Salat dünn geschnitten. Deshalb ist es vorteilhaft, entweder einen Hobel mit verstellbarem Messer, oder verschiedene Hobel (z.B. einen für hauchdünne und einen für mitteldicke Scheiben) einzusetzen.

Weitere nützliche Küchenhelfer

Schüsseln

Alle in der Küche eingesetzten Schüsseln müssen geschmacksneutral sein, da diese abwechselnd für Fleisch, Fisch, Gemüse, Salat, Obst verwendet werden. Edelstahl, Glas und hochwertige Kunststoffe erfüllen diese Vorrausetzungen. Rührschüsseln sollten an der Unterseite mit einem rutschfesten Material versehen sein.

Schüsseln - minimale Ausstattung

1 Satz Rührschüsseln	1–3 Liter	mindestens drei Stück, verschiedene Größen
1 hoher Rührbecher	1–2 Liter	mit Ausguss vorteilhaft: mulitfunktionaler Becher aus hitzestabilem Glas. Er ist als Rührbecher, Messbecher und Topf (da er erhitzbar ist) im Einsatz und bleibt lange kühl, wenn er vorgekühlt (z.B. für das Sahneschlagen) ist.
1 große Schüssel konische Form (flacher Boden)	mind. 5 Liter	zur Vorratshaltung um große Teigmengen (z.B. Knödelteig) zu kneten

Seiher und Siebe

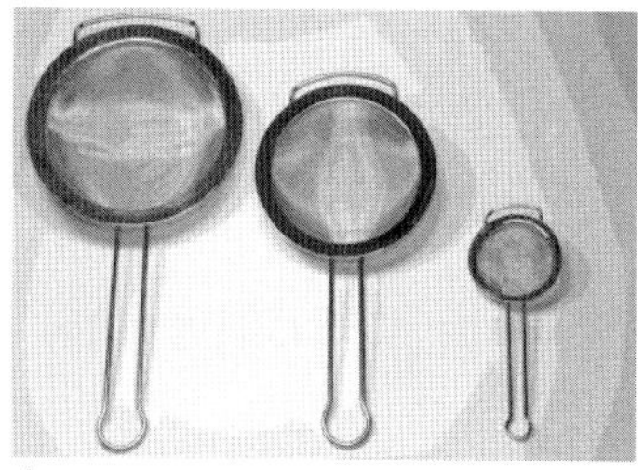

Es gibt eine breite Auswahl an Seihern und Sieben, die sich in Formen, Größen und Lochbildern unterscheiden. Bei Seihern ist das Lochbild direkt aus dem jeweiligen Material gearbeitet. Siebe haben ein feines Drahtgewebe. Achten Sie beim Kauf auf stabiles, rostfreies Material. Ich empfehle hier Edelstahlgeräte, die lange haltbar und sehr gut in der Spülmaschine zu reinigen sind.

Seiher und Siebe - minimale Ausstattung

Standseiher 	Ø ca. 25 cm	abgießen von Nudeln, Gemüse, Suppenbrühen, ... Achten Sie beim Kauf darauf, dass der Seiher aus einem Material direkt herausgearbeitet ist und links und rechts über komfortable Griffe verfügt. Seiher sollten über die ganze Bodenfläche gelocht und möglichst weit am Rand hinauf gelocht sein. Flüssigkeit kann so schnell und gut abfließen.
Rundsieb 	Ø ca. 20 cm	sieben von Mehl rückstandfreies Abgießen von Brühen und Fonds feinpassieren von Früchten und Tomaten zum Passieren von Soßen Drahtnetz mit kleiner Maschenweite Achten Sie beim Kauf auf einen verstärkten Rand. So hält der Sieb auch stärkeren Druck aus. Eine breite Auflage und ein stabiler Griff ermöglichen das Einhängen.

SEIHER UND SIEBE - MINIMALE AUSSTATTUNG

Rundsieb	Ø ca. 15 cm	sieben von Puderzucker, Kakao, Mehl und abgießen kleinerer Mengen Ausführung und Qualität wie vorher
Spätzlesieb 	Ø ca. 27 cm (Lochung Ø ca. 23 cm)	flacher Sieb gefertigt aus Edelstahl mit großer, grober Lochung zum Durchdrücken von Spätzle in kochendes Wasser (bestens geeignet für den Topf mit Ø 24 cm) ermöglicht die schnelle, saubere, kraftsparende Herstellung von Spätzle *(vgl. Rezept Seite 151)* für alle, die Spätzle selbst machen wollen ein „Muss“
Passiergerät „Flotte Lotte“ 	Ø ca. 20 cm drei verschiedene Lochgrößen	runde Schüssel mit auswechselbaren Siebeinlagen als Bodenabschluss zu empfehlen: stabile, spülmaschinen-feste Edelstahlausführung rohes oder gekochtes Nahrungsgut wird über eine Drehkurbel angetrieben durch die Lochung gepresst Anwendung für: passieren von Mus *(vgl. Rezept Apfelmus Seite 155)*, Marmelade und Gelee durchdrücken gekochter Kartoffeln passieren von Soßen, Suppen und Gemüse

SEIHER UND SIEBE - WEITERE GERÄTE

Mehlsieb	Ø ca. 10 cm	mittelgroßer, flacher Sieb aus feinem Drahtgeflecht sieben von Mehl, Stärke, Puderzucker, Kakao
Spitzsieb	Ø ca. 15 cm	Sieb aus Ganzmetall oder Drahtgewebe in dichter, feiner Lochung rundum, mit spitz zulaufendem Boden Achten Sie beim Kauf auf eine stabile Qualität (z.B. Edelstahl), eine breite Auflage und einen festen Griff. besonders geeignet zum Passieren bei der Herstellung von Brühen und Soßen, zum Abgießen und Filtern von Soßenfonds und Suppen

Schöpf- und Hebegeräte

Mit Geräten, welche ganz aus Edelstahl gefertigt sind, werden Sie auf Dauer die größte Freude haben. An Nahtstellen kann sich so kein Schmutz absetzen und fehlende Verbindungsstellen (Schweiß- oder Lötstellen) sind auch fehlende Schwachstellen (Bruch, Lockerung).

Ein möglichst breiter abgerundeter Stiel lassen die Geräte gut in der Hand liegen. Ein Haken am Ende des Stieles verhindert das Abrutschen in den Topf und eröffnet die Möglichkeit, diese Geräte an Hängeleisten aufzubewahren, was einen schnellen und einfachen Einsatz oft benötigter Haushaltsgeräte ermöglicht.

Schöpf- und Hebegeräte - minimale Ausstattung

1 Schöpfkelle	mind. ⅛ Liter Fassungsvermögen	tiefe Kelle, rundum laufender Schüttrand unterbindet das Abtropfen es gibt sie in unterschiedlichen Größen evtl. mit Volumenangabe (erleichtert das Abmessen) zum Schöpfen und Dosieren von Suppen, Soßen, Brühen und Eintopf zum Auf- und Übergießen eines Bratens

Schöpf- und Hebegeräte - minimale Ausstattung

1 Sieblöffel flach	Ø 10-12 cm	flacher, breiter Rundlöffel mit großen Löchern zum schnellen Ablaufen von Wasser und Fett herausnehmen („fischen“) von Knödel, Spätzle einlegen und herausnehmen von Fritiergut (z.B. Pommes Frites, Schmalzgebäck) schwenken von Gemüse in heißer Butter
1 Soßen- bzw. Dosierlöffel	max. ⅛ Liter Füllmenge	tiefer Löffel mit Ausguss auf mindestens einer Seite (beidseitiger Ausguss ist für Linkshänder sehr praktisch) ermöglicht das Zugießen und Abschöpfen kleinerer Flüssigkeitsmengen ein Schüttrand verhindert das Abtropfen
2 Pfannen-wender	Blattgröße ca. 8 x 12 cm 1 x Edelstahl und 1 x Holz oder anderes Material für Einsatz in beschichteten Pfannen	breit auslaufendes festes bis mittelfestes Blatt zum Einlegen, Wenden und Herausnehmen von Fleisch, Frikadellen, Pfannenkuchen, Gemüse, .. zum Teilen in der Pfanne wie z.B. bei Kaiserschmarrn, Omelette, ...

Schöpf- und Hebegeräte - weitere Geräte

1 Bratenheber	Blattgröße ca. 8 x 12 cm	flaches Blatt mit breiten Schlitzen zum schnellen Ablaufen von flüssigem Fett zum schonenden Einlegen, Wenden und Herausnehmen des Bratgutes
1 Fischback-schaufel	Blattgröße ca. 8 x 10 cm	dünnes, flaches Blatt mit abgerundeten Ecken durch breite Schlitze im Blatt kann flüssiges Fett schnell ablaufen zum Einlegen, Wenden und Ausheben von Fisch und anderem empfindlichen Gargut
1 Spargelheber		gebogenes breites Blatt mit großen Löchern bzw. Schlitzen ermöglicht das sichere Herausnehmen von Spargelstangen aus dem Kochwasser, ohne sie zu knicken ideal auch für Kochfisch oder Brühwürstel
1 Spaghettiheber		runder, halbtiefer Löffel, in der Mitte ein Ablaufloch und am Rand große, abgerundete Zinken sehr praktisch zum Portionieren von Teigwaren wie z.B. Spaghetti die hohen Zinken verhindern ein abrutschen der Nudeln

Kochlöffel und Rührbesen

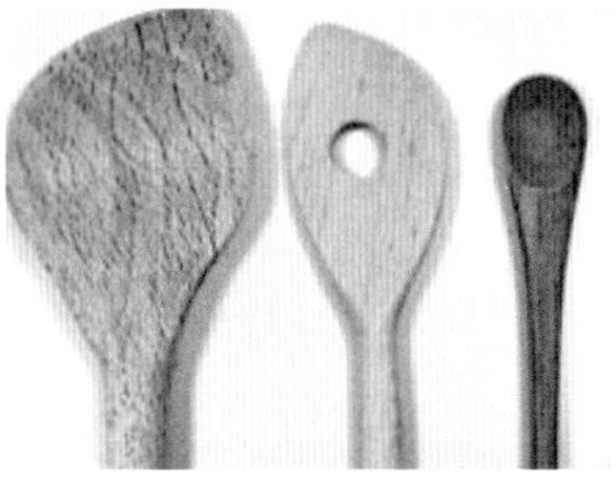

Achten Sie auch hier auf eine stabile Ausführung. Für das Aufschlagen von Eiweiß eignet sich ein großer, leichter Schneebesen mit dünnen elastischen Drähten. Für das Vermengen von schweren Teigen benötigt der Schneebesen dickere Drahtschleifen.

Kochlöffel und Rührbesen - minimale Ausstattung

1 mittelgroßer Schlag- bzw. Rührbesen	Besenlänge ca. 15 cm	kräftige, dichte und lange Drähte in Tropfenform dicker, stabiler Stiel zum Verrühren von Zutaten in flüssigen Mengen, Unterheben von Mehl in Teigen, Verrühren von Süßspeisen (z.B. Pudding, rote Grütze, ...)
1 mittelgroßer bis kleiner Schlagbesen	Besenlänge max. 15 cm	dünne, elastische Drähte in Tropfenform dünner Stiel zum schaumig Schlagen von kleinen Mengen und leichten Flüssigkeiten wie Eier, Sahne, ...
mind. 2 Rührlöffel (Kochlöffel)	Mulde Ø ca. 5 cm	langer Stiel mit Löffelmulde Material: Holz, hitzebeständiger Kunststoff oder Edelstahl Löffelmulde rund bzw. ovale Form mit abgeschrägten Enden

Kochlöffel und Rührbesen – weitere Geräte

1 Ballonbesen	dünne, elastische Drähte in ballonrunder Form für Herstellung ganz leichter Cremes wie Zabaione, ...
1 Tellerbesen	dünne, elastische, flach angeordnete Drähte in Schlaufenform dünner Stiel zum schonenden Aufschlagen kleiner Mengen (z.B. Bratensoße in der Pfanne) sehr gut geeignet zum Verschlagen von Eiern im Teller zum Unterheben von Sahne, Kräutern beim Anrichten
1 Quirlbesen	dünne, elastische Drähte in der Form eines Kreisels behutsames verquirlen kleiner Mengen (z.B. Stärke, Kakao)
1 Spiralbesen	rundlaufende, flache Spiralfeder die im 90 Grad Winkel am Stiel befestigt ist verrühren kleiner Mengen Soßen, Rührei, ...
1 Cocktail- oder Becherbesen	dünne Drähte in schlanker Tropfenform, dünner Stiel aufrühren von Getränken, verquirlen von Zutaten in schmalen Gläsern

Teigbearbeitungsgeräte / Backzubehör

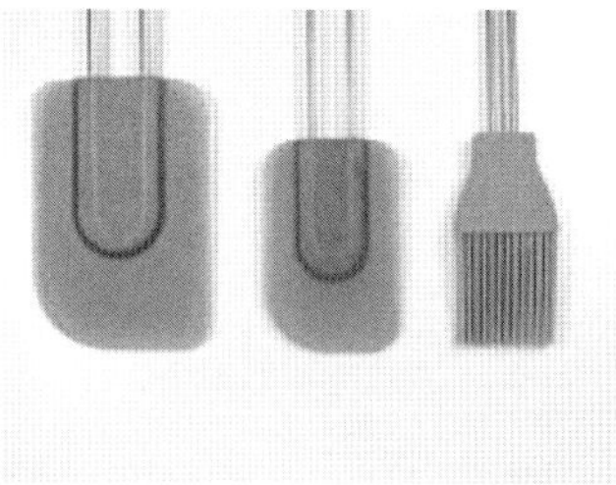

Um Teige für Pizzas, Quiches, Brote, Kuchen, … herzustellen werden einige besondere Geräte benötigt.

Teigbearbeitungsgeräte/Backzubehör - minimale Ausstattung

2 Backpinsel	schmale und breite Form Material z.B.: Holz mit Naturborsten, Eisen mit Silikonborsten	Natur- oder Kunststoffborsten (die neuen Silikonpinsel sind sehr empfehlenswert; sie verlieren keine Borsten und sind absolut spülmaschinenfest) zum Einfetten von Blechen, Bestreichen von Teigen (z.B. Eigelb für Färbung des Gebäckes, oder Butter für weiche Konsistenz des Hefezopfes, Auftragen von Schokoladen- oder Zuckerglasuren für Kuchen)
2 Teigschaber mit Stiel	jeweils eine schmale und eine breite Form	flexible, rechteckige Blattform, z.B. aus Silikon mit Eisengriff glattstreichen von Teigen für einfaches, sauberes Umfüllen von Teigen (es bleiben so nur minimale Reste in den Schüsseln)
1 Teigschaber ohne Stiel	Form Halbkreis	aus mittelfestem Kunststoff zum Glattstreichen von Glasuren und Teigen zum Durchdrücken des Spätzleteiges durch den Spätzlesieb

Teigbearbeitungsgeräte/Backzubehör - minimale Ausstattung

Teigroller (Nudelholz)	Walze	aus Holz, Edelstahl oder Marmor die Edelstahlausführung kann z.B. für Hefeteige erwärmt und für Blätterteige gekühlt werden die herkömmliche Holzversion ist meines Erachtens völlig ausreichend
1 Tortenring 	verstellbare Größe von ca. 15–30 cm	Kuchenform für die Herstellung von Tortenböden (Ersatz für Springform) zum Fertigstellen von Kuchen und Torten als Hilfsgerät für Füllungen und Tortengüssen
1 Kuchenbackform (Gugelhupf oder Kastenform)	Fassungsvermögen 1–1,5 Liter	Kuchenform für Rührteige beschichtetes Material am besten man besorgt sich jeweils eine Form, so kann bei Bedarf die doppelte Portion des Kuchenteiges angerührt und weiterverarbeitet werden
Spritzbeutel	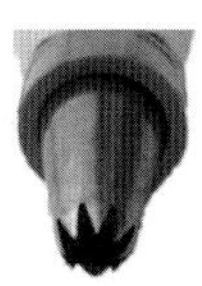	elastischer Beutel aus beschichtetem textilen Gewebe mit auswechselbaren Tüllen zum Verzieren mit Sahne, Creme oder Schokomasse für Kuchen und Desserts

Teigbearbeitungsgeräte/Backzubehör - weitere Geräte

Teigrädchen	Stiel mit leicht laufendem gewellten Rädchen zum Teilen von ausgerolltem Teig durch ein gezacktes Rädchen erhalten ausgeschnittene Formen Verzierungen
Zackenschaber	rechteckiges Kunststoff- oder Edelstahlplättchen mit groben und feinen Zacken zum Verzieren von Tortenoberflächen und –rändern
Palette 	breites zur Spitze hin elastisches Blatt zum Glasieren von Torten

Weitere unentbehrliche mechanische Küchenhelfer

Was bisher noch in keiner Kategorie erwähnt ist und trotzdem zu den unentbehrlichen Dingen zählt:

Weitere unentbehrliche Helfer - minimale Ausstattung

Kartoffelstampfer	stabile gleichmäßig gewellte Edelstahldrahtschlinge zum Stampfen von gekochten Kartoffeln für z.B. Kartoffelbrei sehr praktisch, da kleine Mengen sehr schnell und einfach zubereitet sind
funktionelles, robustes, kräftiges Schneidebrett aus Holz	das Schneidebrett wird tagtäglich mehrfach benutzt, es liegt am besten einsatzbereit auf der Arbeitsfläche es sollte auf keinen Fall zu klein sein Stabilität und Rutschfestigkeit ist sehr wichtig (ein feuchtes untergelegtes Küchentuch kann hier helfen) mein bevorzugtes Material ist Holz (Kunststoffbretter machen Messer schneller stumpf) aus hygienischen Gründen schneide ich rohes Fleisch auf einem eigens dafür vorgesehenen Brett (zur Reinigung kommt dies in die Spülmaschine) eine glatte Oberfläche (keine Mulde) erleichtert das Schneiden ist ihr Schneidebrett rauh, zerkratzt oder zerfranst so ersetzen sie es Holzbretter aus einem Stück lassen sich gut in der Spülmaschine reinigen
1 Tranchierbrett mit Saftrinne	für das Schneiden von wasserreichen Lebensmitteln und Fleisch

WEITERE UNENTBEHRLICHE HELFER - MINIMALE AUSSTATTUNG

Zitruspresse	zum Auspressen halbierter Zitrusfrüchte als Handpresse nach dem Hebelprinzip, oder als kleine Schale mit halbrund aufgewölbter geriffelter Fläche erhältlich
Mörser 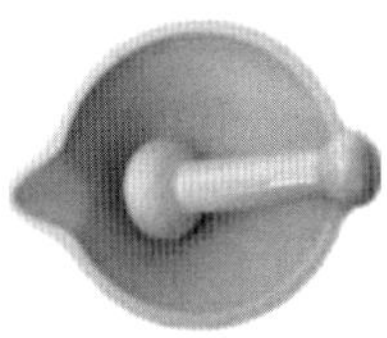	zum Zerreiben von frischen und getrockneten Kräutern, Gewürzen, Knoblauch, ... sehr zu empfehlen aus schwerem Material (z.B. Marmor, Stein,..)
Knoblauchpresse	kleine Handpresse nach dem Hebelprinzip 
Kronkorkenöffner	stabiler Stahlring mit Haltegriff zum Öffnen von Kronkorken (Bier, ...)
Korkenzieher	ein Gewinde und ein stabiler Griff zum Entkorken von Weinflaschen
Dosenöffner	scharfkantiges Metallblatt zum Aufschneiden des Weißbleches
Waage	Küchenwaage mit Zuwiegeautomatik Tragkraft bis 5 kg Tipp: schreiben Sie das Gewicht der Schüsseln, welche Sie regelmäßig zum Wiegen benutzen, mit einem wasserfesten Stift auf den Schüsselboden. Im Falle eines Falles kann so immer das Nettogewicht ermittelt werden.

Elektrische Küchenhelfer

Tipp

Im Agrarbildungszentrum des Bezirkes Oberbayern, Abteilung Haushaltstechnik, können viele Haushaltsgeräte begutachtet werden. Geschulte, sehr freundliche Mitarbeiter stehen beratend zur Verfügung und helfen bei der Entscheidung „Welches Küchengerät ist das richtige für mich?“

http://www.haushaltstechnik.bayern.de/

Der Hauptnutzen elektrischer Küchenhelfer liegt in der Erleichterung von zeit- und kraftaufwendigen Arbeiten. Überlegen Sie genau, welche Helfer Sie brauchen. Wirkliche elektrische Küchenhelfer sind regelmäßig im Einsatz, ansonsten nehmen sie nur unnötig wertvollen Platz ein. Die wichtigsten, und aus meiner Sicht unentbehrlichen, sind nachfolgend aufgelistet.

Achten Sie beim Kauf darauf, dass die Zubehörteile spülmaschinenfest sind. Für mich ist dies eines der wichtigsten Kriterien. Denn nach Benutzung der Küchenhelfer sollen diese, um Platz für den nächsten Arbeitsgang zu schaffen, schnell aus dem Weg, also in die Spülmaschine, geräumt werden.

ELEKTRISCHE KÜCHENHELFER - MINIMALE AUSSTATTUNG

Wasserkocher	Füllmenge 1-2 Liter Ein Edelstahlkochtopf ist aufgrund der einfachen Reinigung sehr zu empfehlen (zum Entkalken mit Essigwasser aufkochen lassen und Reste mit dem Edelstahltopfreiniger auskratzen)	energetisch effiziente Art Wasser zu kochen
Handrührgerät	für kleine Mengen zum Rühren, schaumig Schlagen und Kneten	Sahne, kleine Mengen Kuchenteig, Rühreier, Pfannenkuchenteig, kleine Mengen Knetteig, Grießnockerl,... ... immer dann, wenn es ganz schnell gehen soll ...
Pürierstab Zauberstab	zerhacken pürieren	Zwiebeln, Kräuter, Ingwer,... Obst, Soßen, Suppen, kleine Mengen Fleisch, ...
Küchenmaschine mit Mixaufsatz	für große Mengen zum Rühren, Kneten und Mixen	Kuchen, Brote, Gebäck, Dessert, Eis, ... immer dann, wenn es länger rührt und die Hände frei für anderes sein müssen ...

Fragen Sie ihre Freunde und Bekannte, bevor Sie sich ein neues Gerät kaufen, ob diese mit den in ihren Haushalten eingesetzten Küchenhelfern zufrieden sind und profitieren Sie von der Erfahrung anderer.

Handrührgerät - Worauf es ankommt ....

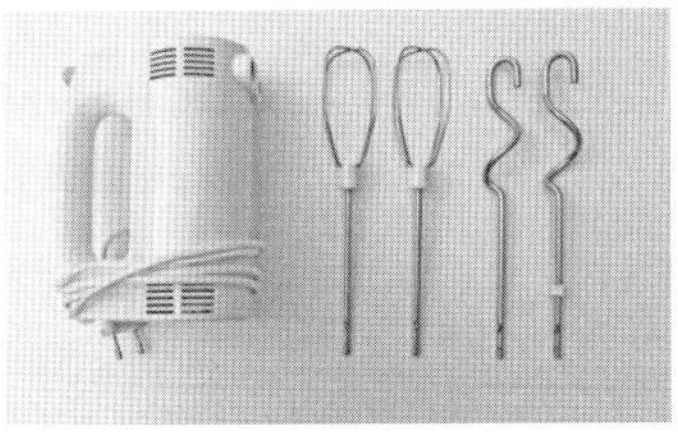

Wie erkenne ich das richtige Gerät für mich? Es sollte gut in der Hand liegen und fest greifbar sein. Als Zubehörteile sollten zwei hocheffiziente Rührbesen und Knethaken zur Verfügung stehen. Im täglichen Gebrauch ist es sehr von Nutzen, wenn der linke und rechte Haken und das jeweilig zugehörige Einsteckloch z.B. mittels auffälliger farbiger Kennzeichnung gut zuzuordnen sind. Eine Leistung zwischen 300 und 450 Watt ist ausreichend. Da das Rührgerät oft in Gebrauch ist, ist es von Vorteil die wichtigsten Zubehörteile schnell erreichbar aufzubewahren (ggf. auch Wandhalterung).

Die Verstrebungen der Rührbesen sollten, um ein gutes Schlagergebnis zu erreichen, nicht zu breit sein.

Manche Handrührgeräte haben als Zubehörteil einen Stabmixer. Ich persönlich finde diese Konstellation ungünstig und nicht praktikabel, da

- das Gerät schwerer als ein einzelner Stabmixer,
- die Bedienung umständlicher
- und die Reinigung aufwendiger ist.

Tipp

Das Gefäß, in dem die Sahne geschlagen werden soll (ich verwende hierzu den hohen Rührtopf aus Glas), vorher im Kühlschrank kühlen. So wird vermieden, dass bei warmen Temperaturen die Sahne zu Butter wird. In einem gekühlten Behälter kann jede gekühlte Sahne schnittfest geschlagen werden. Beginnen Sie die Sahne auf kleiner Stufe zu schlagen, und wenn sich die Fettkügelchen gleichmäßig verteilt haben, kann auf die Höchststufe geschaltet werden.

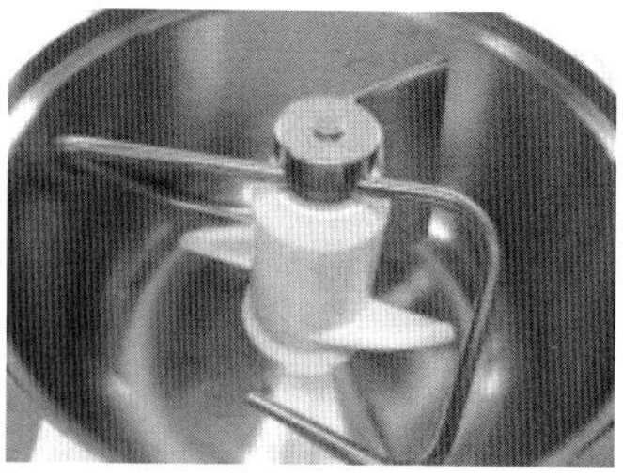

KÜCHENMASCHINE MIT RÜHR- UND KNETMÖGLICHKEIT – WORAUF ES ANKOMMT ....

Zuerst sollte man sich darüber im Klaren werden, welche Mengen man verarbeiten will und zu welchem Zweck die Küchenmaschine hauptsächlich benutzt werden soll. Lege ich den Schwerpunkt auf die Teigherstellung oder Zerkleinerung?

Ich backe z.B. immer gleich zwei Rührkuchen in einem Arbeitsgang, denn ich kann auch zwei Gugelhupf- oder Kastenformen gleichzeitig backen. Beide Kuchen werden fertiggestellt (beispielsweise inklusive Schokoladenüberzug) und einer wird zur Vorratshaltung eingefroren. Der Arbeitsaufwand ist nicht größer, das Arbeitsergebnis aber das Doppelte ... Für diese Vorgehensweise sollte die Rührschüssel der Küchenmaschine ein Fassungsvermögen von mindestens 2,5 kg haben, ansonsten reicht ein Fassungsvermögen von 1,5 kg. Die Küchenmaschine ist in unserem Haushalt öfter zur Teigbereitung im Einsatz, als für Zerkleinerungsarbeiten.

Achten Sie beim Kauf einer Küchenmaschine auch auf die zur Verfügung stehenden Zubehörteile und überlegen Sie, welche hiervon für Sie von Bedeutung sein könnten:

- Mixer
- Gemüseschnitzler (Topf- oder Durchlaufschnitzler)
- Fruchtpressenvorsatz
- Getreidemühle (Stein- oder Stahlmahlwerk)
- Entsafter
- Zitruspresse
- Fleischwolf
- ...

Lassen Sie sich die einzelnen Zubehörteile zeigen. Sind sie gut auseinanderzubauen? Sind die einzelnen Teile gut zu reinigen (keine schwer zu reinigenden Ecken und Kanten)? Können die einzelnen Teile in die Spülmaschine gegeben werden? Nur, wenn die Handhabung einfach und praktisch ist, werden Sie eine Freude an der Investition haben.

Küchenmaschinen können in zwei Kategorien eingeteilt werden: Standküchenmaschinen und Kompaktküchenmaschinen.

KÜCHENMASCHINEN - AUSSTATTUNG UND GEBRAUCHSMERKMALE

Bauformen	**Standküchenmaschine** mit • Antrieb Mittelachse oder • Antrieb am Schwenkarm	**Kompaktküchenmaschine**
Anschluss-wert	400–900 W	300–700 W
Antrieb-stellen	mindestens 2 (bis 4 möglich) • Schnellantrieb für z.B. Mixer • Kraftantrieb für Rühr-, Knetteig, Fleischwolf,...	meist 1 Antriebsachse auf der die Arbeitsschüssel aufsitzt
Grund-ausstattung	• Motorblock • Rührschüssel • Knethaken • Rührbesen • evtl. Mixer	• Motorblock • Universalschüssel • Messereinsatz • meist Rührbesen und Knethaken • Schnitzel-, Reib- und Raspelscheiben
Sonder-zubehör	• Mixer (Glas, Kunststoff, Metall) • Durchlaufschnitzler • Aussatzschnitzler • Fleischwolf ggf. mit verschiedenen Vorsätzen • Entsafter • Getreidemühle • Zitruspresse • Eisbereiter	• evtl. Mixer • Entsafter • Zitruspresse
Auswahl-kriterien	• für größeren Verarbeitungsmengen • Fleischwolfeinsatz notwendig? • Einsatz als Getreidemühle wünschenswert? • Lautstärke !	• kurze Verarbeitungszeiten • bei kleineren Rezeptmengen • für häufiges schnitzeln, raspeln, reiben • Lautstärke !

Unsere Standküchenmaschine ist regelmäßig (mindestens einmal pro Woche) im Einsatz. Sie ist im Eckschrank aufbewahrt und mit einem Griff innerhalb von Sekunden zum Einsatz bereit. Der direkte Zugriff erleichtert die Benutzung. Rührschüssel, Haken bzw. Zubehörteile sind schnell montiert und so ist das Gerät in kurzer Zeit startbereit zum Kuchenteig rühren, Brotteig oder Hefeteig kneten, Kartoffeln reiben, Karotten raspeln, Semmelbrösel herstellen, Schokolade raspeln, Nüsse reiben, ...

Eine gute Recherche vor dem Kauf einer Küchenmaschine lohnt sich. Unsere alte Küchenmaschine hatte keine gute Rührtechnik, das Einfüllen der Zutaten war umständlich und die erreichten Dezibel bei laufendem Betrieb grenzwertig. Es dauerte eine ganze Weile bis ein Rührteig die notwendige Konsistenz hatte und es klebten Teigreste am Schlüsselrand, welche während des Rührvorganges laufend (um eine gute Teigbeschaffenheit zu gewährleisten) abgeschabt werden mussten. Ständig beschmutzte ich Hände und Ärmel beim Öffnen des Gerätes, welches über einen Schwenkarm verfügte. Auch der Schutzdeckel aus Kunststoff war sehr instabil und brach nach kurzer Zeit auseinander.

Ich wollte von den Erfahrungen anderer profitieren und fragte meine Schwester, die seit fast 15 Jahren ein und dieselbe Küchenmaschine besitzt, eine große Familie zu versorgen hat, viel bäckt und immer einen zufriedenen Eindruck beim Rühren eines Teiges macht (zudem sind ihre Kuchen immer besonders locker).

So besorgte ich mir das inzwischen überarbeitete neue Modell und bin **begeistert**. Kein Vergleich mit meinem alten „Monster“. Diese Investition hat sich gelohnt. Sowohl die Edelstahlrührschüssel als auch die Rührbesen und Knethaken sind spülmaschinenfest und weisen nach vielen Gebrauchsjahren keine Bruchstellen an den Plastikteilen auf. Auch optisch sind diese wie „neu“. Der Antrieb auf der Mittelachse erleichtert den Blick in die Rührschüssel und die Zutaten können einfach durch die große Öffnung ohne störenden Antrieb eingefüllt werden. Die erreichten Dezibel sind hinnehmbar, ein Kuchenteigrühren ohne Ohrenschutz ist wieder möglich.

Mixer – Worauf es ankommt ….

Der Mixer wurde mit der Küchenmaschine mitgeliefert. Ich benutze ihn zum

- Pürieren von Obst (z.B. für das Einkochen von Marmelade),
- Herstellen von Semmelbrösel (altes, hartes, trockenes Brot wird zerkleinert und im Mixer zu Semmelbrösel verarbeitet),
- Zerkleinern von Nüssen und Mandeln,
- Zubereiten von Milchshakes, Meerrettichsoßen, …

Der Mixer ist bei Weitem nicht so oft im Einsatz wie die Küchenmaschine. Deshalb konnte ich hier auf den Erwerb eines einzelnen Standgerätes, welches wertvollen Platz in der Küche benötigt, gut verzichten.

Stabmixer – Worauf es ankommt ….

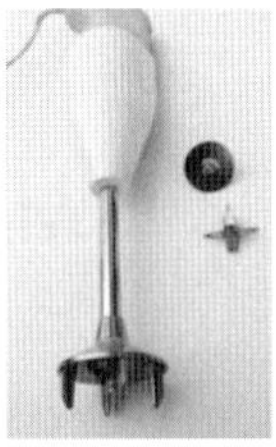

Eines meiner Lieblingsgeräte, ein unentbehrlicher Küchenhelfer.

Er eignet sich zum

- Pürieren (Suppen, Soßen, Pesto, ...),
- Emulgieren (Mayonnaisen, ...),
- Hacken von Kräutern, Zwiebeln, Knoblauch, Ingwer, -...
- Zerkleinern von kleineren Mengen Fleisch oder Fisch,
- ...

Der Stabmixer wird in das Kochgerät bzw. Schüssel gestellt, festgehalten und los geht's. Innerhalb kürzester Zeit ist das gewünschte Ergebnis erzielt. Der Stabmixer hat eine Kurzbetriebszeit von ca. 5 Min., welche völlig ausreichend ist.

Achten Sie beim Kauf auf die unterschiedlichen Eintauchtiefen (ca. 13 cm sind für den normalen Hausgebrauch ausreichend). Von Vorteil ist auch, wenn der „Zauberstab“ (eine Bezeichnung die absolut passend ist) einen hochwertigen Edelstahl-Mixfuß besitzt und ausschließlich die Zubehörteile (dreizackiges Multimesser, Quirlscheibe und Schlagscheibe) demontiert werden können.

Dieser Gerätetyp ist leicht zu reinigen, die Zubehörteile können in die Spülmaschine gegeben werden. Geräte mit abnehmbarem Mixfuß kann ich aus eigener Erfahrung nicht empfehlen. Die aus Kunststoff gefertigten Getriebeteile nutzen sich bei häufigem Gebrauch leicht ab und greifen nicht mehr ineinander über.

Die Hersteller dieser Zaubergeräte behaupten, dass sich die Sahne mit der Schlagscheibe gut steif schlagen lässt. Ich bevorzuge dennoch für diese Tätigkeit das Handrührgerät, da ich so ein besseres Ergebnis erziele. Allerdings lässt sich mit heißer Milch ein „Supermilchschaum“ für Cappuccino herstellen!

KÜCHENHELFER: WAS SONST NOCH SINNVOLL SEIN KANN

Getreidemühle	mahlen und schroten	Getreide und/oder Ölsaaten auch als Zubehörteil für Küchenmaschinen erhältlich
Fleischwolf	zerkleinern von Fleisch, Fisch und Geflügel Gemüse (z.B. Zwiebeln, Karotten für Fleischteig) Brot (für Fleischteig)	Fleischfüllungen, Hackfleisch, Tartar auch als Zubehörteil für Küchenmaschinen erhältlich Zubehörteile für Spritzgebäck, Fruchtpressenvorsatz, ... erhältlich

GETREIDEMÜHLE

Entschließt man sich Brot auf Dauer selbst backen und das Getreide regelmäßig frisch mahlen zu wollen, so ist die Investition in eine Standgetreidemühle durchaus sinnvoll, ansonsten reicht das Zubehörteil für die Küchenmaschine aus.

Besondere Sorgfalt bei Auswahl dieses Gerätes ist auf das Mahlwerk zu legen. So ist ein Steinmahlwerk nur für Getreide und nicht für Ölsaaten (z.B. Mohn, Leinsamen) geeignet. Um es auszuprobieren, ob das Mehl mahlen für einen selbst in Frage kommt, kann erst mal in eine mechanische Getreidemühle mit Drehkurbel investiert werden.

Fleischwolf

Ein praktisches Gerät, aber nicht unbedingt notwendig. In den meisten Metzgereien wird das Hackfleisch frisch zubereitet und man kann auch durchaus auf das verwendete Fleisch Einfluss nehmen. Reden sie mit Ihrem Metzger. Bestehen Sie auf gute Qualität.

Sehr praktisch ist der Fleischwolf für die Herstellung eines Fleischteiges für Hackbraten, Geflügelfüllungen und ähnliches. Gemüse, Brot und Kräuter können ebenfalls durchgedreht werden.

Zubehörteile: große und kleine auswechselbare Lochscheiben, Vorsatz für Plätzchen (Spritzgebäck), Fruchtpressenvorsatz, Nudelvorsatz, Wurstvorsatz.

Auch hier gibt es noch preisgünstigere, mechanische Geräte mit Drehkurbel die, falls das Gerät nur selten im Einsatz ist, völlig ausreichend sind.

Küchengeräte, die unnötig Platz verschwenden

Die meisten Küchen sind klein und müssen aufgrund des begrenzten Stauraumangebotes bewusst eingerichtet und bestückt werden. Sperrige Maschinen besetzen wertvollen Platz.

Im Handel befinden sich einige Geräte, auf die getrost verzichtet werden kann, da sie keinen wirklichen Mehrwert bieten, wie z.B.:

Der Reiskocher

Reis kann ohne Mühe und großen Aufwand in einem Topf auf dem Herd gekocht werden. Dieses sperrige Gerät bringt weder zeitlich noch sonst einen Mehrwert. Mit der richtigen Vorgehensweise *(vgl. Reis kochen Seite 157)* und ein bisschen Übung gelingt der Reis immer.

Die Fritteuse

Für Leute, die gerne viel Frittiertes essen, ist dies vielleicht eine sinnvolle Investition. Den Hauptvorteil sehe ich in der dann geruchlosen Zubereitungsart. Obwohl auf unserem Speiseplan ab und zu Pommes Frites, Frühlingsrollen, Krapfen und anderes Frittiertes steht, vermissen wir dieses Gerät nicht. Eine tiefe Pfanne bzw. ein Topf erfüllt den gleichen Zweck. Mit etwas Übung erkennt man die richtige Temperatur des Fettes (mittlere Temperaturzufuhr).

Allerdings hängt der Fettgeruch etwas länger in der Küche. Mich stört der Geruch nicht und nach einer Lüftungsaktion ist dieser schon gemindert und weckt angenehme Assoziationen.

Die Brotbackmaschine

Ein durchaus praktisches Gerät. Man füllt alle notwendigen Zutaten ein, schaltet ein und wartet ab. Nach einigen Stunden ist das Brot fertig und kann aus der Backform entnommen werden. Wer eine Küchenmaschine mit Knetfunktion besitzt, kann auch auf dieses Gerät verzichten. Der Teig rührt und ruht dort genauso gut und man kann nebenbei vielerlei anderes erledigen. Kommt man nicht gleich zum Umfüllen des Teiges in die Backform oder zum Formen des Brotes, so kann dieser durchaus Stunden in der Rührschüssel verweilen.

Der Eierkocher

Ein in jedem Haushalt befindlicher Topf mit Deckel und eine funktionierende Küchenuhr machen dieses Gerät völlig überflüssig.

Der Kaffeeautomat oder die Kaffemaschine

Mir persönlich schmeckt ein herkömmlich hergestellter Kaffee, welcher in eine vorgewärmte Thermoskanne gefiltert wird am allerbesten. Macht man sich die Arbeit und mahlt die Kaffeebohnen vorher noch frisch, so erfüllt dieser auch sehr hohe Ansprüche. Ein guter Kaffee dieser Art kann also ohne hohe Investitionen gebrüht werden. Diese Investition steckt man aus meiner Sicht lieber in eine ansprechende spülmaschinenfeste Thermoskanne, einen aufsetzbaren Filter (diese sind extra für Thermoskannen erhältlich) und eine gute Kaffeebohne.

Die Espressomaschine

Wenn Sie nicht regelmäßig Espresso trinken, so kann auch auf die Anschaffung eines elektrischen Gerätes verzichtet werden. Wollen Sie dennoch hin und wieder einen Espresso genießen, oder ihren Gästen einen anbieten, so stellt der herkömmliche Espressokocher, der auf die Herdplatte gestellt wird, eine gute Alternative dar. Achten Sie beim Kauf darauf, dass das Wasser bis zu einem hohen Druck (z.B. bis zu 6 Bar) im Wasserkessel zurückgehalten wird und wählen Sie ein Modell aus Edelstahl. Modelle aus Aluminium stehen im Verruf Rückstände im Getränk zu hinterlassen, was zum einem ungesund ist und zum anderen den Geschmack negativ beeinflusst.

Der Schokobrunnen

Ein Gerät, welches nicht regelmäßig im Einsatz ist, also nur unnötig Platz verschwendet. Sollte es ein Herzenswunsch ihrer Familie sein einmal einen Schokobrunnen zu testen, so leihen Sie sich einen aus. Alternativ lösen Sie Schokolade im Wasserbad und stellen diese auf den Tisch. Mit einem Schaschlikspieß bewaffnet kann auch so jeder sein Schokoerlebnis genießen.

Der Crêpes Maker

Eine gute beschichtete Pfanne, die in keinem Haushalt fehlen sollte, erfüllt diesbezüglich alle Anforderungen. Im Haushaltswarenhandel gibt es auch eigene Crêpespfannen. Hier ist der Pfannenboden in der Mitte leicht erhöht, so dass der flüssige Teig sich von der Mitte aus in der Pfanne dünn verteilt. Mit etwas Praxis gelingt Ihnen das in der normalen Pfanne auch.

Die Brotschneidemaschine

Ein gutes Brotmesser erfüllt die Anforderungen umfassend. Mit guten scharfen Messern gelingt es auch, Schinken und Wurst dünn zu schneiden. Rohes Fleisch kann im leicht angefrorenen Zustand sehr gut in dünne Scheiben aufgeschnitten werden. Sollten Sie **regelmäßig** Fleisch, Wurst in hauchdünne Scheiben schneiden wollen, so kann diese Investition durchaus sinnvoll sein. Gemüse (rote Beete, Kohlrabi, Zwiebeln, ...) lassen sich am besten mit guten Hobeln in hauchdünne Scheiben schneiden.

Das Fondue

Einmal bis zweimal im Jahr – öfter steht bei uns kein Fondue auf dem Speiseplan. Aus diesem Grund habe ich mir hier folgendermaßen beholfen:

- Rechaud (mit Brennpaste betrieben)
- der kleine Edelstahl-Kochtopf, Ø 18 cm
- Fonduedeckel genau passend für diesen Kochtopf (mit Spritzschutz und Einkerbungen für das Halten der Fonduespieße)
- Fonduespieße und Fonduesiebe

Abgesehen von den Fonduespießen und -sieben erfüllt alles andere mehrere Zwecke und wird oft benutzt.

Stichwortverzeichnis

Quellenverzeichnis

Buchholz, B., Dietrich, K. (Autoren), & abserviert", Z. W. (Regisseur). (2010). *"aufgetischt und abserviert"* [ZDF Beitrag].

Bundesamt für Verbraucherschutz und Lebensmittelsicherheit. (2010). *Berichte zur Lebensmittelsicherheit 2008.* Bonn

Knapp, G. (20./21.. März 2010). "Arrivederci, Aroma". *Süddeutsche Zeitung, Wochenendbeilage* .